政商关系
与
企业文化变革

于天远 著

商务印书馆
2013年·北京

图书在版编目(CIP)数据

政商关系与企业文化变革/于天远著.—北京:商务印书馆,2013
ISBN 978 - 7 - 100 - 09423 - 8

Ⅰ.①政… Ⅱ.①于… Ⅲ.①行政干预-企业-研究-中国 ②企业文化-研究-中国 Ⅳ.①F279.23

中国版本图书馆 CIP 数据核字(2012)第 215195 号

所有权利保留。
未经许可,不得以任何方式使用。

政商关系与企业文化变革
于天远 著

商 务 印 书 馆 出 版
(北京王府井大街36号 邮政编码 100710)
商 务 印 书 馆 发 行
北京瑞古冠中印刷厂印刷
ISBN 978 - 7 - 100 - 09423 - 8

2013 年 3 月第 1 版　　　　开本 880×1230　1/32
2013 年 3 月北京第 1 次印刷　　印张 10
定价:28.00元

本研究成果获得"北京师范大学珠海分校 2012 年科研成果出版支持计划"经费资助

目 录

序 ·· i

摘要 ·· v

ABSTRACT ··· ix

第一章 导论 ··· 1
    1.1 研究问题 ·· 1
    1.2 研究意义 ·· 4
    1.3 采用案例研究方法的原因 ·· 7
    1.4 结构安排 ·· 9

第二章 组织文化的定义和研究方法文献评述 ································· 13
    2.1 组织个性文化的定义 ··· 15
    2.2 组织共性文化的定义 ··· 16
    2.3 组织文化研究方法之争 ··· 19
    2.4 本书对组织文化定义和研究方法的观点 ································ 21
    2.5 本书采用的组织文化定义和模型 ·· 22

第三章　组织文化变革研究的理论基础 ·············· 29
　3.1　组织文化变革的定义 ························· 30
　3.2　生命周期-效能标准模型 ······················· 31
　3.3　中西方现代化路径模型 ······················· 37
　3.4　中国国有企业的组织文化现状和变革倾向 ········ 44
　3.5　中国民营企业的组织文化现状和变革倾向 ········ 52
　3.6　政商关系的概念界定 ························· 55

第四章　珠三角民营高科技企业组织文化变革案例研究 ······ 65
　4.1　案例研究方法论 ····························· 65
　4.2　跨案例数据分析结果概述 ······················ 74
　4.3　T公司案例 ·································· 77
　4.4　H公司案例 ·································· 92
　4.5　Y公司案例 ·································· 110
　4.6　案例研究总结 ······························· 141

第五章　组织文化变革模型的验证性案例研究 ············ 149
　5.1　公司概况及研究假设 ························· 149
　5.2　数据展示与分析 ····························· 150
　5.3　总结 ······································· 162

第六章　讨论：组织文化变革模型的宏观启示 ············ 165
　6.1　趋同论与趋异论 ····························· 165
　6.2　网络资本主义 ······························· 168
　6.3　类市场经济 ································· 170

第七章 研究总结与展望 ····· 179
7.1 研究结论 ····· 179
7.2 研究贡献 ····· 184
7.3 研究局限与不足 ····· 185
7.4 未来研究方向 ····· 187

参考文献 ····· 189

附录1 案例研究草案 ····· 201

附录2 组织文化案例调研计划 ····· 207
附录2-1 发给受访企业的组织文化案例调研计划原文（×公司组织文化案例调研计划）····· 207
附录2-2 调查问卷 ····· 208
附录2-3 访谈提纲 ····· 211

附录3 T公司案例研究数据库 ····· 213
附录3-1 T公司访谈记录（节选）····· 213
附录3-2 T公司实地调研观察笔记 ····· 217

附录4 H公司案例研究数据库 ····· 219
附录4-1 H公司访谈记录（节选）····· 219
附录4-2 H公司实地调研观察笔记 ····· 230
附录4-3 作者与H公司总经理A的部分email通信记录 ····· 230
附录4-4 H公司部分文件数据 ····· 232

附录 5　Y 公司案例研究数据库 ·················· 235
　　附录 5-1　Y 公司访谈记录(节选) ·················· 235
　　附录 5-2　Y 公司实地调研观察笔记 ·················· 275
　　附录 5-3　作者与 Y 公司受访者 F 的部分 email 通信
　　　　　　 记录 ·················· 276

附录 6　D 公司案例研究数据库 ·················· 279
　　附录 6-1　D 公司访谈记录(节选) ·················· 279
　　附录 6-2　D 公司实地调研观察笔记 ·················· 289
　　附录 6-3　D 公司员工结构数据 ·················· 289

附录 7　企业规模划分标准 ·················· 291
致谢 ·················· 293
作者撰写本书期间的学术成果 ·················· 297

序

我与天远师姐在中山大学同修商科,几年下来,知识上相互砥砺,不免产生了一些共同的学术旨趣,而政商关系,即为其一。这不为别的,只为赤子之心尚在,对自己浸染其中的社会尚未完全麻木,总想找出其最痛最痒处,狠狠地挠上一把。而政商关系,作为中国政治经济诸问题的大病灶,无疑是一处巨大的痛痒。天远师姐从广泛的人文阅读中养成的思维,使她能够发现政商关系这一问题的重要性,并由此打开了一扇透析中国问题的独特视窗。

中国在历史上一般并不重商,如孔子说"君子喻于义,小人喻于利",似乎非要在人格上踩生意人一脚,这是人尽皆知的。但孔子又说要"庶而富之",可见也不是一味地反商。在政商之关系,似乎并无现成的公式可循,这种离奇,只能放在政商相生相克的历史脉络中去理解。

就古典的理想类型而言,中国政治是一种文化的存在,而非作为经济的补充,更非经济所能决定的对象。孔孟曾说"为政以德、与民由之",可见政治才是人格发展的终极所在。人只有饭饱才能从事政治,但从事政治绝不仅仅是为了饭饱。经济与政治的关系,仅在于前者为后者创造了必要的前提。而当前流行的"政府-市场"二分法,则将政治贬斥为一种与市场相平行的资源配置方式,以至于政治不再凭其对经济的超越而成为政治,而是直接成为所谓的公共经济部门了。但公共经济毕竟也是经济。政治与经济的同一,使得政治迟早要为经济的本质所规定。加之近代以来,政治介入经济成为赶超的必需,于是,在义理与事功的不断纠缠下,政治终于发生了深刻的畸变。及至今日,市场经济如火如荼,又使政治不得不向经济大幅坠落,以致二者难分难舍。

但政商关系的发生和演化,终归要落在具体的人事之上,故不免有近水楼台、向阳花木之嫌,终至得政商关系之利者得天下。又人心趋利,机心肆起,附膻逐腥,误以凌下援上为能事,以致无暇顾及政商本分,又为政商关系之合理化徒增纷扰。

天远师姐乃状元之才,其运思灵动,对惺惺作态的"花样学术",向来只有同情,从未欣赏。过分严密的学术规训,不但断绝了人文思想的广博和深刻,而且也未能养成严谨科学的实证精神,其成就,无非是一堆并无太大意义的奇技淫巧。而这本著述,却并未陷入商科研究常见的鸡零狗碎之中,而是从大处入微,择本土两三案例,精研细磨,既条分缕析了政商关系塑造企业文化的内在理路,又大手笔勾勒出了中国现代化道路的大方向,虽非不刊之论,但却言之有物、有理、有气,并无大缪可校。

我本一无名鼠辈,作者竟诚意邀我为其新著作序,确然显示出了非同凡响的"大疯范"。但她疯得正经,算是一个一本正经的疯子,又令我却之不恭。古之学者为己,今之学者为人,学术之要务,在人格之完善，至于学术优劣，向来是见仁见智，若能引一二共鸣者，对作者便是莫大的安慰，不必刻意期许。但写作作为思想之修炼，正如分娩，唯愿能成就一鲜活而亲近之新生命，并伴之自由成长。如此而已。

是为序！

张 威

2012年7月于广州暨南大学

摘　　要

本书的研究问题是政商关系对民营企业组织文化变革路径的影响。

由于文献中对组织文化的定义和研究方法存在分歧,本书首先讨论组织文化的定义和研究方法。通过对西方组织文化领域的代表性研究进行综述,提出整合性的观点,将组织文化的定义区分为组织个性文化和组织共性文化。前者是微观概念,后者是中观概念,而国家文化是宏观概念。本书的研究范畴是组织共性文化,试图通过研究组织共性文化的变革,探寻宏观层面的中国现代化路径。

本书对组织共性文化的定义是:组织中占主导地位的效能价值观(effectiveness values),意即对效能的评价标准。本书对组织文化变革的定义是:组织内部主导性组织文化类型的变化。

通过对组织文化研究文献中的主流模型和量表的比较,本书采用 Quinn 和 Rohrbaugh (1983) 建立的"竞争性价值观框架"(Competing Values Framework,简称 CVF),以及 Boisot(1986) 建立的"文化空间模型"(C-space model),作为划分组织文化类型的依据;并且指出,要探究中国情境下的组织文化变革以及现代化路径,有必要区分两个容易混淆的概念:官僚层级型文化(Bureaucratic Hierarchy)和封建层级型文化 (Feudal Hierarchy)。

本书采用西方学者基于上述两个模型所发展出来的两个动态模型,作为组织文化变革研究的理论出发点:一是 Quinn 和 Cameron (1983)基于 CVF 建立的"生命周期-效能标准模型"(life cycles-criteria of effectiveness model),二是 Boisot 和 Child(1996)基于"文化空间模型"建立的"中西方现代化路径模型"(Chinese and Western paths to modernization)。这两个模型之间存在理论分歧:前者认为,企业在发展早期的各个阶段,主导性组织文化应该经历一个"活力型→团队型→官僚层级型+市场型"的变革路径。而后者认为,前者是西方社会情境下的组织文化变革路径,在宏观层面指向西方的市场资本主义;而中国正在走向"网络资本主义"(Network Capitalism)。后者的推论是,中国企业在其生命周期的各个阶段,主导性组织文化应该经历一个"活力型→封建层级型→封建层级型"的变革路径。本书据此提出命题:国有企业的主导性组织文化停滞于封建层级型。并且通过文献评述,指出了 Ralston 等人(2006)和 Tsui 等人(2006)在此领域的开创性实证研究的不足之处,从而证明了该命题。该命题符合 Boisot 和 Child(1996)的"中西方现代化路径模型"。

本书认为,与国有企业相比,民营企业具备的某些特征,可能意味着民营企业组织文化变革路径既不完全符合"中西方现代化路径模型",也不完全符合"生命周期-效能标准模型",从而产生新的理论框架。而且,民营企业组织文化变革的方向可能指向中国未来的现代化方向,具有重要的现实意义,值得深入研究。

本书通过跨案例数据比较分析发现,政商关系这一情境因素对组织文化变革路径具有重要影响,进而提炼出"政商关系的非人格化水平"这一关键的情境变量。因此,本书对政商关系的概念进行了界定,并且提出了划分政商关系的非人格化水平的依据。

　　基于组织文化的定义和研究过程面临的具体情境约束,本书采用定性为主、定量为辅的案例研究方法,从管理理论的"情境化"(Contextualization, Tsui, 2006)研究入手,基于西方理论研究中国本土民营企业,从中提炼情境变量,进而构建一个整合性的"组织文化变革模型",将西方理论与中国本土理论融入一个新的理论框架。采用目的抽样法,选取了珠三角地区三家民营高科技企业作为样本。数据搜集方法包括:问卷调查、深度访谈、直接观察和文件。对访谈等定性数据的编码参考了 CVF 和"文化空间模型"中有关组织文化类型的概念框架。根据案例研究方法论的权威学者 Yin(2003)的研究成果,在研究设计、数据搜集、数据分析、报告撰写的过程中,采取各种手段提高研究的建构效度、内部效度、外部效度和信度。

　　基于上述探索性案例研究,本书提出了"组织文化变革模型"。随后,又进行了一项针对该模型的验证性案例研究。基于差别复制的原则,该研究选取了珠三角地区一家大型民营制造业企业。研究提出的假设均得到了数据支持。此项验证性案例研究进一步提高了"组织文化变革模型"的外部效度,加强了研究结论的代表性。

　　本书的主要研究贡献在于:

　　第一,本研究从"组织共性文化"这一中观概念入手,立足微观企业实践,展望宏观社会趋势,逐渐勾勒出中国转型经济的特殊背景;避免简单套用在西方宏观社会情境下产生的中微观模型与问卷。同时,通过开展规范的案例研究,发现中国情境特征,回答仅凭大规模问卷调查所难以解决的问题。例如,本书发现:由于封建层级型文化在中国企业中的广泛存在,著名的 CVF 模型和 OCAI 问卷在中国情境下存在信度与效度缺陷。

第二，提出"组织文化变革模型"，阐释"政商关系的非人格化水平"与组织文化变革路径的关系。该模型不仅提出中国情境理论，而且整合了西方学者提出的"生命周期-效能标准"模型和"中西方现代化路径模型"，为该模型从当地理论发展成为通用理论做出贡献。

第三，以实证研究数据揭示了政商关系和网络资本主义的负面作用，指出中国社会制度化进程的阻碍。在现有的学术文献中，与对网络资本主义正面作用的研究相比，对负面作用的研究还不够充分，尤其缺乏严谨的实证研究。本研究采用多案例研究设计，实现了原样复制（literal replications）与差别复制（theoretical replications），从而揭示了网络资本主义扭曲市场机制、损害社会公平的负面作用。研究发现，在网络资本主义情境下，正是由于政商关系高度人格化的民营企业的强势存在，导致了政商关系中度人格化的民营企业的弱势退出。正所谓"劣币驱逐良币"。

第四，通过文献评述，明确组织个性文化与组织共性文化的定义及研究方法，论证中国国有企业的主导性组织文化停滞于封建层级型。

此外，本书还初步探讨了"组织文化变革模型"的宏观启示，为深化"中西方现代化路径模型"提供了研究方向。

关键词：民营企业，组织文化变革，政商关系，非人格化水平。

ABSTRACT

The research question of this book is the effects of government-enterprise relationship on organizational culture change paths in private-owned enterprises (POEs).

Due to the long-lasting discrepancy in literature on definitions and research methodologies of organizational culture, this book discusses the definition and research methodology of organizational culture in the first place. Through a review on several representative studies in western literature on organizational culture, this book proposes an integrative view which classifies the definitions of organizational culture into two types: idiosyncratic organizational culture, and common organizational culture. The former one is a micro-level concept and the latter one a middle-level concept. It is also proposed that national culture is a macro-level counterpart. This book studies common organizational culture, attempting to explore the macro-level path to modernization through the middle-level path of common organizational culture change.

The definition of common organizational culture in this book is an organization's dominant effectiveness values, i. e. , the criteria of effectiveness. Accordingly, this book defines the organizational culture change as the change of dominant organizational culture types within an organization.

Based on a comparison between mainstream organizational culture models together with their matched scales, this book adopts the Competing Values Framework (CVF) established by Quinn and Rohrbaugh (1983), and Boisot (1986)'s "C-space model", as the frameworks to classify organizational culture types. In particular, this book contends it necessary to distinguish between two confusing concepts: Bureaucratic Hierarchy and Feudal Hierarchy, in order to explore the path of organizational culture change and the path of modernization under the context of China.

This book starts its research on organizational culture change on the ground of two western dynamic models developed from the two models mentioned above. One is Quinn and Cameron(1983)'s "life cycles-criteria of effectiveness model" based on the CVF, the other is Boisot and Child(1996)'s "Chinese and Western paths to modernization model" based on the "C-space model". A major discrepancy lies between the two dynamic models. The former holds that the dominant organizational culture types would change on a path of "Adhocracy → Clan → Bureaucratic Hierarchy + Market" as organizations develop through their life cycles. On the other hand, the latter implies that the former is a path in the western context, corresponding to western Market Capitalism at the macro level. Whereas China is trending a path towards

"Network Capitalism", which suggests that the dominant organizational culture types in Chinese enterprises should change in order of "Adhocracy→Feudal Hierarchy→Feudal Hierarchy". In support of the latter theory, this book presents a proposition that the dominant organizational culture of China's state-owned enterprises (SOEs) remains to be Feudal Hierarchy. The proposition is supported by a following critical review on Ralston *et al.* (2006)'s and Tsui et al. (2006)'s pioneering empirical studies as well as on Zhang and Keh (2010)'s theoretical research.

This book contends that the path of organizational culture change in China's POEs might correspond to neither the "Chinese and Western paths to modernization model" nor the "life cycles - criteria of effectiveness model" and is likely to generate new theoretical frameworks. This path might also direct to the future path of Chinese modernization, hence having a practical significance and worth investigating.

The empirical study in this book adopts only high-tech POEs in the Pearl River Delta as the sample of research. Besides methodological considerations, this choice is made by the fact that high-tech enterprises in the Pearl River Delta are relatively well developed in mainland China; they may represent advanced productive forces to some extent and hence give clues to the future path of Chinese modernization.

According to the definition of organizational culture and the specific contextual constraints facing the investigating process, this book adopts a multiple-case study method which relies mainly on qualitative research supplemented by quantitative research. In line with the "contextualization" perspective (Tsui, 2006), this study starts from western theoretical discrepancies to investigates the organizational culture change in China's POEs, trying to extract contingency variables and to build a model integrating both western and Chinese indigenous theories. It aims to sum up the relationships between variables, raise propositions and establish an integrative model. The study utilizes a purposive sampling method and samples three high-tech POEs in the Pearl River Delta. Sources of evidence include surveys, in-depth interviews, direct observations, and documents. The coding process of qualitative data is in the light of the classification on organizational culture types in the CVF and the "C-space model". Based on Yin (2003)'s authoritative contribution on case study methodology, throughout the process of case study designing, data collecting, data analyzing and case study reporting, various techniques have been utilized in order to improve this study's construction validity, internal validity, external validity as well as reliability.

Based on the explorative multiple-case study, this book proposes the "organizational culture change model". Afterwards, another case study is conducted in order to validate the model. Under the guideline of theoretical replications, this study selects a large POE in the manufacturing industry. All of the hypotheses get supported by the data collected in that study. This confirmative case study further increases the external validity of the "organizational culture change model", thus improves the generalizability of the conclusions.

The main contributions of this case study are as follow:

Contribution 1: This research starts from the enterprise practice at the mirco level to explore the macroscopic background of China's transition economy, avoiding simply applying the models and questionnaires developed under the western context. Meanwhile, it captures Chinese contextual features through conducting a rigorous case study research, and answers the questions that could not have been answered by a survey, highlighting the validity and reliability problems of CVF and OCAI under the context of China, for example.

Contribution 2: establishing the "organizational culture change model". This model demonstrates the effects of "impersonality of government-enterprise relationship" on organizational culture change paths. It integrates the "life cycles-criteria of effectiveness model" and the "Chinese and Western paths to modernization model" as well as a Chinese indigenous theory. In this way, the "organizational culture change model" contributes to the development of management theories from local to universal theories.

Contribution 3: revealing the dark side of "Network Capitalism", and pointing to major obstacles of China's codification/impersonalization process. In contrast with numerous researches on the positive effects of Network Capitalism, rigorous empirical studies on its negative effects are nearly absent in the literature. This case study adopts a multiple-case design, achieving both literal replications and theoretical replications, thus displays the negative effects of Network Capitalism in terms of distorting the market mechanism and destroying social equity. Meanwhile, it is the dominance by POEs with highly personalized government-enterprise relationships that eliminates POEs with medium-personalized government-enterprise relationships.

Contribution 4: based on a literature review, this book clarifies the definition and research methodology of organizational culture, and argues that the dominant organizational culture of China's SOEs stays in feudal hierarchy.

This book also discusses the implications of the "organizational culture change model" at the macro level, provides some topics for future research on elaborating the "Chinese and Western paths to modernization model".

Key words: private-owned enterprises (POEs), organizational culture change, government-enterprise relationship, impersonality.

第一章

导　论

　　本章首先明确研究问题并阐述研究意义；然后介绍本书采用定性为主、定量为辅的案例研究方法的原因；最后介绍全书的结构安排，并提供了各章节之间的逻辑结构图。

1.1　研究问题

　　本书的研究问题是政商关系对民营企业组织文化变革路径的影响。由于文献中对组织文化的定义和研究方法存在分歧，因此，本书需要首先讨论组织文化的定义和研究方法，从定义和方法论上为本书的研究问题奠定理论基础。

1.1.1　组织文化的定义和研究方法

　　组织文化研究兴起于20世纪80年代。[1] 该领域长期存在定义

---

　　[1]　一般认为，"组织文化"（organizational culture）一词进入美国学术文献，源于1979年Pettigrew发表于《管理科学季刊》的论文《组织文化研究》。而自从1982年哈佛　（续下页注）

分歧。Denison(1996:628)认为:组织文化的含义非常广泛,其内涵和外延很难被客观的定义,往往受到研究者兴趣的左右,因此不同的人所下的定义存在很大差异。在组织文化研究领域,与定义分歧相联系的是持续十余年的定性与定量两种研究范式之争。

本书认为,要全面深刻的理解组织文化的定义,应该考察哪些因素影响和决定着组织文化。本书通过文献综述,从 Hofstede 等人(1990)对组织文化的影响因素进行的著名实证研究入手,针对西方组织文化领域有代表性的研究,对组织文化的定义进行分类,提出整合性的观点,从而厘清组织文化的内涵。本书认为,采用何种研究方法,应基于组织文化的内涵以及研究过程所面临的具体情境约束而综合考虑。

本书将组织文化的定义区分为组织个性文化和组织共性文化。本书的研究范畴属于组织共性文化。本书对组织共性文化的定义是:组织中占主导地位的效能价值观(effectiveness values),意即对效能的评价标准。本书对组织文化变革的定义是:组织内部主导性组织文化类型的变化。通过对组织文化研究文献中的主流模型和量表的比较,本书采用 Quinn 和 Rohrbaugh (1983)建立的"竞争性价值观框架"(Competing Values Framework,简称 CVF),以及 Boisot(1986)建立的"文化空间模型"(C-space model),作为划分组织共性文化类型的依据。采用西方学者基于上述两个模型所发展出来的两个动态模型,作为组织文化变革研究的理论出发点:一是 Quinn 和 Cameron(1983)基于 CVF 建立的"生命周期-效能标准模型"(life

---

(续上页注) 大学教授 Deal 和麦肯锡咨询公司专家 Kennedy 合著的《企业文化——现代企业的精神支柱》问世以来,"企业文化"(corporate culture)一词成为实践界对这一构念更为习惯的说法。本书依照学术界习惯,以"组织文化"行文。

cycles-criteria of effectiveness model),二是 Boisot 和 Child(1996)基于"文化空间模型"建立的"中西方现代化路径模型"(Chinese and Western paths to modernization)。

1.1.2 民营企业组织文化变革路径

本书认为,组织个性文化是微观概念,组织共性文化是中观概念,国家文化是宏观概念。组织共性文化反映了组织所处的经济、政治、文化环境等宏观层面的因素。本书试图通过研究中观层面的组织共性文化的变革,探寻宏观层面的中国现代化路径。

要探究中国情境下的组织文化变革以及现代化路径,有必要区分两个容易混淆的概念:官僚层级型(Bureaucratic Hierarchy)和封建层级型(Feudal Hierarchy)。官僚层级型文化的概念来自 CVF。按照 Quinn 和 Cameron(1983)的"生命周期-效能标准模型",企业在发展早期的各个阶段,主导性组织文化应该经历一个"活力型→团队型→官僚层级型+市场型"的变革路径,在宏观层面指向西方的市场资本主义。封建层级型文化的概念来自"文化空间模型"。按照 Boisot 和 Child(1996)的"中西方现代化路径模型",中国企业在其生命周期的各个阶段,主导性组织文化应该经历一个"活力型→封建层级型→封建层级型"的变革路径,在宏观层面指向"网络资本主义"(Network Capitalism, Child 和 Boisot,1996)。

本书提出,中国国有企业当前的主导性组织文化可能停滞于封建层级型。该命题支持了 Boisot 和 Child(1996)的"中西方现代化路径模型"。但是,民营企业的组织文化变革路径可能与国企有所不同。因为:(1)民企的文化惰性弱于国企;(2)民企追求效率的动力强于国企;(3)民企比国企更需要正式制度的保护;(4)民企的壮大和竞争力的提高减少了关系治理的必要性;(5)民企具有推动中国现代化进程的无穷潜力。因此,与国企相比,民企加强官僚层级型文化的可能性更大。民营企业当前可能以封建层级型或团队型文化为主。但是,民营企业未来可能会加强官僚层级型文化。不过,民营企业未来未必会以官僚层级型文化为主。可以推测,中国民营企业的组织文化变革路径既不完全符合 Boisot 和 Child(1996)的"中西方现代化路径模型",也不完全符合 Quinn 和 Cameron(1983)的"生命周期-效能标准模型",有可能产生新的理论框架。而且,民营企业组织文化变革的方向可能指向中国未来的现代化方向,具有重要的现实意义,值得深入研究。本书的探索性案例研究只选取珠三角地区民营高科技企业作为样本,除了基于案例研究的复制逻辑等方法论的考虑外,主要是由于珠三角地区的经济比较发达,高科技企业的发展比较充分,高科技企业可以在一定程度上代表先进的生产力,可能指向中国未来的现代化方向。

在完成上述探索性案例研究之后,本书提出了"组织文化变革模型"。随后,又进行了一项针对该模型的验证性案例研究。基于差别复制的原则,该研究选取了珠三角地区一家大型民营制造业企业。研究提出的假设均得到了数据支持。此项验证性案例研究进一步提高了"组织文化变革模型"的外部效度,加强了研究结论的代表性。

1.2 研究意义

本书对组织文化定义和研究方法的讨论,奠定了研究的概念基础和方法论基础,具有一定的理论意义。本书实证研究所采用的案例研究方法,为在中国情境下实践规范方法论做出有意义的探索。

本书对中国民营企业组织文化变革的研究,回应文献中的理论分歧,填补研究空白,提出具有创新性和整合性的理论框架,具有重要的理论意义和现实意义。

1. 组织文化定义研究的理论意义

组织文化研究领域长期存在定义分歧。与定义分歧相联系的是持续十余年的定性与定量两种研究范式之争。本书独辟蹊径,从影响组织文化的因素入手,针对西方组织文化领域有代表性的研究,对组织文化的定义进行分类,提出整合性的观点。本书指出,研究组织共性文化,比较便于跨组织比较和提出普遍性的命题或假设,而且可以把握宏观社会环境和发展趋势,同时找到其微观基础。本书还提出了组织文化研究方法的选择依据,认为应基于组织文化的内涵以及研究过程所面临的具体情境约束而确定研究方法。

2. 案例研究的方法论意义

本书采用定性为主、定量为辅的案例研究方法来研究组织共性文化,而没有采用学界主流的定量研究方法。案例研究方法一直没有成为主流的研究范式,而在中国情境下建构和发展管理理论,尤其需要符合学术规范的案例研究,本书1.3节对此进行了详细讨论。本书严格按照案例研究方法论领域的前沿成果、Yin(2003)所提出的案例研究方法论,在中国的实践情境下完成比较规范的案例研究,尤其是在处理信度和效度等问题上做出有意义的尝试。

3. 中国民营企业组织文化变革研究的理论意义与现实意义

变革是全球化时代的世界性主题,也历来是组织管理研究的主题。在中国转轨经济环境下,变革无处不在,研究中国情境下的组织变革尤为重要。然而,由于变革、尤其是组织文化变革比较复杂、不易测量,而且比较适合案例研究或历时研究(Longitudinal Research),不宜采用主流的定量研究和截面研究(Cross-sectional Research)，因此文献中鲜见组织文化变革研究，尤其缺乏相关实证研究。

Ralston等人(2006)对中国国有企业组织文化变革的研究，Tsui等人(2006)对中国国有、民营、外资企业组织文化类型的研究，是这个领域的开创性实证研究，为本书提供了有价值的借鉴和启示。但是这两项研究并未专门分析民营企业组织文化变革，并且均认为国有企业的主导性组织文化是官僚层级型。本书通过对上述研究的文献评述，指出了其中的不足之处，澄清了"官僚层级型"与"封建层级型"概念的混淆，并且论证了国有企业的主导性组织文化实属"伪官僚层级型"(mock bureaucracy, Boisot和Child, 1996:605)，即封建层级型，而且很难向官僚层级型转变。

本书发现，西方文献中有关组织文化变革的两个概念模型之间存在重大理论分歧：按照Quinn和Cameron(1983)的"生命周期-效能标准模型"，企业在发展早期的各个阶段，主导性组织文化应该经历一个"活力型→团队型→官僚层级型+市场型"的变革过程，在宏观层面指向西方的市场资本主义。然而，按照Boisot和Child(1996)的"中西方现代化路径模型"，中国企业的主导性组织文化应该经历一个"活力型→封建层级型→封建层级型"的变革过程，在宏观层面指向"网络资本主义"(Network Capitalism, Child和Boisot, 1996)。本书认为，上述理论分歧，具有宏大而深刻的理论背景，即组织研究领域长期存在的趋同论(Convergence Hypothesis)与趋异论(Divergence Hypothesis)之辩。"比较资本主义"(Comparative Capitalism)是对此争论最为热烈的一个研究领域。

本书试图从管理理论的"情境化"(Contextualization, Tsui, 2006)研究人手，通过对中国本土民营企业的案例研究，站在属于趋异论的"杂交"(Hybridization)理论立场上,指出引领中国未来的现代化之路。本书还试图构建一个整合性的"组织文化变革模型",将西方理论与中国本土理论融入同一个理论框架,为管理理论从当地理论(local theories)发展成为通用理论(universal theories)做出贡献。

1.3 采用案例研究方法的原因

本书认为,采用何种研究方法,应基于组织文化的定义和研究过程面临的具体情境约束而综合考虑。组织共性文化既可以采用定性方法研究,也可以采用定量方法研究。本书采用定性为主、定量为辅的案例研究方法来研究组织共性文化,而没有采用定量为主的研究方法。这是基于以下四点考虑:

(1) 定性为主的案例研究方法适合研究组织文化变革这一复杂现象背后的中国情境因素。将西方理论直接应用于中国情境下的组织研究,可能产生与西方理论不符的结果。要探寻结果背后的深层原因、理解中国情境因素对组织实践的影响,就需要采用案例研究方法。尤其对于组织文化这样具有社会建构性质的复杂构念来说,采用定性为主的案例研究方法更为必要。正如 Yin(2003:9)所说,案例研究方法比较适合研究复杂现象背后的因果关系和作用机制。

(2) 用定性方法对组织共性文化进行案例研究,不但有利于获得深刻的洞见,在一定条件下也可以取得通则性的结论。正如 Yin(2003:32)指出的,案例研究结论在满足各项信度与效度要求的情况下同样可以上升为理论。本书对案例研究信度和效度的处理方法详见本书 4.1 节"案例研究方法论"。

（3）中国情境下通过问卷调查获得的数据往往难以兼顾样本容量和数据可靠性。众所周知，中国本土企业还未形成像西方企业那样广泛接受问卷调查并且认真填答问卷的传统，通常不愿意接受外部调研。本书研究对象是民营企业，民营企业通常比国有企业更加低调和务实，更加不愿意花费时间接受对他们毫无眼前利益，甚至可能有害（敏感信息的披露）的学术调研。以西方传统的发放邮件方式进行大规模问卷调查，往往回收率极低，而且难以保证问卷数据的质量。因此，让中国本土企业接受与咨询项目无关的问卷调查，往往需要利用研究者的社会资本：或是通过政府关系采取行政命令方式，或是通过学校便利采取对 MBA 或 EMBA 学员的教学作业方式，或是通过在企业任职的亲友采取人情往来的方式等等。以上各种方式都难以避免受访者在填答问卷时的厌倦情绪和敷衍行为。因此，在研究者社会资本有限的条件下，很难获得大规模问卷数据；而即使勉强获得了大规模问卷数据，也往往存在不同程度的数据失真。

（4）在案例研究中进行内容简洁的小规模问卷调查，并且由研究者在随后的访谈中进行数据确认和反馈，可以提高问卷数据的可靠性和案例研究的建构效度。如果问卷项目繁多、内容冗长，受访者在忙碌工作之间更加可能胡乱填答，产生数据失真。本书采用在西方得到广泛应用的 OCAI 问卷，可靠性较强；而且内容简洁，只有 24 个项目。所以，在对案例企业进行实地调研时向少数受访者发放问卷，并且由研究者在随后的访谈中进行数据确认和反馈的情况下，可以提高问卷数据的可靠性。在案例研究中，对于同一个问题如果既能获得定性数据，又能获得比定性数据精确度更高的定量数据，实现三角互证，就可以提高案例研究的建构效度（Yin,2003:35）。

1.4 结构安排

根据研究问题和逻辑思路,本书分为七章进行论述。

第一章　导论

介绍本书的研究问题、研究意义、研究方法和结构安排。

第二章　组织文化的定义和研究方法文献评述

通过文献评述,对组织文化的定义进行分类,提出整合性的观点,并提出组织文化研究方法的选择依据。介绍本书采用的组织文化定义和模型,以及选择该模型的原因。

第三章　组织文化变革研究的理论基础

通过文献综述,介绍"生命周期-效能标准模型"以及"中西方现代化路径模型"的内涵;指出上述模型分别包含的官僚层级型文化和封建层级型文化的内涵区别,综述建立官僚层级型文化的成本与收益。对前人有关中国国有企业组织文化的研究进行文献评述,指出其不足之处,提出并论证了有关国有企业组织文化变革的命题。基于理论分析,提出有关民营企业组织文化变革的研究问题。最后,基于有关社会资本研究的文献综述,对政商关系的概念进行了界定,并且提出了划分政商关系的非人格化水平的依据。

第四章　珠三角民营高科技企业组织文化变革案例研究

本章是本书实证研究的主体部分。首先介绍案例研究设计以及信度与效度的处理方法,然后分别报告对三家民营高科技企业组织文化变革的案例研究结果。通过总结各个案例研究提出的命题,归纳提出本书的主要结论"组织文化变革模型"。根据数据搜集情况与分析结果,指出 CVF 模型和 OCAI 问卷在中国情境下的信度和效度缺陷。

第五章 组织文化变革模型的验证型案例研究

为进一步提高组织文化变革模型的外部效度，加强研究结论的代表性，研究者在完成上述探索性案例研究并建立组织文化变革模型之后，又进行了一项针对该模型的验证性案例研究。基于差别复制的原则，本项研究选取了珠三角地区一家大型民营制造业企业。研究提出的假设均得到了数据支持。

第六章 讨论：组织文化变革模型的宏观启示

介绍趋同论与趋异论之争的理论背景。指出中观层面的"组织文化变革模型"与宏观层面的"中西方现代化路径模型"的联系。结合文献研究与案例研究结果，分析网络资本主义的负面作用。基于案例研究，提出"类市场经济"的概念；从而在 Boisot 和 Child(1996) 的"中西方现代化路径模型"的基础上，提出"中国未来现代化路径模型"，作为可供今后深入论证的研究课题。最后，结合文献研究与案例研究结果，讨论了制度化进程的阻碍。

第七章 研究总结与展望

总结本书的主要研究结论、研究贡献和创新、研究局限和不足，并指出未来研究方向。

附录

附录包括本书的案例研究草案、访谈提纲和调查问卷，以及案例研究数据库。其中，案例研究数据库主要包括对四家样本企业的访谈记录和实地观察笔记，共计 12 万余字。限于篇幅，附录只展示了访谈记录的部分内容，约 4 万字。

第二章至第六章是本书研究的主体部分。章节之间的逻辑结构如图 1-1 所示。

导 论 11

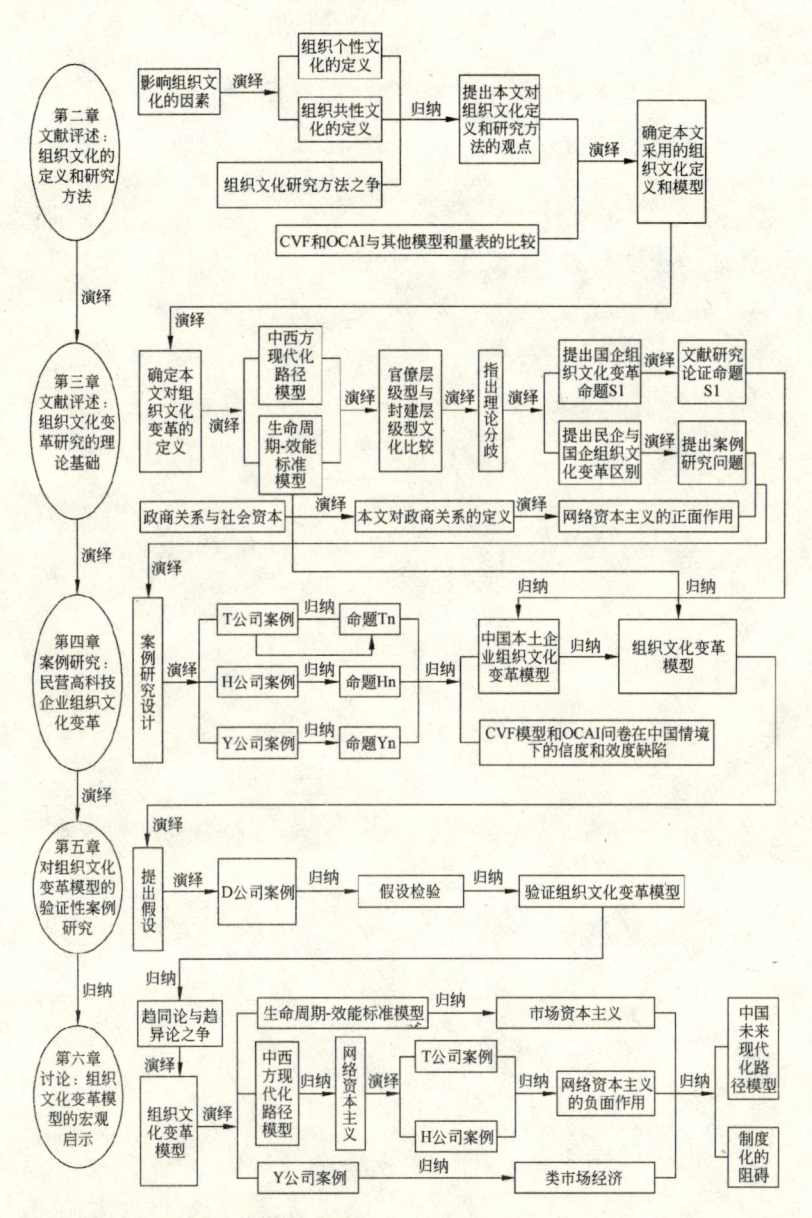

图 1-1 本书各章节逻辑结构图

第二章

组织文化的定义和研究方法文献评述

本章首先依据组织个性文化和组织共性文化的分类,介绍了文献中有关组织文化定义的代表性研究,然后简要评述了组织文化研究方法之争,最后明确提出本书对组织文化定义和研究方法的整合性观点。

20世纪80年代以来,组织文化成为西方企业管理研究领域的热点课题。其中比较有代表性的研究包括Wilkins和Ouchi(1983),Hofstede等人(1990),Schein(1992,1996a,1996b),Denison(1990,1995),Cameron和Quinn(1999)的研究等。

组织文化研究文献虽浩如烟海,组织文化的定义却并不一致。Schein(1989)曾经批评:许多自称在测量组织文化的定量研究甚至不知道自己究竟在测量什么。Denison(1996:628)认为:组织文化的含义非常广泛,其内涵和外延很难被客观的定义,往往受到研究者兴趣的左右,因此不同的人所下的定义存在很大差异。在组织文化研究领域,与定义分歧相联系的是持续十余年的定性与定量两种研究范式之争。

本书认为,要全面深刻的理解组织文化的概念,应该考察哪些因素影响和决定着组织文化。

Hofstede 等人(1990)对组织文化的影响因素进行了著名的实证研究。研究结果验证了以下三条假设:

(1)组织文化受组织成员的国籍和人口学特征、组织所处行业和任务性质等客观因素影响。

(2)组织文化与组织结构和组织治理机制相关。

(3)组织与组织之间还有一部分差异是上述因素所不能解释的,这就应当归因为组织的独特性质,例如组织的历史或创始人的个性等因素;而只有这类因素才是 Hofstede 等人(1990)所理解的"真正意义上的组织文化"。

在 Hofstede 等人(1990)的研究基础上,本书将西方文献中对组织文化的定义大致分为共性和个性两类。本书认为,一个组织的文化中,既包括共性特征,也包括个性特征。因此,可以尝试区分"组织共性文化"与"组织个性文化",并采取相应的研究方法。受上述前两种因素影响的组织文化,是组织共性文化,既可以用定性方法也可以用定量方法研究;受第三种因素影响的组织文化,是组织个性文化,比较适合采用定性方法研究。但是,必须说明,这种分类框架并未试图将现有文献完全纳入,而且两类研究方法也绝非泾渭分明。比如,Hofstede 等人(1990)重视的是组织个性文化,但是认为"组织文化是可以测量的"。

2.1 组织个性文化的定义

Wilkins 和 Ouchi(1983:468—469)在他们研究组织文化与效率的著名论文中,借助人类学的研究范式定义组织文化。这种研究范式的隐含假设是,组织跟氏族部落一样,具有悠久的历史和稳定的文化传承机制,形成了特定的语言和符号来传达深厚的意蕴。他们指出,并非所有的组织都满足这样的假设;换言之,并非所有的组织都具有组织文化。他们采用了这种人类学意义上的组织文化的定义,并把组织文化称为"宗族型"(Clan,又译"部落型")。同时还提出了另外两种组织治理机制与宗族型并举:即市场型(Market)和官僚型(Bureaucracy)。因此,Wilkins 和 Ouchi(1983)实际上是把组织文化(宗族型)视为三种组织治理机制(governance forms/mechanisms)中的一种。

Hofstede 等人(1990:286)通过描述组织文化所具有的属性来下定义。他们回顾相关文献后认为,尽管学者们对组织文化的定义不同,但大多数学者都会同意组织文化这一构念具有以下属性:(1)整体性,(2)受历史因素影响,(3)与人类学概念有关,(4)社会建构(socially constructed),(5)不易量化,(6)稳定性。他们基于文献回顾,把组织文化的表现形式由深及浅分成四个层次:价值观、仪式、英雄、符号。其中,价值观是文化的核心,仪式、英雄和符号这三个层次统称为"实践"(practice)层面。他们的实证测量结果显示,不同组织的成员在实践层面存在显著差异,这可能是由于不同组织的创始人或关键领导者的价值观是存在极大差异的。他们据此推定"组织文化是可以测量的",理由是这种差异主要是由组织成员的身份

(membership)引起的。因此,Hofstede 等人(1990)对组织文化的操作性定义是:由组织成员的身份而导致的测量结果的显著差异。

相对而言,影响最为广泛的是 Schein(1992)对组织文化的定义。这个定义侧重描述组织文化的形成过程:"一个群体在适应外部环境和进行内部整合时,在不断解决各种各样问题的过程中所获得的、为所有成员所认同的一套基本假设(assumptions),这些假设已经在实践中被证明是行之有效的,而传授给每位新成员。最后这种假设变得根深蒂固,渗入员工的潜意识中,后来每一位新员工经过耳濡目染就会被潜移默化"(译文引自彭玉冰,2006:246)。

Schein(1996a:11)还提出,组织文化的构成有三个层次:(1)深层的默认假设,这也是组织文化的精髓;(2)所信奉的价值观,这是组织的理想目标,也是它希望呈现给公众的形象;(3)日常的行为,这体现了默认假设和所信奉的价值观与现实情境需要之间的复杂妥协或折中。Schein(1996a:11)据此认为,"单纯观察外部的行为不足以解码文化,因为情境中的权变因素常常使得人们的行为与其深层价值观和假设不相符合。……要发现文化的基本元素,要么必须直接探究群体成员的知觉和思维背后的潜在价值观和假设,要么就得花大量时间观察他们的行为。"这也是 Schein 主张采用定性方法研究组织文化的理由。

2.2 组织共性文化的定义

组织文化定量研究最具代表性的学者、密歇根大学教授 Cameron 和 Quinn(1999)在其名著《组织文化诊断与变革》中,并未明确阐述组织文化的定义,但他们确定组织文化绝非表面的、易变的组织氛围(Organizational Climate,又译组织气候),而是内在的、稳定的组织特征。书中还提到,组织文化是组织的共识和总结出来的理解、记忆、价值观、态度。这与通行的 Schein 的观点似乎没有明显差别。但是,他们采取的研究方法是 Schein 所反对的定量研究。对此,他们做出了如下论述(译文引自卡梅隆和奎因,2006:111—112,谢晓龙译):

"从另一个角度看,使用定性方法牺牲了对照的广度。当(研究者)强制性地沉浸在个体中的时候,不可能展开对多元文化的研究。要进行多元文化对照,就必须使用定量方法。这是至关重要的。那些对调查问卷做出的回答实际上报告的就是潜在的价值观和假设(组织文化),而不仅仅是表面上的态度或理解(组织氛围)。……回答者也许并未意识到重要的文化特质,直到他们接到问卷上的情景测试所提供的暗示为止。"

Cameron 和 Quinn(1999)的研究更注重可操作性。他们基于提高组织绩效、实施文化变革的现实需要,根据竞争性价值观框架(Competing Values Framework,简称 CVF,Quinn 和 Rohrbaugh,1983)建立了一套问卷,称为组织文化评估工具(Organizational Culture Assessment Instrument,简称 OCAI)。OCAI 从六个方面评估组织文化:(1)组织的主导特征,(2)领导风格,(3)对员工的管理,(4)组织的凝聚机制,(5)战略重点,(6)成功的标准。

CVF 利用两个综合性的维度把组织文化划分为四种类型,分别是宗族型(Clan)、层级型(Hierarchy)、市场型(Market)、活力型(Adhocracy)。这些名称都是从相关文献中提炼出来的。顾名思义,CVF 的四种组织文化类型已经把 Wilkins 和 Ouchi(1983)所提到的三种组织治理机制包含在内。因此,本书认为,Cameron 和

Quinn(1999)所理解的组织文化与组织治理机制密切相关。组织采取的治理机制虽然也受领导人的价值观和个性影响,但主要受组织所处行业和任务性质、市场环境、组织规模、组织结构和组织成员的国籍和人口学特征等客观因素影响,是组织具备的共性特征,是组织共性文化。CVF 并未试图区分由组织的独特历史或创始人的独特个性等因素所决定的组织个性文化,而是把它们笼统的归入"宗族型"文化的范畴内。

一个与组织文化相关的概念是亚文化(subculture)。Schein(1996)曾经提出三种亚组织文化,分别是组织内部的部门文化、层级文化,和跨组织的职业文化。Cameron 和 Quinn(1999)认为,在一个组织内部,亚文化在具备自身个性内涵的同时,也拥有整个组织文化共性核心的内容。这一观点为对整个组织文化进行概括研究提供了理论基础。

Denison(1990:2)在他的名著《企业文化与组织效能》中,对组织文化所下的概念性定义是:"潜在的价值观、信仰和原则,是一个组织的全部管理系统、管理实践和行为的基础,而这套管理系统、管理实践和行为既体现又强化了这些潜在的基本原则。"这一概念性定义与 Schein(1992)的定义并无明显区别。但是 Denison 随后用"参与度、一致性、灵活性、使命感"四个维度作为测量组织文化的操作性定义。这四个维度与 Cameron 和 Quinn(1999)在 CVF 中归纳的四种组织文化类型恰好一一对应。Schein(1989:559—560)在为此书撰写的书评中,批评 Denison(1990)的操作性定义与他对组织文化的概念性定义不相符合。认为 Denison 所采用的一些具体的操作性变量与组织文化毫无关系。

2.3 组织文化研究方法之争

早期的组织文化研究,均采用定性研究方法(例如,Rohlen,1974;Martin,Sitkin 和 Boehm,1985;Poole,1985;Jermier,1991;Schein,1992;Moran 和 Volkwein,1992)。自 1980 年代末开始,组织文化研究领域出现了一些著名的定量研究(例如,Cooke 和 Rousseau,1988;Hofstede,1990;O'Reilly 和 Chatman,1991)。其中,Hofstede 是一个有趣的例子。Hofstede(1980)对国家文化的定量比较研究早在 80 年代初就获得了广泛肯定,而此时在同一国家文化背景下的组织文化定量比较研究却被认为是不合理的。Hofstede 等人(1990)随后发表了关于组织文化的定量研究,刺激了传统文化研究者关于方法论的敏感神经(Denison,1996:632—633)。

作者认为,定性研究方法与定量研究方法之争,反映了后现代主义与实证主义研究范式的冲突;其根源在于两者在哲学基础上的差异,包括在本体论和认识论层次上的差异。本体论(ontology)是人对宇宙的看法,包括对人与自然的关系和人与社会的关系的看法。认识论(epistemology)是人对思维与存在的关系的看法。实证主义认识论认为,真理是客观、绝对的,可以被人们通过实证研究所认识的;后现代主义认识论认为,真理是主观、相对的,人们是永远无法感知客观真实的。实证主义研究范式重视定量研究方法,后现代主义研究范式强调定性研究方法。

Denison(1996)对组织文化研究领域的方法论之争进行了详尽的文献综述,对两种研究范式的异同进行了比较,并且讨论了两者的方法论和认识论基础。Denison(1996:634—635)认为,早期组织文化研究源自 Mead(1934)的符号互动论(symbolic interaction)以及 Berger 和 Luckmann(1966)的社会建构论(social construction)。符号互动论和社会建构论都属于后现代主义研究范式,非常注重人与环境的互动,强调定性的研究方法。Denison(1996:634)指出,组织文化研究最初是作为对当时正统的实证主义研究范式的反动出现的,这种反动也是当时社会科学领域日渐增长的后现代主义思潮的一部分。后现代主义严厉批评实证主义的社会科学试图把一整套系统化的定义和理性比较的逻辑强加给社会组织的做法。它认为,"我们所有的企图发现事实的研究成果都不过是对事实的某种表达方式而已"(Parker,1992:3)。根据这个逻辑,知识(信息)必须被置于其所发生的当时当地,因此是相对的。正如 LaTour(1988:179)所说,"比较"研究,企图揭示相同与相异的努力,是毫无意义的。因为后现代主义的认识论认为,人们永远无法完全定义要进行比较的元素。

组织文化的两种研究范式之争在 21 世纪初已经逐渐消退。作为组织文化定量研究的代表人物,Denison(1996:628)也承认定量研究方法的局限。他引用了 Poole(1985)的观点,认为:环境是可以用维度来评估的,但是不可以被完全浓缩成一组维度。因为环境是一个整体,任何一组维度或属性都无法完全概括一个环境。维度可以帮助研究,有助于对不同类型的环境的比较,但环境作为一个整体是不能完全"维度化"的。因此,Denison(1996:629)认为,把定性研究和定量研究结合起来,会有利于组织理论的发展。

目前,学术界比较接受以定量与定性相结合的方法研究组织文化。但是,两种研究范式之间仍然缺乏沟通和整合,有时对研究方法的讨论可能超过了对组织现象本身的讨论。Denison(1996:645)早已发出呼吁:与其讨论好的数据到底应该是"仪式"(指定性方法),还是问卷、回归(指定量方法),还不如讨论这些数据和方法到底揭示了什么样的社会情境,以及该情境对个体与组织的影响。Denison(1996:646—647)指出,早期的组织文化研究者之所以主张采用定性研究方法,是希望恢复组织生活本身在学术研究里的中心地位;但后来关于方法论的论战使得这些有价值的洞见逐渐消失。文化研究领域应该重新把理解组织内部社会环境的演变和影响作为主要议题,有关方法论的争论应该从属于这个主要的目标。

2.4 本书对组织文化定义和研究方法的观点

本书认为,一个组织的文化中,既包括个性特征,也包括共性特征。因此,可以区分组织个性文化与组织共性文化。至于采用何种研究方法,应基于组织文化的定义和研究过程所面临的具体情境约束而综合考虑。

组织个性文化与组织的独特历史、领导者独特的个性和理念等因素密切相关。Wilkins 和 Ouchi(1983)根据人类学研究范式,把组织文化的外延限定在宗族型组织的范畴内,研究宗族型组织由组织历史、领导人理念等因素决定的个性特征,就是组织个性文化。这也是 Schein(1996)所强调的组织文化的深层含义,是 Hofstede 等人(1990)所理解的"真正意义上的组织文化"。一般来说,组织个性文化比较适合采用以定性研究为主的案例研究方法,从而获得关于组织实践的深刻洞见。

组织共性文化虽然也受领导人的价值观和个性影响,但主要是由组织的任务性质、所处行业、市场环境、组织结构、治理机制、组织成员的国籍和人口学特征等客观因素决定的。Cameron 和 Quinn

(1999)、Denison(1990,1995)等研究即属此类。组织共性文化提供了跨组织比较的可能性,相对易于提出普遍性的命题或假设并进行检验,比较适合采用定量研究方法;而以定性研究为主的案例研究方法,在满足各项信度与效度指标要求的条件下,也可以取得普遍性的结论(Yin,2003:32)。因此,组织共性文化既可以采用定性方法研究,也可以采用定量方法研究。

2.5 本书采用的组织文化定义和模型

本书研究组织共性文化。本书对组织共性文化的定义是:组织中主导性的效能价值观(effectiveness values),意即对效能的评价标准。它虽然受领导人的价值观和个性影响,但主要受组织所处行业和任务性质、市场环境、组织规模、组织结构、治理机制、组织成员的国籍和人口学特征等客观因素影响,是组织具备的共性特征。本书采用竞争性价值观框架(Competing Values Framework,以下简称CVF)研究组织共性文化。原因有二:

(1) 如 2.4 节所述,研究组织共性文化,便于跨组织比较和提出普遍性的命题或假设。更重要的是,本书认为,组织个性文化是微观概念,组织共性文化是中观概念,国家文化是宏观概念。组织共性文化反映了组织所处的经济、政治、社会文化环境等宏观层面的共性因素的影响,是连接企业内部微观环境和企业外部宏观环境的一个窗口。研究组织共性文化,可以帮助研究者把握宏观社会环境和发展趋势,并且找到其微观基础。

(2) 与其他著名模型和量表比较,CVF 和与之配套的 OCAI 量表具有诸多优点。

本节首先介绍 CVF 的建立和内涵,然后简介 CVF 和 OCAI 的优点。

2.5.1 CVF 的建立和内涵

由 Quinn 和 Rohrbaugh(1983)建立的 CVF,是在组织文化定量研究领域影响最大、应用最广泛的模型之一。建立 CVF 的初衷是为了厘清组织效能这个构念。因此,构成该模型的组织文化维度都是与组织效能密切相关的。Quinn 和 Rohrbaugh(1983:363)认为,组织效能是组织文献中的核心构念。例如,在实践领域,进行组织变革和组织设计的目的都是为了提高组织效能;而在理论层面,Goodman 和 Pennings(1977)曾经指出,效能是所有组织研究的核心主题,几乎没有哪个组织理论不包含效能这个构念。

但是,组织文献中关于效能的定义并不一致。Campbell(1977)曾在一篇文献综述中列出了 30 个用来评价效能的标准。Quinn 和 Rohrbaugh(1983:365)认为,研究者对效能评价标准的取舍,反映了个人的价值观,即:哪些标准较重要,哪些标准较不重要。他们发现,评价组织效能的标准可以用三个价值观维度来分类:关注内部与关注外部、偏好稳定性与偏好灵活性、重视过程与重视结果。他们把第三个维度融入前两个维度形成的坐标系中,从而建立了 CVF,如图 2-1 所示(Quinn 和 Rohrbaugh,1983:369)。

当然,只用两三个维度来衡量组织文化价值观、概括组织文化类型,可能是不全面的。但是 CVF 仅仅是从与组织效能有关的角度提炼价值观维度的,并不试图概括组织文化的所有层面或所有类型。

CVF 的横轴与组织关注的焦点有关:左端表示关注内部微观和谐、员工的福利和发展;右端表示关注外部宏观竞争力、组织本身的利益和发展。纵轴与对组织结构的偏好有关：上端表示偏好灵活性、变革、分权；下端表示偏好稳定性、控制、集权。

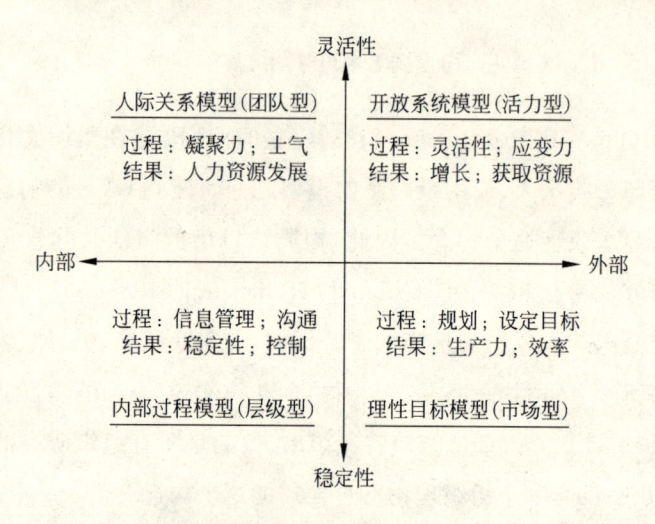

```
                    灵活性
                      ↑
     人际关系模型(团队型)    开放系统模型(活力型)
     过程：凝聚力；士气       过程：灵活性；应变力
     结果：人力资源发展       结果：增长；获取资源

内部 ←─────────────────────────────→ 外部

     过程：信息管理；沟通     过程：规划；设定目标
     结果：稳定性；控制       结果：生产力；效率
     内部过程模型(层级型)     理性目标模型(市场型)
                      ↓
                    稳定性
```

图 2-1　竞争性价值观框架(CVF)

(资料来源：Quinn 和 Rohrbaugh, 1983:369)

Quinn 和 Rohrbaugh (1983:370)指出，CVF 中的两对价值观彼此对立竞争，在组织文献中早已被确认为组织管理的两个基本的两难问题。Denison 和 Mishra(1995:216)认为，用内部整合与外部适应这一维度来衡量组织文化，正好符合 Schein(1990:111)的观察：组织文化是一个组织在学习如何处理外部适应和内部整合的双重问题的过程中发展起来的。而变革与稳定、创新与秩序，一直是社会学、政治科学、心理学的争论焦点。Lawrence 和 Lorsch(1967)的研究认为，稳定与创新是组织设计中的核心问题，只有那些善于平衡两者关系的组织才是最有效的组织。其他学者也做出过类似结论(例如 Aram, 1976)。

在 CVF 中，虽然某些概念是对立的，但是在某种角度上也是统一的,这就是矛盾的辩证性质。Quinn 和 Rohrbaugh(1983:374)指出,在实际的组织环境中,对立的概念之间也未必相互排斥。实际上,一个组织可以既有内部凝聚力,又有外部竞争力;或者既有稳定性,又有灵活性。对组织和管理者来说,区分优秀与平庸的关键就是对各种互相矛盾的需要的平衡能力。

Sjoberg(1967)指出,组织始终被各种互相冲突的要求所困扰,因此不得不进行各种互相矛盾的制度安排以满足这些要求。Quinn 和 Cameron(1983)则进一步提出,在某个特定的临界点上,这些冲突可能被放大,结果常常导致组织的重构,以及对效能的主导性评价标准的转变。作者认为,在这种情况下,伴随组织重构的,是组织文化的变革。

2.5.2 采用 CVF 的原因

本书采用 CVF 的原因是,与其他著名模型和量表相比,CVF 和与之配套的 OCAI 量表具有诸多优点。目前,正如 Kwan 和 Walker(2004)所说,CVF 已经占据了组织文化定量研究领域的主流地位。根据前人的文献综述(张勉和张德,2004;曾昊等人,2005),在组织文化研究领域,除了 CVF 和 OCAI 量表以外,最著名的组织文化模型和量表还包括:

(1) 文化特征理论模型(Theoretical Model of Culture Traits,Denison 和 Mishra,1995)以及与之配套的组织文化调查问卷(The Organizational Culture Survey,简称 OCS);该模型与 CVF 十分相似,量表包括 36 个项目。

(2) 组织文化调查(Organization Culture Inventory,简称 OCI,Cooke 和 Rousseau,1988);该量表根据组织的行为规范和组织期望

来描述组织文化。OCI 包括三个维度：员工安全感、员工满意度、任务安全感；共计 120 个项目。

（3）组织文化轮廓（Organizational Culture Profile，简称 OCP，O'Reilly，Chatman 和 Caldwell，1991）。OCP 量表共计 54 个项目，包含七个维度：创新性、稳定性、员工导向、结果导向、细节导向、进取性和团队导向。

（4）多维度组织文化模型（Multidimensional Model of Organizational Cultures，简称 MMOC，Hofstede 等人，1990）量表包括 135 个项目，实践层面包括六个维度：过程导向与结果导向、员工导向与工作导向、认同组织与认同专业、沟通的开放性与封闭性、宽松控制与严密控制、重视规范与重视实用。

（5）组织文化价值观量表（Values in Organizational Culture Scale，简称 VOCS，郑伯壎，1990）。量表包括九个维度：科学求真、顾客导向、卓越创新、甘苦与共、团队精神、正直诚信、表现绩效、社会责任和敦亲睦邻。

本书认为，与上述模型和量表比较，CVF 和 OCAI 量表具有如下优点：

（1）维度较少而内涵较广。Detert 等人（2000）通过文献回顾，提炼了八个已被广泛接受的组织文化测量维度，分别是：真理的基础；长期导向与短期导向；内在激励与外在激励；稳定与变革；任务导向与员工导向；任务结构：隔离与合作；集权与分权；内部导向与外部导向。Ralston 等人（2006）认为，CVF 虽然只包含两个维度，但是基本上囊括了前述八个被广泛接受的组织文化测量维度。其中，稳定与变革维度和内部导向与外部导向维度是模型直接包含的内容；同时，模型还隐含了内在激励与外在激励、任务导向与员工导向等维度。

(2) 问卷最为简洁,只有 24 个项目。本书认为,在中国情境下,这一优点十分重要,非常便于实际操作。众所周知,中国本土企业还未形成像西方企业那样广泛接受问卷调查并且认真填答问卷的传统,通常不愿意接受调研,受访者在填答问卷时也往往敷衍了事。如果问卷项目繁多、内容冗长,受访者在忙碌工作之间更加可能胡乱填答,结果产生失真的数据。所以,在问卷简洁、由研究者在随后的访谈中提供反馈的情况下,受访者可能更倾向于认真填答问卷,产生比较可靠的数据。

(3) 应用广泛,可靠性较强。大量研究验证了 CVF 和 OCAI 的信度和效度(例如,Howard,1988;Kalliath,Bluedorn 和 Gillespie,1999;Quinn 和 Spreitzer,1991)。Howard(1998)利用 Q 分类法和多维标度分析法,产生了与 CVF 一致的组织文化价值观结构,验证了 CVF 各维度的效度。Lamond(2003)验证了 CVF 在澳大利亚背景下的适用性。一些学者还利用 CVF 研究组织文化与全面质量管理、工作满意度、组织绩效等变量的关系(例如,Sousa-Poza 等人,2001;Al-Khalifa 和 Aspinwall,2001;Lund,2003;Deshpande 和 Farley,2004)。值得一提的是,Denison 和 Mishra(1995)通过案例研究归纳的文化特征理论模型恰好与 CVF 相吻合,印证了 CVF 的效度。Denison 和 Mishra(1995:218—219)的定量研究还证实了 CVF 的四种组织文化类型与组织效能的关系。但是,文化特征理论模型相对 CVF 更为复杂,其子维度的划分受到一些学者的质疑(例如,王国顺等,2006)。

(4) 在中国应用最广。在各种组织文化模型中,CVF 是唯一已在中国背景下得到广泛应用的模型。例如,Deshpande 和 Farley

(2004)对中国大陆、香港等地的比较研究,Kwan 和 Walker(2004)对香港高校的研究、Ralston 等人(2006)对中国国有企业组织文化变革、民营企业和外资企业组织文化类型的研究等。上述研究均验证了 CVF 和 OCAI 量表在中国文化背景下的适用性。

综上所述,CVF 及 OCAI 量表比较适合用于在中国背景下的组织文化研究,尤其是与效能相关的组织文化类型识别以及组织文化变革研究,并且可以结合中国情境对 CVF 做出改进和创新。

第三章

组织文化变革研究的理论基础

如 2.5 节所述,本书研究组织共性文化。组织共性文化是中观概念,国家文化是宏观概念。组织共性文化反映了组织所处的经济、政治、文化环境等宏观层面的因素。本书试图通过研究中国本土企业组织共性文化的变革,探寻中国现代化路径。

要探究中国情境下的组织文化变革以及现代化路径,有必要区分两个概念:官僚层级型文化(Bureaucratic Hierarchy)和封建层级型文化(Feudal Hierarchy)。

官僚层级型文化的概念来自 CVF。按照 Quinn 和 Cameron(1983)的"生命周期-效能标准模型",企业在发展早期的各个阶段,主导性组织文化应该经历一个"活力型→团队型→官僚层级型+市场型"的变革过程。

封建层级型文化的概念来自 Boisot(1986)的"文化空间模型"。本书认为,与封建层级型文化相比,官僚层级型文化具有诸多优势。

但是,按照 Boisot 和 Child(1996)基于"文化空间模型"建立的"中西方现代化路径模型",中国企业的主导性组织文化停滞于封建层级型,很难向官僚层级型转变。

本书提出,中国国有企业当前的主导性组织文化可能是封建层级型,而且缺乏向官僚层级型文化转变的动力。并对此命题进行了文献评述。该命题支持了 Boisot 和 Child(1996)的"中西方现代化路径模型"。

本书认为,民营企业的组织文化变革路径可能与国企有所不同。民营企业组织文化变革的方向可能也指向中国未来的现代化方向。因此,这一问题值得深入研究。

本章 3.1 节提出本书对组织文化变革的定义;3.2 节介绍"生命周期-效能标准模型";3.3 节介绍"中西方现代化路径模型",并分析该模型与"生命周期-效能标准模型"的理论分歧;3.4 节提出与"中西方现代化路径模型"相印证的命题 S1,并通过文献评述进行论证;3.5 节提出本书的实证研究问题。3.6 节对政商关系的概念进行界定。

3.1 组织文化变革的定义

赖明正(2005:12—14)对中西方学者(Sharifi,2002;黄仲铭等人,2000;吴秉恩,1993;朱峰谊,2001;陈光荣,1999;Recardo,1991;Thorne,2000;Baba,2001;Homa,1995;Mclagan,2002;曾俊明,1998)对组织变革的定义进行了详尽的文献综述。根据赖明正(2005)的整理,可以得出以下结论:(1)组织变革是涉及整个组织的调整和改变,包括组织结构变革、流程变革以及文化变革,并且要落实和体现于组织成员行为的改变。(2)组织变革可以是有计划的,也可以是非计划的结果。但有计划的变革越来越受到重视和强调。有计划的变革认为组织变革首先是战略变革,需要战略规划。(3)组织变革可以是渐进的调整,也可以是激进的革命,但更多组织变革定义偏重于激进式革命。

综合有关组织文化定义以及组织变革定义的研究,本书对组织文化变革的定义如下:组织文化变革是组织内部主导性组织文化类型的变化。其中,组织文化类型的划分基于两个模型:一是 Quinn 和 Rohrbaugh(1983)建立的 CVF,二是 Boisot(1986)建立的"文化空间模型"(C-space model)。本书研究的组织文化变革所依据的理论模型亦有二:一是 Quinn 和 Cameron(1983)基于 CVF 建立的"生命周期-效能标准模型"(life cycles-criteria of effectiveness model),二是 Boisot 和 Child(1996)基于"文化空间模型"提出的"中西方现代化路径模型"(Chinese and Western paths to modernization)。

需要说明的是,与一些学者特别是企业文化变革项目主持者(例如,Cameron 和 Quinn,1999;马立克,2006)所强调的有计划的、激进式的革命不同,本书对组织文化变革的定义外延既包括有计划的、激进式的革命,也包括非计划的、渐进式的演变。

3.2 生命周期-效能标准模型

本节首先介绍 CVF 中四种组织文化类型的含义,然后介绍"生命周期-效能标准模型"。

3.2.1 CVF 中四种组织文化类型的含义

CVF 的两条坐标轴形成了四个象限,从左上角起依顺时针顺序分别称为人际关系模型、开放系统模型、理性目标模型、内部过程模型(如图 2-1)。每个模型都包含了一组评价效能的标准。Quinn 和 Rohrbaugh(1983:375)认为,在现实世界中,一个有效的组织应该在四组效能评价标准上全都表现良好。然而,必须承认,在任何一个特定时点上,指标之间可能存在着权衡取舍。这四个效能标准模型也被称为四种组织文化类型。Cameron 和 Quinn(1999)将其分别命名为团队型、活力型、市场型和官僚层级型。四种组织文化类型的内涵如下:

(1) 团队型文化(clan):这一概念来自美国学者对 20 世纪六七十年代日本公司的研究(例如,McGregor, 1960;Agyris, 1962;Ouchi 和 Jaeger, 1978)。Cameron 和 Quinn(1999)认为,团队型文化类似一个大家庭的组织文化。在 CVF 的配套量表 OCAI 中,有关团队型文化的描述如下:组织是一个人性化的地方,就像是家庭的延伸,员工分享彼此的感受;领导人被视为一位睿智的导师甚至父亲/母亲;重视团队合作,少数服从多数,决策层经常听取员工的意见;靠忠诚和传统来凝聚员工,员工对企业有很强的责任感;重视人力资源,保持高水平的凝聚力和士气;对成功的定义是人力资源的发展、团队的合作、员工的参与和贡献,以及组织对员工的关怀。

(2) 活力型文化(adhocracy):英文词根"ad hoc"意为"临时的、特别的"。Cameron 和 Quinn(1999)认为,活力型组织的一个主要目标是在不确定性和模糊的信息环境下,培养适应性、灵活性和创造性。在 OCAI 中,有关活力型文化的描述如下:组织充满活力和变化,适合创业,员工愿意冒险、勇于创新;领导人被视为一位创业家、创新者甚至冒险家;提倡个体主动性和自主权,鼓励员工冒险、创新和展现自我;靠创新意识和进取心来凝聚员工,敢为天下先;重视增长和获取新的资源,随时准备迎接新的挑战;对成功的定义是拥有最独特或最新的产品或服务,是产品或服务的领导者和创新者。

(3) 市场型文化(market):这一概念源于 Williamson(1975)和 Ouchi(1979,1984)等人对市场型治理机制的研究。市场型组织运作起来本身就像是一个市场,核心价值观就是竞争力和生产力。在 OCAI 中,有关市场型组织文化的描述如下:组织以工作为导向,以绩效为评价员工的主要依据;领导人被视为一位强力的生产推动者、技术专家甚至工作狂;组织内部竞争性很强,对任务的要求和标准都非常严格;靠竞争的成功和声誉来凝聚员工,强调目标的实现;强调可量化的指标;对成功的定义是赢得市场份额并且打败对手,成为市场的领导者。

(4) 官僚层级型文化(hierarchy):这一概念源于德国社会学家韦伯(Max Weber)最早的有关现代组织管理的著作。韦伯对 19 世纪欧洲各国政府机构进行了研究,提出了理想的官僚制度的七种显著特点(制度化、分工、按技能资格甄选人才、管理层级、所有权与经营权分离、非人格化、责任与权力对等,Weber,1964)。这些特点在需要效率、平稳、可靠和可预见性的规模化生产的组织中,是十分有效的。成功的关键要素是清晰的组织结构、标准化的制度和流程、严格的控制、明确的责任和义务。在 OCAI 中,有关官僚层级型组织文化的描述如下:组织具有非常正规的制度和严明的层级,员工按照现成的规章和流程办事;领导人被视为一位协调者、组织者或管理者;雇佣关系稳定,人们的关系是稳定的、可以预见的;靠正规的制度和政策来凝聚员工,重点是维持组织的顺畅运作;重视稳定和持久,强调效率;对成功的定义是平稳运作和低成本。

3.2.2 生命周期-效能标准模型

Quinn 和 Cameron(1983)认为,CVF 中的四个组织效能标准模型(组织文化类型)与组织生命周期阶段息息相关。他们回顾了文献中九个主要的生命周期模型(Downs,1967;Lippit 和 Schmidt,1967;Scott,1971;Greiner,1972;Torbert,1974;Lyden,1975;Katz 和 Kahn,1978;Adizes,1979;Kimberly,1979),建立了一个可以整合这九个模型的生命周期模型。该模型包括四个生命周期阶段:创业阶段、整合阶段、正式化阶段、结构调整阶段。基于四个生命周期阶段的特点,Quinn 和 Cameron(1983:42—44)提出假设:CVF 中的四个组织效能标准模型在不同的生命周期阶段会获得不同程度的重视。随着组织的不断发展,效能标准(组织文化类型)与组织的活动特点同时发生变化。他们随后对美国一个州政府部门进行了案例研究,案例研究支持了该假设。图 3-1 显示了 Quinn 和 Cameron(1983)的"生命周期-效能标准模型"(life cycles-criteria of effectiveness model)。

Quinn 和 Cameron(1983)对"生命周期-效能标准模型"的具体描述如下:

创业阶段的主导性组织文化是活力型。组织共性特征是改革和创新,以及资源集结和编组。组织效能的评价标准基于开放系统模型,包括:增长、获取资源、外部支持和应变力。如图 3-1 所示,在假设中,开放系统模型的效能标准在其他生命周期阶段也是重要的(在正式化阶段稍弱)。但是在创业阶段显得尤为重要。

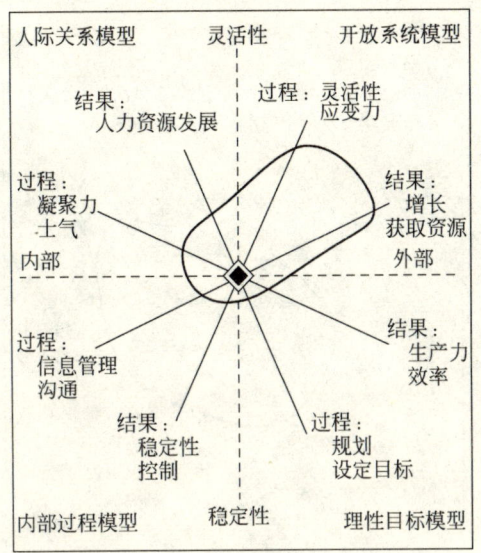

1. 创业阶段

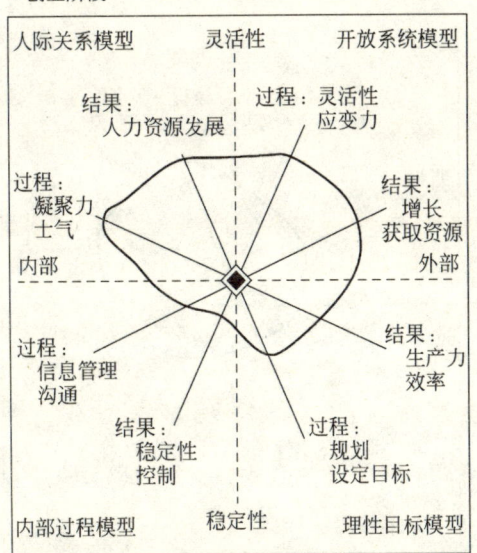

2. 整合阶段

图 3-1　生命周期-效能标准模型

（资料来源：Quinn 和 Cameron, 1983：43）

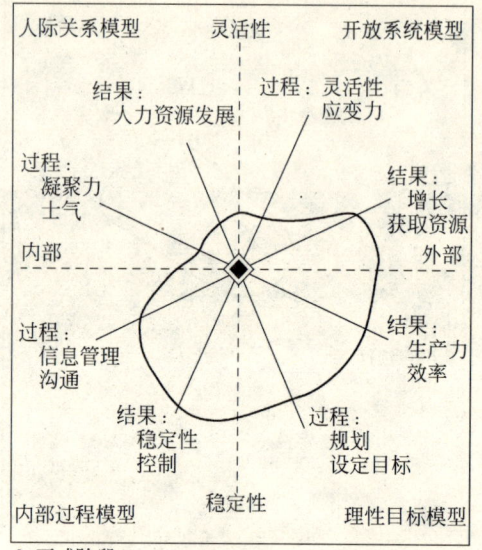

3. 正式阶段

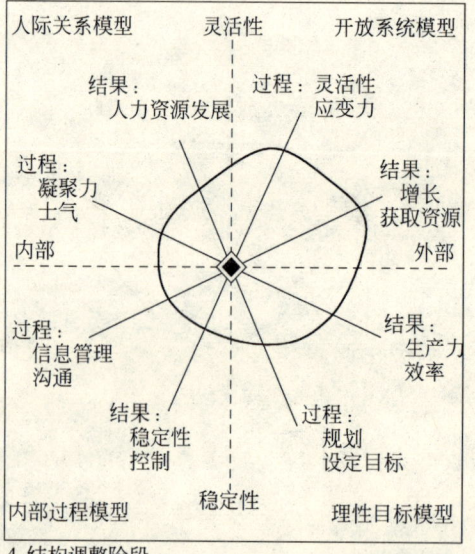

4. 结构调整阶段

图 3-1（续）

整合阶段的主导性组织文化是团队型。组织共性特征是非正式沟通和非正式结构、家庭感和员工之间的合作、高度的员工承诺、人性化的领导风格。组织效能标准基于人际关系模型,包括:人力资源发展、凝聚力、士气和员工满意度等。

正式化阶段的主导性组织文化是官僚层级型和市场型。组织共性特征是稳定性、生产效率、规章和流程、保守倾向。组织效能标准基于内部过程模型和理性目标模型,包括:目标设定和实现、生产力、效率、信息管理与沟通、稳定与控制等。

结构调整阶段的主导性组织文化是活力型。组织共性特征是关注外部环境以进行自我更新、扩张原有的活动领域以及结构的分权化。虽然此时内部过程模型、人际关系模型和理性目标模型也比较重要,但开放系统模型所强调的效能标准尤为重要,包括灵活性、获取资源和增长等。

综上所述,按照 Quinn 和 Cameron(1983)的"生命周期-效能标准模型",企业在发展早期的各个阶段,主导性组织文化应该经历一个"活力型→团队型→官僚层级型+市场型"的变革过程。

3.3 中西方现代化路径模型

本节首先比较"文化空间模型"中的封建层级型与官僚层级型的内涵异同,然后分析官僚层级型文化相对于封建层级型文化的诸多优势,最后介绍"中西方现代化路径模型"及其在中观层面的理论含义。

3.3.1 文化空间模型和封建层级型文化的内涵

封建层级型文化(Feudal Hierarchy)的概念来自"文化空间模

型"(C-space model,Boisot,1986,如图 3-2)。

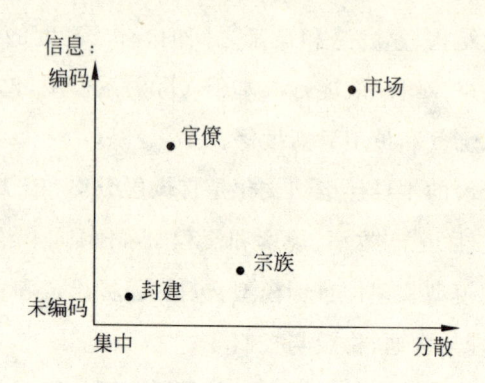

图 3-2 文化空间模型

(资料来源:Boisot 和 Child,1996:602)

如果说 CVF 适于研究中观的组织共性文化,"文化空间模型"则既可用于解释中观的组织共性文化,也可用于研究宏观的国家文化。Boisot(1986:138)认为,文化是一套共享的知识(meanings 或 knowledge)。他从两个角度描述文化:知识的创造方式和分享方式。由此建立的"文化空间模型"包括两个维度:纵轴是"编码"(codification),编码是指将数据筛选和压缩成为稳定的结构(Boisot 和 Child,1996:602),表示知识的创造过程。未编码的知识可以理解为隐性知识,编码的知识是显性知识。横轴是"传播"(diffusion),即知识在目标人群中分享扩散的过程,包括集中和分散两种状态。

以上两个维度划分了四种宏观层面的国家文化类型:从左上角依顺时针顺序分别为官僚型、市场型、宗族型和封建型。本书认为,上述四种国家文化类型,在中观层面分别对应着四种组织文化类型,即官僚层级型、市场型、团队型和封建层级型。其中,前三种文化内涵与 CVF 中的官僚层级型、市场型和团队型文化基本一致,这里比较封建层级型与官僚层级型内涵的异同。

封建层级型与官僚层级型同为知识的集中状态,知识的集中意味着权力的集中,集权的社会必然存在等级制,因此都称为层级型。但是两者的区别在于,官僚层级型的知识系统高度编码,封建层级型的知识系统未编码。因此,官僚层级型的秩序依靠非人格化(impersonal)的正式制度维系,而封建层级型的秩序依靠统治者的高度人格化的权威维系。Boisot(1986:145)强调,以往文献中"层级型"(Hierarchy)一词掩盖了官僚层级和封建层级的区别,但两者绝不可混淆:其区别就在于交易秩序的非人格化水平不同[①]。

3.3.2 官僚层级型文化的成本与收益

根据 Cameron 和 Quinn(1999)的"生命周期-效能标准模型",官僚层级型是以美国为代表的西方国家成熟企业的典型文化。Cameron 和 Quinn(1999)指出,从美国快餐连锁店到大型企业集团(例如福特汽车公司)乃至政府部门,都提供了官僚层级型文化的例子。例如,在麦当劳,所有连锁店销售的产品都是标准化的。在一个典型的麦当劳餐厅中,核心的价值观就是如何保持效率、可靠性、顺畅的流程。每个员工必读的操作手册有 350 页厚,包含从着装到动作的所有规定。对这些知识的掌握程度是员工升迁的指标之一。从底层升到管理层需要逐步迈上一系列的层级台阶。

官僚层级型文化相对于封建层级型文化的区别就是高度的制度

---

① 按:"制度化"、"非人格化"、"编码"、"正式化"、"法治化""隐性知识显性化"等诸多术语,含义相近,但适用的语境可能略有不同。为行文方便并贴近汉语习惯,本书在讨论组织文化及国家现代化路径问题时,主要使用"制度化"一词;在讨论政商关系问题时,主要使用"非人格化"一词,但二者亦可互通。

化。本书基于文献和案例研究提出,高度的制度化(非人格化)对于组织至少具有以下四项收益:

(1) 弥补员工流动带来的交易成本。

员工流动会削弱团队型文化(信任)的强度,并且引起组织知识的流失。Ouchi(1979)认为,官僚型治理机制(官僚层级型文化)通过广泛的培训制度和监控制度,可以适应高离职率、高异质性的社会条件。随着现代社会人口流动性的提高、城市化和工业化的进程加快,组织快速发展,成员流动和分工加剧,人们的目标相容性逐渐降低,信任程度也随之降低。这意味着组织采取官僚型治理机制成为较好的选择。

(2) 弥补交易规模扩大带来的交易成本。

Boisot 和 Child(1996:603)认为,西方的制度化过程,说明了当大规模交易取代小规模交易时,组织难以继续保持紧密的人际关系,而不得不通过制度化来维系交易秩序。可见,当组织的交易规模扩大时,团队型文化可能难以继续保持,需要加强官僚层级型文化来实现组织治理。而且,领导者也可以通过流程和制度取代原来事必躬亲的领导方式,减轻自己的工作负担。

(3) 弥补领导者卸任带来的交易成本。

本书通过对 H 公司的案例研究发现,领导者认为,未来继任者可能会由于价值观的不同或知识的不足而使企业受到影响,而严密的制度和流程将是避免企业发展轨迹发生严重偏离的一道屏障。因此,领导者可以将自己的价值观和隐性知识注入流程和制度,从而使企业未来的发展方向具有一定的延续性和稳定性。

(4) 知识管理和非人格化交易带来的收益。

本书认为,官僚层级型文化所重视的制度化和流程化管理,是将隐性知识显性化的过程,也是知识管理的过程,是推动组织创新的基础。诺斯认为,西方世界兴起的历史可以视为知识存量的增加和传播的过程。诺斯还提出,现代的经济增长必然带来复杂的契约关系;基于市场经济制度的非人格化交易,是国家现代化建设的关键基石(North,1973,1990)。可见,制度化不但推动组织的创新和发展,也推动一国的现代化进程。

另一方面,制度化过程也会给组织带来巨大成本。

通常,制度化建设初期需要投入大量固定成本[①]。该成本随着交易规模的扩大而逐渐摊薄。制度化的收益则通常是随着交易规模的扩大才会逐渐发挥出来。而在交易规模扩大到一定程度之前,在制度化的磨合阶段,反而容易出现效率下降和成本提高的现象。Peng(2003)建立了"制度转型的两阶段模型"(A Two-Phase Model of Institutional Transitions,Peng,2003:281,如图3-3),通过成本-收益分析,诠释了转轨经济普遍面临的制度转型的阶段性特征。该模型有一个关键的前提假设:根据历史上世界经济发展的普遍模式,随着时间的推移,交易的复杂性[transaction complexity,包括交易规模和交易范围(transaction scale and scope)]会逐渐提高(Peng,2003:278)。"制度转型的两阶段模型"显示:人格化交易的成本随着交易复杂性的提高而呈现U型变化趋势,收益则呈现倒U型变化趋势。制度化(非人格化)交易的成本和收益恰好与之相反。因此,转轨经济的普遍特征是:早期交易规模不大时,采用人格化交易模式促进经济增长;但当交易规模达到某一阈值时,则开始向非人格化交易模式转型,以满足经济增长的需求。由该模型可见,由人格化交易模

[①] 该成本除了包括咨询、劳务、软件等费用外,还包括管理者和普通员工花费的时间和精力等机会成本。

式向非人格化交易模式的转型需要时间;足够大的交易规模是制度化的动力所在,也是建立官僚层级型文化的必要条件。

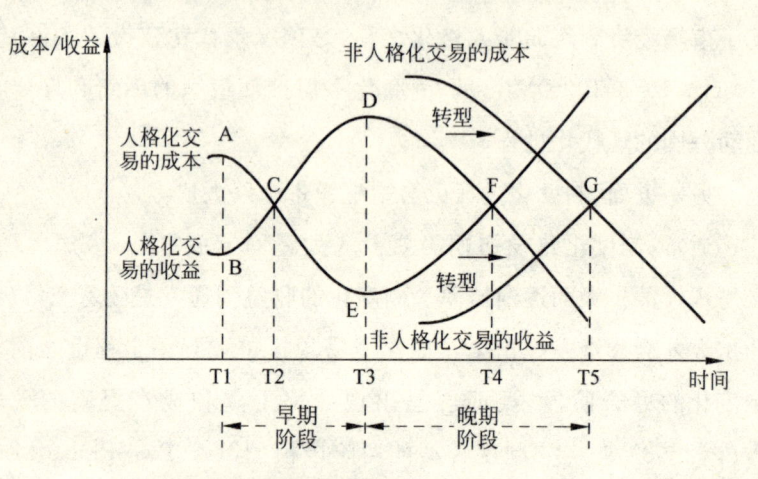

图 3-3 制度转型的两阶段模型

(资料来源:Peng,2003:281)

3.3.3 "中西方现代化路径模型"

Boisot 和 Child(1996)基于"文化空间模型"提出了"中西方现代化路径模型",描述中国与西方各自的现代化路径,如图 3-4 所示。该模型指出,欧洲的现代化路径是:从封建层级型(15 世纪及以前)转化为官僚层级型(16、17 世纪),然后经历分权走向市场机制(18 世纪以后)。而中国正在踏上一条不同于西方的现代化之路。

中国历史上并未建立一个稳定的制度化的官僚秩序。[①] 由于缺

---

① Boisot 和 Child(1996)指出,官僚秩序必须以理性-法治为原则。理性-法治原则的制度形式包括有效的中央银行、宏观经济政策工具、稳定并且可以贯彻实施的法律体系等。所以诺斯等人提出产权保护是西方世界经济增长的必要条件。

乏理性-法治的制度基础,国家没有信心超越基于个人权力、承诺和信任而建立的关系网,也就难以建立更广阔的官僚或市场机制。而在高度人格化的社会秩序中,既得利益阶层会利用权力不断巩固和发展自身的关系网,因此这个过程是自我强化的,是难以突破的。Boisot 和 Child(1996:604)称之为"封地铁率"(iron law of fiefs)。

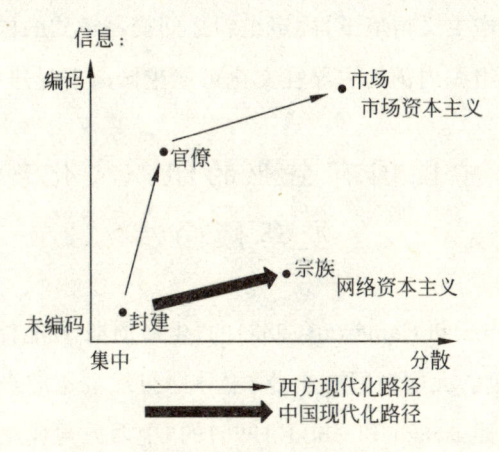

图 3-4　中西方现代化路径模型

(资料来源:Boisot 和 Child,1996:622)

Boisot 和 Child(1996:606)据此提出,中国政府 1978 年以来的分权改革导致的不是市场机制,而是宗族机制,表现为地方社会各个交易主体之间人格化的交易秩序,Boisot 和 Child(1996:622)称之为"网络资本主义"(network capitalism,又称关系资本主义、权贵资本主义等)。网络资本主义是通过"关系"(*guanxi*)的内隐性和流动性来应对不确定性。换言之,西方企业依靠民主社会的法治来保护产权,而中国企业依靠与地方政府(或国有企业)的关系来保护产权,这使得中国通过一个制度化水平很低的过程实现了经济的高速增长。

本书认为,按照 Boisot 和 Child(1996)的"中西方现代化路径模型",中国企业的主导性组织文化变革路径应该是"活力型→封建层级型",并且由于"封地铁率"的作用,很难向官僚层级型转变。而企业之所以不是以团队型文化为主,是因为只要与地方政府(或国有企业)建立了密切关系,企业就拥有了"核心竞争力",处于某种垄断地位;因此,企业无须关注人力资源的发展,也能立于不败之地。换言之,在网络资本主义情境下,决定组织之间交易模式的国家文化越倾向于宗族型,组织内部的主导性文化可能越倾向于封建层级型。

3.4 中国国有企业的组织文化现状和变革倾向

按照 Quinn 和 Cameron(1983)的"生命周期-效能标准模型",进入正式化阶段的大中型国有企业,主导性组织文化应当是官僚层级型。然而,按照 Boisot 和 Child(1996)的"中西方现代化路径模型",大中型国有企业的主导性组织文化则应当是封建层级型。

一些学者(Ralston 等人,2006;Tsui,Wang 和 Xin,2006)认为,中国国有企业的主导性组织文化是官僚层级型文化。本书认为,中国国有企业貌似官僚层级型文化,实质上可能是"伪官僚层级型"(mock bureaucracy,Boisot 和 Child,1996:605),即典型的封建层级型文化;而且,国企缺乏向官僚层级型文化转变的动力。这一观点支持了 Boisot 和 Child(1996)的"中西方现代化路径模型"。本节首先提出有关国企组织文化的命题 S1,然后评述相关文献,用以支持该命题。

3.4.1 国有企业的主导性组织文化

如前所述,官僚层级型和封建层级型都是集权型文化,组织内部等级森严。但是,官僚层级型的知识系统高度编码,封建层级型的知识系统未编码。官僚层级型的秩序依靠非人格化的正式制度维系,而封建层级型的秩序依靠统治者的个人权威维系。由于委托-代理问题,中国国企虽然建立了正式制度,但正式制度并未得到严格执行,其间充斥各种机会主义行为;而且,与西方成熟企业相比,中国国企的制度也远未完善和细化,在制度的缝隙间无孔不入的是人格化的关系;与正式制度相比,领导者的个人魅力和权威才是维系组织秩序的关键。换言之,在权力距离较小的西方国家,成熟企业的等级森严主要源于个体对正式制度的尊重和遵守;而在权力距离较大的中国,国有企业的等级森严主要源于个体的"官本位"意识。简言之,外企"法治",国企"人治"。所以,国企貌似官僚层级型,实属封建层级型。

本书认为,中国国有企业的组织文化以封建层级型为主,距离官僚层级型文化还有很大差距,而且缺乏向官僚层级型文化转变的动力。原因有三:(1)国企拥有政策保护和垄断地位,缺少市场竞争带来的压力;(2)代理问题严重,缺乏完善的监管机制和有利于提高效率的激励机制;(3)历史较长、文化惰性较强。

因此,本书提出如下命题:

命题 S1:国有企业的主导性组织文化停滞于封建层级型。

3.4.2 对命题 S1 的文献研究

Zhang 和 Keh(2010)的研究为命题 S1 提供了理论支持。Ralston 等人(2006)和 Tsui 等人(2006)的研究是在该领域的开创性实证研究,他们的研究为命题 S1 提供了重要的实证数据支持。以下分别评述这三项研究。

Zhang 和 Keh(2010)的研究简介

Zhang 和 Keh(2010)分析了中国国企和外企的组织治理机制，建立了一个概念性模型。他们根据诺斯等人的制度理论，区分了两种治理机制：依赖正式制度的契约治理(contract governance)和依赖非正式制度的关系治理(guanxi governance)。如本书第二章所述，组织文化与治理机制密切相关。本书研究的官僚层级型文化与契约治理相对应，团队型和封建层级型文化与关系治理相对应。

Zhang 和 Keh(2010)基于资源依赖理论、代理理论和演化理论，分析了外企和国企的不同特征，提出如下两个命题。其中第二个命题与命题 S1 相关，在此加以阐释。

(1) 与国企相比，外企更倾向于使用契约治理模式。

(2) 国企既利用关系治理，也利用契约治理，但以关系治理为主。理由有三：

第一，根据资源依赖理论(Resource dependence theory, Pfeffer 和 Salancik,1978/2003)，拥有重要稀缺资源的组织在与其他组织谈判时拥有权力优势。Zhang 和 Keh(2010:130)认为，国企拥有重要资源和政策优势(银行信贷、工业政策保护，等等)，谈判地位较高，加上产权结构引起的代理问题，导致了资源浪费、腐败蔓延、国有资产流失等。这意味着国企内部难以实现有效的契约治理模式。

第二，根据代理理论(Agency theory, Fama 和 Jensen,1983)，代理问题严重的组织，为内部人损公肥私创造了机会，关系可能成为组织间的交易模式，组织可能成为机会主义的牺牲品。Zhang 和 Keh(2010:130)认为，国企代理问题严重。目前，国有资产管理委员会代表国家监管国有企业，但是国资委常常缺乏实施监管所必需的激励、技能和信息；同时，资本市场、金融机构和法律环境对国企都不能形成合理的制度约束。有研究显示,近年来提倡建立现代企业制度的国企改革并未对国企的公司治理机制产生足够的改善。国企管理者可以选择亲友、熟人(可能提供了贿赂)作为商业伙伴,在获取个人利益的同时损害了企业利益。

第三,根据演化理论(evolutionary theory, Nelson 和 Winter, 1982),组织的历史、结构、惯例等文化传统会影响组织治理模式的选择。Zhang 和 Keh(2010:131)认为,国企虽然已经建立了正式制度和流程,但是,由于严重的代理问题和缺乏外部制度约束,这些正式制度和流程没有成为有效的内部治理机制,而是流于形式(Opper, 2007)。研究显示,即使是已经上市的国有企业,董事会和监事会往往都形同虚设(Dahya 等人,2003;Mar 和 Young,2001)。

Zhang 和 Keh(2010:131)指出:

"因此,我们看到了国企的二重性。表面上,他们拥有正式制度和官僚程序。当人们与其交易时,必须按程序走不同的部门,盖无数公章,签无数字,填一大堆表格,看起来像是契约治理,也确实存在一些契约治理的成分。然而,透过表面可以发现,严重的代理问题使得国企无论内部外部,交易各方都可以通过个人关系或贿赂来获取利益。因此,国企管理者可能采取机会主义行为,为谋取个人利益而与交易伙伴私下勾结。"

Zhang 和 Keh(2010)的理论研究支持了命题 S1,即国企可能以封建层级型文化为主。

Ralston 等人(2006)的研究述评

Ralston 等人(2006)利用 CVF 和 OCAI 量表,通过比较中国国有企业、民营企业和外资企业的主导性组织文化,研究了中国国企组织文化变革,是本领域具有开创意义的实证研究。他们提出如下命题:改革开放以前的国企以团队型和官僚层级型文化为主;而今天的国企正在朝中国政府所希望的方向转型,更加具有国际竞争力,体现为官僚层级型和市场型文化。也就是说,无论改革以前还是如今,官僚层级型文化都是国企的主导性组织文化。此外,他们还认为,民企的主导性文化是活力型和团队型,外企则是活力型和市场型。因此,他们提出假设:在OCAI问卷中的官僚层级型文化项目上,国企的得分高于民企和外企。他们选取了来自233家国企、96家民企、106家外企的共435名中国管理者作为样本进行问卷调查,利用多变量方差分析技术(MANCOVA)对问卷结果进行假设检验。检验结果主要有以下五条:

(1) 国企内部在市场型、官僚层级型、团队型三种组织文化上的得分并无显著差异,但三者得分都显著高于活力型文化。

(2) 在官僚层级型文化上,国企得分与外企并无显著差异。

(3) 外企在四种组织文化上的得分都无显著差异。

(4) 在官僚层级型文化上,国企得分显著高于民企。

(5) 民企内部的团队型文化得分显著高于活力型文化,活力型文化得分显著高于官僚层级型和市场型文化。

Ralston等人(2006)认为,研究结果支持了他们的命题,即国企的主导性组织文化是官僚层级型。本书认为,上述研究结果实际上并未支持其命题。以下对上述研究结果逐条评论。

(1) 该研究结果并未支持国企内部官僚层级型文化的主导地位,只说明了国企的活力型文化较弱。

(2) 该研究结果没有支持国企官僚层级型文化得分高于外企的假设。事实上,本书认为,在官僚层级型文化强度上,国企远远低于西方成熟企业。研究结果之所以显示两者并无显著差异,原因之一可能是研究结果(3)所显示的事实:在中国境内运营的外企,受到中国情境约束,官僚层级型文化已不再是主导性组织文化。

(3) 该研究结果没有支持外企以活力型和市场型文化为主的假设。也没有支持本书认为的外企以官僚层级型文化为主的观点。这一方面可能是因为该项研究中的外企样本有很多是中外合资企业,是在原国有企业或集体企业基础上建立起来的(Ralston 等人,2006:827);另一方面,外企为了适应中国情境需要,可能对来自母国传统的组织文化进行了调整,提高了弹性和应变力(活力型和团队型文化),而官僚层级型文化相应有所减弱。

(4) 该研究结果显示,国企的官僚层级型文化强度显著高于民企。这与本书的观点有冲突。原因之一可能是:官僚层级型文化通常在大规模企业中最为普及,而国企的平均规模显著大于民企。但是,这仍然不能证明国企的官僚层级型文化较强。因为,OCAI 问卷在官僚层级型文化上的信度存在问题。Ralston 等人(2006:837)利用 Cronbach α 系数检验问卷数据的内部一致性,四种组织文化类型的信度分别是:团队型=0.84,活力型=0.8,市场型=0.67,官僚层级型=0.5。通常,α 系数值在 0.6 以上被认为是可接受的信度标准。因此,他们承认,有关官僚层级型的研究结果是可疑的。本书认为,这是由于 CVF 模型和 OCAI 问卷本身在中国情境下的适用性存在一定问题。

作者在案例研究中发现,由于 CVF 只包含官僚层级型文化,不包含封建层级型文化,而封建层级型文化是中国企业的客观现实,这一问题直接影响了 OCAI 问卷中官僚层级型文化的各个项目在中国应用的信度。作者在案例研究中多次发现有受访者的问卷数据与其访谈数据不符,经过沟通确认,CVF 的"层级型"(Hierarchy)一词比较容易误导。许多受访者在填答问卷时,看到CVF的"层级型"一词,就以为是指高度集权、等级森严的文化,并没有注意到"人治"和"法治"的区别。可以想见,国企确实高度集权、等级森严,而且表面上也建立了正式制度,乍看起来很像官僚层级型。因此,国企受访者可能会在OCAI问卷中赋予官僚层级型文化以较高分值。事实上,本书认为,国企是伪官僚层级型文化,实属封建层级型文化;而在未来,民企可能比国企更有动力加强官僚层级型文化。有关民企的这一命题在3.5节详细阐述。

(5) 该研究结果支持了民企以团队型和活力型文化为主的假设。但是,Ralston等人(2006)只研究民企的组织文化现状,并未研究民企的组织文化变革,本书丰富和发展了这项研究,详见第四章。

总之,Ralston等人(2006)有关国有企业组织文化的命题虽然与本书的命题S1不符,但是他们的实证研究实际上并未支持其命题。特别是,由于本书指出的CVF和OCAI在中国情境下的适用性问题,他们有关官僚层级型的研究结果是可疑的。这些数据分析结果间接印证了本书的命题S1,即国企可能以封建层级型文化为主。

Tsui等人(2006)的研究述评

Tsui,Wang和Xin(2006)为了建立一个适合中国本土企业的组织文化框架,对79名民企管理者和63名外企管理者进行了开放式问卷调查,让他们描述自己所在企业的组织文化;然后对问卷结果进行了编码和分类,提炼出民企和外企共有的以及各自独有的价值观维度。研究发现,标准化(Standardization)是外企独有的价值观维度,而且被提及的频率较高,在七个维度中位列第二。民企管理者则从未提及标准化的问题。他们将研究结果与Xin等人(2002)对国有企业进行的相似研究进行比较,发现标准化也未被列入国企管理者的价值观。本书认为,这间接说明,与外企相比,国企和民企管理者缺乏流程和制度等标准化意识,官僚层级型文化薄弱。

他们随后对国企、民企和外企的组织文化类型进行了实证研究。他们认为,计划经济的传统让国企遵循上级指令进行生产,无须关注外部市场需求;国企"私有化"改革带来了大规模裁员,员工和谐氛围被打破,因此对内整合度较低(Tsui 等人,2006:354—355)。他们据此提出假设:国企对内整合度与对外适应度均低于外企和民企。他们就三种企业共有的五个价值观维度(员工发展、和谐、顾客导向、社会责任、创新)设计了问卷,对 542 名管理者进行问卷调查,利用聚类分析(cluster analysis)技术,获得了四种组织文化类型。他们认为,这四种组织文化类型与 CVF 的分类相似;其中,各维度得分都较低的文化类似 CVF 的官僚层级型文化。理由是,在各个文化(非正式制度)维度上得分低,就意味着组织注重正式制度(Tsui 等人,2006:359)。他们利用 χ^2 检验技术验证了假设:相比外企和民企,更多国企以官僚层级型文化为主(Tsui 等人,2006:360)。他们的总结是:对任何一个文化维度的重视,都胜于根本不重视任何一个维度的官僚层级型文化(Tsui 等人,2006:372)。

本书认为,CVF 的官僚层级型文化内涵就是重视正式制度和流程,应当在"标准化"维度上得分较高。但是,由于标准化是外企管理者独有的价值观维度,该研究没有把标准化这一维度纳入问卷,所以无法测出企业是否重视正式制度和流程。国企在该研究的五个维度上得分较低,并不意味着在标准化维度上得分必然较高。因此,不能把国企的文化类型归入官僚层级型。如前所述,此项研究在提炼价值观维度时已经间接证明,国企事实上并不重视标准化维度。因此,国企的主导性组织文化可能不是官僚层级型,而是封建层级型。

总之，Tsui，Wang 和 Xin(2006)的实证研究也间接支持了本书的命题 S1。

综上所述，Zhang 和 Keh(2010)的研究为命题 S1 提供了理论支持。Ralston 等人(2006)和 Tsui 等人(2006)的研究为命题 S1 提供了重要的实证数据支持。本书认为，国有企业的组织文化可能以封建层级型为主，距离官僚层级型文化还有很大差距；而且，由于国企的垄断地位和代理问题，文化惰性较强，缺乏向官僚层级型文化转变的动力。这一命题支持了 Boisot 和 Child(1996)的"中西方现代化路径模型"，意味着中国国有企业的强势存在，指向中国"网络资本主义"的发展方向。

3.5 中国民营企业的组织文化现状和变革倾向

按照 Quinn 和 Cameron(1983)的"生命周期-效能标准模型"，处于整合阶段的中小型民营企业，主导性组织文化是团队型。进入正式化阶段的大型民营企业，主导性组织文化是官僚层级型。然而，按照 Boisot 和 Child(1996)的"中西方现代化路径模型"，民营企业的主导性组织文化始终是封建层级型。

如3.3节所述，有关国有企业组织文化变革的命题 S1 支持了 Boisot 和 Child(1996)的"中西方现代化路径模型"。但是，本书认为，民营企业的组织文化变革路径可能与国企有所不同。而且，民营企业组织文化变革的方向可能指向中国未来的现代化方向。这一判断基于以下五点理由：

(1) 民企的文化惰性弱于国企。根据"生命周期-效能标准模型",初创企业的组织文化通常要经历一个"活力型→团队型→官僚层级型＋市场型"的阶段性变革,进入正式化和控制阶段,组织文化才趋于稳定和具有较强的惰性。与国有企业相比,中国民营企业发展历史较短,封建层级型文化的惰性也弱于国企,因此更有可能沿着上述轨迹,向官僚层级型文化转变。

(2) 民企追求效率的动力强于国企。与拥有政策垄断地位的国企相比,民企受到外部市场竞争的压力更大;同时由于产权清晰,代理问题得到控制,比国企追求效率的动力更大。因此,民企更有可能向官僚层级型文化转变,从而获得制度化带来的收益(见本书3.2.2的制度化收益分析)。

(3) 民企比国企更需要正式制度的保护。网络资本主义对中国社会的消极作用已经日趋严重,学术界对此已经展开讨论(例如,Fligstein 和 Zhang,2009;Zhang 和 Keh,2010),本书第六章对此亦有论述。与国企相比,缺乏政府政策保护的民企更加需要正式契约来进行自我保护。

(4) 民企的壮大和竞争力的提高减少了关系治理的必要性。Zhang 和 Keh(2010:132)指出,随着民企壮大,民企原来的资源和制度劣势不断消减,"关系"的负面含义和道德问题凸显,对民企的吸引力下降;尤其是拥有优质产品和管理能力的企业,没有理由继续求助于关系网络。企业通常希望建立良好的社会形象和声誉,而企业依赖"关系"生存会被视为缺乏核心竞争力。

(5) 民企具有推动中国现代化进程的无穷潜力。随着中国经济快速发展,民营企业已经成为推动经济增长的主力军。根据亚洲发展银行等国际机构的统计数据,中国民营企业产值占中国 GDP 的比率在 2000 年左右即已超过 1/3 (Asian Development Bank,2002;

IFC,2000；Rawski,2000)。据新华网报道,①由中华全国工商联主持编创、国家统计局、国家发改委等部门参与的《2006年民营经济蓝皮书》指出,"十五"期间(2001—2005年)民营企业已成为产业投资、劳动就业、税收、对外贸易的主渠道。城镇就业人口中,75%以上是在民营企业工作;民营企业投资总量平均每年增长近30%;民营企业无论是企业数量、资产总值、销售收入,还是工业增加值和实现利润,均保持年均50%左右的增速;民营企业税收比重已超过国有企业,成为不少地方的主体财源。《蓝皮书》预计,"十一五"期间(2006—2010年),民营企业占全国GDP的比重将由十五期间的65%上升至75%;一些大型民营企业将跻身世界500强行列。

因此,本书认为,与国企相比,民企加强官僚层级型文化的可能性更大。如Zhang和Keh(2010)所说,民企在发展初期和规模较小时可能倾向于关系治理。但是,随着中国市场经济和法治体系的发展,民企将逐渐发展成为以契约为主、关系为辅的治理模式。Zhang和Keh(2010:133)指出：

"在所有的组织形式中,民企治理机制的转变是最引人注目的。……民企清晰的产权结构和追求效率的强烈动机使得他们对环境变化非常敏感,尤其是市场和法治环境的变化。民企对正式契约的偏好并不意味着关系不再重要。作为理性人,民企所有者会利用一切可能的手段、包括关系,来实现经济利益和改善组织绩效。但是在这一阶段,关系将主要作为对正式契约的补充,用以促进交易和巩固双方的互利与长期合作关系。"

---

① 资料来源:新华网2006年09月22日报道,《民营经济2010年可创七成GDP 私企增速北京第一》,http://news.xinhuanet.com/fortune/2006-09/22/content_5122501.htm.

本书认为,由关系治理向契约治理机制的转变,意味着官僚层级型文化的建立和加强。民营企业当前可能以封建层级型或团队型文化为主。但是,民营企业未来可能会加强官僚层级型文化。可以推测,中国民营企业的组织文化变革路径既不完全符合 Boisot 和 Child(1996)的"中西方现代化路径模型",也不完全符合 Quinn 和 Cameron(1983)的"生命周期-效能标准模型",有可能产生新的理论框架。而且,官僚层级型取代封建层级型的这一巨大转变可能指向中国未来的现代化方向,具有重要的现实意义。

由于珠三角地区的经济比较发达,高科技企业的发展比较充分;高科技企业可以在一定程度上代表先进的生产力,可能指向中国未来的现代化方向,符合本书的研究目的;同时基于方法论等方面的考虑,本书确定的实证研究问题是:珠三角民营高科技企业当前的主导性组织文化类型究竟是什么,企业所期望的组织文化类型是什么,以及企业向期望的组织文化变革的动力与阻力。本书第四章介绍作者进行的实证研究。

3.6 政商关系的概念界定

在以往文献中,鲜见有关政商关系对组织文化变革的影响研究。但是,随着案例研究的深入开展,通过数据分析和跨案例比较,作者发现,政商关系这一情境因素对组织文化变革路径具有重要影响,进而提炼出"政商关系的非人格化水平"这一关键的情境变量,成为本书提出的"组织文化变革模型"的自变量。因此,本书在此需要对政商关系的概念进行界定。

3.6.1 政商关系与社会资本

"政商关系"(government-enterprise relationship)这一概念,属于"社会资本"(Social Capital)这一构念的组成部分。例如,孙继伟和巫景飞(2010:90)认为,"对政商关系和其他社会关系具有普遍解释力的通用概念是社会资本"。罗家德(2008:378)提到,"政商连带在企业的外部社会资本中更扮演了不同寻常的重要性"。边燕杰和丘海雄(2000:88)将企业的社会资本分为三类,即企业的纵向联系、横向联系和社会联系。其中,企业的纵向联系是指企业与上级领导机关、当地政府部门以及下属企业、部门的联系,特别是从"上边"获得和摄取稀缺资源的能力。按照这种分类,政商关系应属于企业的纵向联系。学者们发现,在中国社会,政商关系是企业最重要的社会资本(例如,Redding,1990;Xin 和 Pearce,1996;边燕杰和丘海雄,2000)。

现有文献中缺乏对政商关系概念的详细界定,而对社会资本及其相关概念"关系"、"社会网络"等的研究则由来已久,且卓有成效(例如,Granovetter,1973,1985;Lin,1982,1990;Bian,1997;边燕杰,1999;Walder,1986;Yau,1988;Alston,1989;Hall 和 Xu,1990;Chen 和 Pah,1993;Yang,1994;Leung 和 Yeung,1995;Xin 和 Pearce,1996)。根据 Woolcock(1998)的说法,"社会资本"概念的正式提出最早可追溯至 Hanifan(1916)和 Jacobs(1961)。而一般认为(例如,边燕杰和丘海雄,2000;罗家德,2008;彭正龙和姜卫韬,2008;杨仕元和朱缜,2009),最早将社会资本引入经济学领域的是Loury(1977),最早将这一构念引入社会学领域的是法国社会学家Bourdieu(1977,1984),最早对其做详细定义的是美国社会学家

Coleman(1988)。

今天,社会资本已经成为社会学、经济学、管理学、政治学等学科的研究热点,在许多研究领域都具有强大的解释力。由于社会资本的内涵较广,吸引了众多学者基于不同视角,提出不同的定义(例如,Coleman,1988;Burt,1992;Putnam,1995;Lin,2001),杨仕元和朱缜(2009:57—59)对社会资本的定义进行了比较全面的综述,将代表性的定义分为三类:资源观、能力观和社会规范观。他们指出:"持资源观的学者认为社会资本是社会结构中的资源,它们可以创造价值,使各种资源要素得到增值。……持能力观的学者认为社会资本即是一种获取稀缺资源的能力……社会规范观主要是从规则、信任、制度等几个方面来论述社会资本。"

从上世纪90年代末起,关于社会资本测量的研究陆续出现,目前已经取得了许多成果,同时也存在一些问题。首先,由于社会资本的概念性定义不统一,导致其操作性定义也存在分歧,至今尚未形成一套被广泛认同的测量指标(参见杨仕元和朱缜,2009)。其次,如果试图对社会资本做出比较全面和完整的定义,则内涵的广泛也会带来测量的困难。例如,Nahapiet和Ghoshal(1998)对社会资本的定义包括三个维度:结构、认知和关系。对此,罗家德(2008:362)评论:"这是相当完整的社会资本架构。只是我们不禁要问,如何测量这么分歧的各个构面中的各个概念?这么庞大又分歧的体系还能形成一个可操作化的概念吗?"此外,由于社会资本问题本身的私密性和敏感性,在实际测量过程中也存在较大阻碍。例如,刘林平(2006)使用企业在构建关系网络时所支付的费用(例如干股、公关费等)来测量社会资本,而张文宏(2007:144)则质疑该问卷的信度效度:"无论是所谓的'干股'、提成,还是红包和直接的招待费,这些都是企业经营过程中相当私密和敏感的问题。……有多少被访者拒绝回答干股和招待费这类的问题?"事实上,由于本书研究的政商关系特别具有私密性和道德敏感性,所以测量的困难尤为突出。

3.6.2 本书对政商关系的定义

本书对政商关系的定义是:民营企业与地方政府以及国有企业的联系。由于国有企业实质上是政府官僚机构在经济领域的延伸,所以本书"政商关系"的"政"既包括地方政府,也包括国有企业。关于国有企业类似政府官僚机构的性质,学者们早有论述。例如,McNally(2002)谈到[①]:

"公司制没有能够把党和政府与国有企业以及国家控股公司分开,这是出于对干部与官僚在国有企业监管机构既得利益的考虑。中国绝大多数城市与省份都直接把国有企业监管机构改成了国家控股公司。……同样地,冶金部的领导变成了部所属大型国有企业的董事会成员,比如鞍山钢铁公司。因此,这些企业只是表面上变成了国家控股公司。正如很多中国分析家所言,以前的政府官僚机构与大型国有企业改制成国家控股公司后还将继续原来的行为模式。国有企业的经理没有管理好国有资产的激励。……中央组织部负责公司高层的筛选、报酬以及任命,很多经济官僚继续影响公司决策。"

需要指出的是,国有企业在政商关系中的重要角色,并未在以往研究政商关系的文献中得到足够重视。实际上,国有企业作为政府机构在经济领域的延伸,触角涉及各种利润丰厚的行业,且大都占据

---

① 引自 Richard Boyd《中国的寻租:从日本与墨西哥的经验中我们能学到什么?》,《公共管理评论》(第 7 卷),p.21,陈一林译。

垄断地位,往往对该行业具有举足轻重的影响力。本书在案例研究中发现,国有企业往往是民营企业的最大客户或最重要的市场资源,因此,许多民营企业实际上是依靠与国有企业的密切联系与交易而生存和发展的。这种依存关系正是本书政商关系的重要内涵之一。

为了对政商关系的概念进行更细致的区分,并试图将西方社会的政商关系也纳入概念范畴,本书通过案例研究提炼了"政商关系的非人格化水平"这一创新性的关键变量。

本书认为,西方社会的政商关系总体上处于高度非人格化(或谓法治化、制度化)水平。企业与政府的联系比较透明化。这种政商关系是建立在议会制和集体谈判等一系列高度发展的制度基础上的;换言之,它需要高度编码、高度非人格化的社会环境。例如,张建君和张志学(2005:95)描述了西方企业的政治战略:

"在美国和其他西方国家,虽然政府与企业之间通过特殊关系发生利益输送的情况也时有所闻,但企业的政治战略主要是通过制度的途径,以单个公司或利益受到影响的多个公司集体行动的方式来影响公共决策,利益群体的竞争构成了企业政治战略的主要形式。文献里已经有大量的关于西方具体的政治战略的研究,比如政治捐款、游说、公关广告、基层动员等。"其中,"基层动员"主要指动员企业员工、消费者等各种利益相关者向他们所在地区的议员施加影响。

再如,王世权和王丹(2011:1333)也谈到了西方"正式的、合法化"的政商关系:

"安东尼奥把企业与政府的交往方式归结为以下三种形式:(1)直接代表。指设立专职代表和行政职员掌握企业信息动态并且与政府官员保持联系。(2)同业公会。指通过参加诸如行业协会等有关组织,依靠群体的力量和集中的代表来与政府官员交往。(3)特别联盟。指把多种商业团体联合在一起,来游说政府同意或反对某些特殊的法律、法规。"

众所周知,与西方社会相比,处于转型经济的中国社会缺乏议会制和集体谈判等一系列高度发展的制度基础,也缺乏完善的产权保护等法治条件;政府和国有企业对社会关键资源拥有绝对的控制力和强大的影响力;而且,中国传统的"人情"文化土壤所培养的具有浓厚人格化特征的社会关系网,几乎无孔不入、无远弗届。因此,在处于转型经济的中国社会,民营企业要发展壮大,很难摆脱一定程度的人格化的政商关系。基于此,本书认为,中国政商关系的非人格化水平总体上低于西方,或者说,其人格化水平普遍高于西方。

作者在案例研究中还发现,根据民营企业与地方政府或国有企业之间的个人联系是否密切,民营企业的政商关系还可以大致分成两类:中度人格化水平和高度人格化水平。政商关系处于中度人格化水平的民营企业,与地方政府或国有企业的联系相对松散、半公开、一般化;政商关系处于高度人格化水平的民营企业,与地方政府或国有企业的个人联系密切、私密、特殊化。本书对这两类政商关系的划分,可以与张建君和张志学(2005)的研究相印证。张建君和张志学(2005:97—100)主要依据实地调研,将中国民营企业的政治战略总结为两种:"被动反应"和"先发制人"。"被动反应"的企业只是希望政府少给他们"找麻烦",希望避免被政府"合法伤害";具体战术包括"顺从"、"不作为"、"减少投资"、"遇到麻烦时行贿"等。而"先发制人"的企业则是主动与政府官员或关键人物建立密切的个人关系,以期获得关键资源或特殊保护;具体战术包括送给官员"干股"、聘用现任或退休官员、赞助官员参观旅游、共同娱乐、"经常性的送礼"等。本书所提出的"中度人格化的政商关系"可以大致对应民营企业"被动反应"战略,"高度人格化的政商关系"可以大致对应"先发制人"战略。表 3-1 在张建君和张志学(2005)的研究基础上,简要对比了中西方政商关系的非人格化水平。

表 3-1　中西方政商关系的非人格化水平比较

政商关系水平	私人联系	透明度	企业目的	企业行为方式	时间跨度
高度非人格化(西方)	松散	公开	影响公共政策与法规	集体行动	长期
中度人格化(中国)	半松散	半公开	避免被"合法伤害"	单独行动	短期
高度人格化(中国)	密切	私密	获取关键资源或特殊保护	单独行动	长期

注:根据张建君和张志学(2005)整理。

由于"政商关系的非人格化水平"是本书提出的创新性概念,文献中没有成熟问卷;同时,由于政商关系尤其是高度人格化的政商关系,天然具有不易编码的特征,而且具有隐蔽性和敏感性,在研究过程中比较难以进行细致的操作性定义和测量。因此,本研究没有开发相关问卷。在定性数据的搜集与整理过程中,作者参照了张建君和张志学(2005)对两种政治战略的具体描述对数据进行分析和编码,同时结合作者的所见所闻所感,综合判断案例企业政商关系的非人格化水平。同时,作者始终注意这种可能性:即受访者可能倾向于夸大自身政商关系的非人格化水平,同时隐瞒有关自身政商关系人格化的证据。

需要说明的是,张建君和张志学(2005)的划分依据主要是企业实施政治战略的目标,与本书的划分依据有所不同,两类政商关系与两种政治战略的具体内容并不完全吻合。因此,对政商关系非人格化水平的操作性定义和测量,仍有待未来更加细致的研究。

3.6.3　学术界对政商关系作用的评价

20世纪90年代中期以来,学术界对企业建立密切(高度人格化)的政商关系主要持肯定态度,重视其积极作用。学者们认为,在转型经济条件下,关系是正式制度支持的替代品;密切的政商关系可以提高企业的竞争力或绩效水平(例如,Xin 和 Pearce,1996;边燕杰和丘海雄,2000;Peng 和 Luo,2000;张建君和张志学,2005)。

Boisot 和 Child(1996:624—625)提出,西方资本主义的成熟形式,是通过制度化来提高效率和控制风险。它包括企业外部社会环境的法治化和内部管理体系的正式化。而中国的网络资本主义是通过关系的内隐性和流动性来应对不确定性。换言之,西方企业依靠民主社会的法治来保护产权,而中国企业依靠与地方政府(或国有企业)的人格化关系来保护产权,这使得中国通过一个制度化水平很低的过程实现了经济的高速增长。

Xin 和 Pearce(1996:1641—1644)认为,中国的转型经济特征是薄弱的资本市场结构、模糊的产权保护和不稳定的制度,难以实现非人格化的商业交易。中国民营企业没有获得像国有企业和集体企业所拥有的制度保护,而要承受被官员任意敲诈的风险。因此企业家的私人(人格化)关系显得尤为重要。与西方稳定发达的市场经济环境中的企业不同,中国民营企业家建立政商同盟,更多的不是为了获取市场信息或获取信贷支持,而是为了抵御敲诈勒索等基本的威胁。

边燕杰和丘海雄(2000)的实证研究发现,政商同盟(即纵向联系)是企业积累和发展社会资本的最重要渠道。他们认为,民营企业比国有企业更需要依靠社会资本来获得生存。他们指出,中国正处于转轨时期,"正式制度安排存在信息不畅和信任难建的问题,企业不得不通过各种非正式的联系解决这些问题"。他们承认"企业或个人都可以通过各种非正式的社会联系使寻租行为和腐败行为成为可能",但是强调"应该对企业运用社会资本解决问题过程中的目标和手段加以区分"(边燕杰和丘海雄,2000:98)。

学者们对于网络资本主义推动中国经济增长的正面作用也从各个角度进行了论述。例如,Peng 和 Luo(2000)的实证研究发现,企业家的社会网络与企业绩效正相关。Qian 等人(1995,2005)提出了"中国特色的财政联邦主义"(Fiscal Federalism, Chinese Style)的概念框架,张五常(2009)提出了"县际竞争"理论,Nee(1992)提出了"地方政府公司化"(Local Corporatism)的概念,周黎安(2007)提出了中国地方官员的"晋升锦标赛治理模式",等等。这些概念和理论均与网络资本主义的概念实质相通,认为由中央向地方分权而驱动的地方竞争以及地方政府与企业的紧密同盟,是中国实现高速经济增长的制度基础。

随着中国经济改革的深入发展,近年来,一些学者开始关注和研究网络资本主义的负面作用。例如,Li(2005)提出了系统性腐败(systemic corruption)的概念。基于 Johnston(1996)对腐败的定义(为获取私人利益而滥用公权力),Li(2005:211—212)把系统性腐败定义为大规模的、有组织的,或涉及大量个体的制度性腐败。他认为,当前,公开的政商同盟(public government-business alliance)已经转化为私人的官商勾结(private official-manager collusion)。为了促进经济增长而建立的合法、公平、透明的公开同盟,已经变成了谋取私人利益而建立的非法、不公平、不透明的私人勾结,从而导致系统性的腐败。政商同盟的正面作用已经逐渐被官商勾结的负面作用所取代,从创造财富转变成瓜分财富,成为腐败的催化剂和保护伞。

总体上看,在现有的学术文献中,与对网络资本主义正面作用的研究相比,对负面作用的研究还不够充分,尤其缺乏严谨的实证研究。原因之一可能在于,官商勾结问题涉及道德敏感性,对相关数据的搜集通常比较困难。本书的案例研究在这一领域进行了有意义的探索。

第四章

珠三角民营高科技企业组织文化变革案例研究

本章首先介绍案例研究设计以及信度和效度处理方法,然后概括介绍跨案例数据分析结果;4.3节至4.5节分别对三家样本企业(T公司、H公司、Y公司)案例数据进行展示与分析,并且在讨论的基础上提出若干命题;4.6节进行了跨案例的研究总结,基于各案例提出的命题,构建了"组织文化变革模型"。

4.1 案例研究方法论

本节介绍案例研究的研究设计以及提高本研究信度与效度的方法。

4.1.1 研究设计

研究问题和研究目的

本案例研究主要研究三个问题,分别是:企业目前的组织文化轮廓及其形成原因、受访者期望的组织文化轮廓、向期望的组织文化轮廓转变的动力与阻力。

本案例研究的主要目的不在于验证假设(hypothesis-testing),而在于构建理论(theory-building)。

西方文献中有关组织文化变革的两个概念模型之间存在重大理论分歧:按照 Quinn 和 Cameron(1983)的"生命周期-效能标准模型",企业在发展早期的各个阶段,主导性组织文化应该经历一个"活力型→团队型→官僚层级型+市场型"的变革路径。按照 Boisot 和 Child(1996)的"中西方现代化路径模型",中国企业的主导性组织文化应该经历一个"活力型→封建层级型→封建层级型"的变革路径。

本书认为,Boisot 和 Child(1996)的"中西方现代化路径模型"虽然精辟地指出了中国情境特征,但它是基于对中国 20 世纪 80 至 90 年代的观察;在中国改革开放 30 年后的今天,中国很有可能发生了该理论所未能描述的新的变化趋势,有待构建新的理论。而这个领域的实证研究仍属空白,因此本案例研究主要是探索性研究。本书试图从管理理论的"情境化"(Contextualization,Tsui,2006)研究入手,通过对中国本土民营企业的案例研究,提出创新性的理论,进而构建一个整合性的"组织文化变革模型",将西方理论与中国本土理论融入同一个理论框架。因此,本研究以归纳的逻辑为主。

基于上述考虑,为避免划地自限,本案例研究没有提出假设(郑伯埙和黄敏萍,2008:208);而是直接将搜集到的数据与既有的理论模型相匹配,一旦出现矛盾,则注意分析情境变量,总结变量间的关系,提出命题,进而构建模型。

样本选取

本案例研究以企业为分析单位。主要采取入单位面访形式进行调查。采用目的抽样法(purposive sampling),样本选取的原则有以下四点:

1. 本案例研究只选取中国境内民营企业作为样本。

本书试图描述中国本土企业组织文化变革路径,从而探寻中国未来现代化路径。作者推测,与国有企业相比,民营企业更加倾向于加强代表高绩效水平的官僚层级型文化;但是其组织文化变革路径既不完全符合 Boisot 和 Child(1996)的"中西方现代化路径模型",也不完全符合 Quinn 和 Cameron(1983)的"生命周期-效能标准模型",有可能产生新的理论框架;而且,中国民营企业组织文化变革的方向可能指向中国未来的现代化方向。

2. 本案例研究只选取珠三角地区高科技企业作为样本,这是基于以下考虑:

(1) 尽量消除地区和任务性质这两个控制变量对因变量的影响,从而实现案例研究的复制逻辑,以提高研究结论的外部效度。根据 Yin(2003)的研究,复制逻辑类似于进行多次实验,包括原样复制和差别复制。"原样复制"是指两个案例由于具有相同的实验条件而获得相似的结果,"差别复制"是指两个案例由于具有不同的实验条件而获得不同的结果。作者认为,作为探索性研究,即使是差别复制也应尽量保证"实验条件"(即控制变量)大体相同,从而有助于识别某个真正引起差别结果的情境变量。

(2) 珠三角地区的经济比较发达,高科技企业的发展比较充分;

高科技企业可以在一定程度上代表先进的生产力,可能指向中国未来的现代化方向,符合本书的研究目的。

(3) 本书选取的样本企业虽然都属于珠三角地区,但是位于珠三角地区的不同城市:深圳和珠海。珠海经济相对落后,市场化程度与内地中等城市可能比较接近,因此,本案例研究提出的结论,也可能推广至内地一些地区。

(4) 作者居住在珠海市,而且住所附近有多座高科技企业园区,具有调研便利。

3. 本案例研究选取了珠海和深圳两个城市的三家民营高科技企业作为样本。其中,T公司和H公司都是中小型企业,Y公司是大中型企业。① 这是由于:

(1) 众所周知,民营高科技企业普遍为中小型企业。本案例研究以归纳的逻辑为主,属于探索性研究,因此在调研之初,对样本的选择标准只有两条:第一,是珠三角地区民营高科技企业;第二,具有调研便利性。T公司和H公司即为符合上述两条标准的样本。

(2) 在完成了对T公司和H公司的案例研究后,作者提炼出"政商关系的非人格化水平"这一情境变量。并且发现,在这一关键的情境变量约束下,上述两家公司虽然情况不同,但都难以做大做强,不能提供有关中国未来现代化路径的线索。因而,对第三个样本的选择标准,除了上述两条以外,又增加了两条:第一,属于大中型企业;第二,绩效水平较高。对企业绩效水平的判断,主要基于外部知情者的评价

---

① 企业规模划分标准:国资委统计评价局2003年11月11日发布,《国务院国有资产监督管理委员会办公厅关于在财务统计工作中执行新的企业规模划分标准的通知》,http://www.sasac.gov.cn/n1180/n1566/n258203/n258329/1979655.html,详见本书附录7《部分非工企业大中小型划分补充标准(草案)》。

和互联网上行业论坛的口碑。Y公司即为符合上述标准的样本。

因此,本案例研究的三个样本都具有一定的典型性,可以同时实现案例研究的原样复制与差别复制,从而增强本书案例研究结论的外部效度。三家样本企业的情况简介见表4-1。

表4-1 三家样本企业简介

公司名称	创立时间	创立地点	企业规模	年销售额	所属行业和任务性质	受访时所处生命周期阶段
T公司	2000年	珠海	100人以下小型企业	N/A	军工产品研发设计与维护	整合阶段
H公司	1995年	珠海	100—300人中小型企业	5,000万元以上	通信系统研发设计与维护	整合阶段
Y公司	1997年	深圳	300人以上大中型企业	10,000万元以上	房地产应用软件研发设计与维护	由整合阶段向正式化阶段过渡

4. 本案例研究对三个样本企业内部的问卷调查采取了小样本方式。Fey和Denison(2003)在有关俄罗斯境内外资企业的组织文化研究中,采用了与CVF模型极为相似的文化特征理论模型(Denison和Mishra,1995)及其配套问卷,对179家公司进行问卷调查,每个公司只有一名受访者。Fey和Denison(2003:691)认为,用一名受访者来描述一个企业的文化可能有一些局限,但是单一受访者的研究在组织和战略文献中也十分普遍;在国际一流期刊中发表的单一受访者的研究,被引用的频率也相当高;这说明只要处理得当,单一受访者的研究结果是被接受的。Fey(1997)还认为,一个组织的不同层级和部门的人员,对组织文化的评价是基本一致的。基于上述研究,本案例研究的问卷调查采取小样本方式,每家公司的受访者为十人左右,且尽量兼顾不同层级和部门。不过,对T公司的

调研受到了客观条件的限制(具体原因见 4.3.3 节的讨论),填答问卷者只有四人;但是由于问卷调查的结果可以与访谈数据实现三角互证,因此不会对研究结论的信度与效度造成大的影响。

数据搜集

本案例研究的数据搜集方法包括:问卷调查(survey)、深度访谈(in-depth interviews)、直接观察(direct observation)和文件(documents)。

问卷调查所采用的问卷是 Cameron 和 Quinn(1999)开发的《组织文化评估工具》(Organizational Culture Assessment Instrument,简称 OCAI)。如本书 2.5 节所述,OCAI 问卷是 CVF 模型的配套量表,与其他著名量表相比,内容简洁、应用广泛、可靠性强。作者在将该问卷译成中文时参考了卡梅隆和奎因(2006:19—22,谢晓龙译,中国人民大学出版社)的中译本。

为了更加深入、全面的获知受访者的真实感受,本研究采用了半结构式(semi-structured)访谈。事先设计好访谈提纲(访谈提纲见附录 2-3);以 CVF 理论框架和较宽广的研究问题导引访谈的进行;根据访谈内容的进展,采取较具弹性的方式提问和讨论(访谈记录见附录 3-1、4-1、5-1)。与每名受访者的访谈时间平均约为 60 分钟。为争取获得真实信息,访谈时向受访者承诺数据匿名。受论文篇幅所限,附录只展示了访谈记录的部分内容。

作者在实地调研中通过直接观察所获取的定性数据,记录于《×公司实地调研观察笔记》(见附录 3-2、4-2、5-2)。

文件数据来源包括受访企业的官方网站、《员工手册》、企业对外宣传资料、电子内刊,以及作者与关键知情者的 email 通信等。受论文篇幅所限,文件数据只有部分内容录入数据库。

数据分析

有关组织文化现状和期望状态的定性数据分析,是基于 CVF 和"文化空间模型"中有关组织文化类型的概念框架,对访谈记录等定性数据进行编码。三个案例的访谈数据编码引用语举例如表 4-4、表 4-7、表 4-10 所示。为体现三角互证,且限于篇幅,每条编码均列举两条来自不同受访者的引语。有关组织文化变革阻力的分析,是将定性数据做概念化的分类,并将分类结果加以诠释。在分析过程中,不断回到数据库进行文字、情境等的检视,将相关数据插入所诠释的框架内加以表达。本案例研究报告中,凡引用案例研究数据库的内容,均以括号注明引用来源。

报告撰写

由于本案例研究可能涉及敏感信息,为保护受访者并力求获取真实信息,遵照作者在进行实地调研时对受访者的承诺,本书正文及附录对受访企业以及受访者均采用匿名记录,以单个英文大写字母作为受访企业以及每位受访者的代码。

4.1.2 信度与效度处理方法

根据案例研究方法论的权威学者 Yin(2003)的研究成果,案例研究的信度与效度指标主要包括:建构效度、内部效度、外部效度和信度。作者在研究设计、数据搜集、数据分析、报告撰写的过程中,采取以下方法提高本案例研究的各项信度与效度指标。

建构效度(construct validity)

案例研究的建构效度是指所采取的操作性定义与概念性定义相符合的程度。也就是说,案例研究所测量的结果是否准确反映了研究对象,是否回答了最初提出的案例研究问题(Yin,2003:34—39)。

为提高本案例研究的建构效度,作者采取了以下研究方法:

1. 利用多种证据来源,实现数据三角互证(data triangulation)。在数据搜集过程中,采用直接观察、文件、深度访谈和问卷调查四种数据搜集方法对同一问题实现三角互证,还采用了访谈中不同受访者对同一问题提供的数据实现三角互证。具体做法是:采用直接观察、文件、深度访谈和问卷调查四种数据搜集方法,以及访谈中不同受访者提供的信息,实现有关组织文化现状以及未来期望状态的三角互证;采用访谈数据中不同受访者提供的信息,实现有关组织文化变革动力与阻力的三角互证。不同来源数据的三角互证情况如表4-6、表4-9、表4-12所示。

2. 建立证据链(chain of evidence),保持证据之间的逻辑联系。在本案例研究整个过程中,作者逐步完成以下五项工作,形成了严密的证据链:(1)提出案例研究问题,(2)根据案例研究问题设计案例研究草案,(3)根据案例研究草案搜集数据,建立案例研究数据库,(4)根据案例研究数据库分析数据,(5)根据数据分析结果撰写案例研究报告。读者从本案例研究报告中,可以逐步回溯以上证据链。

如前所述,本案例研究报告中,凡引用案例研究数据库的内容,均以括号注明引用来源;其中,凡引用访谈记录的内容,均在括号中以英文大写字母注明提供相关数据的受访者代码。

3. 请案例企业中的关键知情者审阅案例研究报告草稿。例如,在H公司案例研究报告撰写过程中,作者就自己的一些疑惑和推测征求总经理A的意见,[①]并且请A审阅研究报告草稿。在Y公司案例研究报告撰写过程中,作者收到了关键知情者F的邮件,提供了

[①] 详见附录4-3:《作者与H公司总经理A的部分email通信记录》。

一些重要的补充意见;并请 F 审阅了研究报告草稿。① 上述关键知情者对研究报告草稿的看法和提供的进一步的证据,均得到作者重视并纳入研究报告修改稿中。

内部效度(internal validity)

案例研究的内部效度是指因果关系是否成立,逻辑推理是否严密(Yin,2003:34—39)。

为提高本案例研究的内部效度,作者在数据分析过程中,进行了模式匹配(pattern-matching)。例如,在分析有关组织文化变革路径的数据时,尝试运用 Quinn 和 Cameron(1983)的"生命周期-效能标准模型"以及 Boisot 和 Child(1996)的"中西方现代化路径模型"进行匹配。当数据与模型匹配出现矛盾时,注意寻找情境变量,尝试提出新的模型,以解释变量间的关系。

外部效度(external validity)

案例研究的外部效度是指单个案例研究的结论的可推广性(generalizability,又译普遍性、通则性)(Yin,2003:34—39)。

为提高本案例研究的外部效度,作者采取了多案例研究设计(multiple-case designs),以实现复制逻辑(replication logic,又译复现逻辑)。包括原样复制(literal replications,又译逐项复制)和差别复制(theoretical replications,又译理论复现)。复制逻辑类似于进行多次实验。原样复制是指两个案例由于具有相同的实验条件而获得相似的结果;差别复制是指两个案例由于具有不同的实验条件而获得不同的结果(Yin,2003:47)。

本研究选择了珠三角地区三家民营高科技企业作为样本,在保

---

① 详见附录 5-3:《作者与 Y 公司受访者 F 的部分 email 通信记录》。

证一些基本控制变量大致相同的条件下,保持某些关键情境变量的差异,从而实现了原样复制和差别复制。其中,T公司是具备深厚政商关系背景的中小型企业,内部效率低下,但凭借政商关系而占据垄断地位;H公司是不具备深厚政商关系的中小型企业,内部效率较高,但难以实现规模扩张;Y公司是不具备深厚政商关系的大中型企业,内部效率较高,同时由于所处行业的特殊性,顺利实现了规模扩张。因此,T公司与H公司、H公司与Y公司、T公司与Y公司,均实现了原样复制和差别复制,可以据此提出相应的理论模型。三个案例研究命题的复制逻辑具体如图4-4所示(见本书4.6.1节)。

信度(reliability)

案例研究的信度是指案例研究操作过程的可重复性。即:由其他研究者对同一案例、进行同样的案例研究操作程序、所得出的结论与原案例研究结论的相似性(Yin, 2003:34—39)。

为提高本案例研究的信度,作者采取了以下研究方法:

1. 在数据搜集的准备过程中,设计案例研究草案(Case Study Protocol),以供其他研究者参考;并严格按照案例研究草案搜集数据。案例研究草案见附录1。

2. 在数据搜集过程中,建立案例研究数据库(Case Study Database),以供其他研究者参考。案例研究数据库见附录3、附录4、附录5。

4.2 跨案例数据分析结果概述

本书跨案例数据分析的主要结果如下:T公司的政商关系处于高度人格化水平,组织文化变革路径为"活力型→封建层级型→封建层级型";H 公司和 Y 公司的政商关系均处于中度人格化水平,组织文化变革路径均为"活力型→团队型→团队型＋活力型"。三家样本企业政商关系的非人格化水平编码依据见表 4-2,组织文化变革路径见表 4-3。需要说明的是,本书划分样本企业生命周期阶段的理论依据是 Cameron 和 Quinn（1983）对组织生命周期各阶段特征的描述。作者在访谈中首先向受访者介绍该理论,然后请受访者对公司历史上经历的生命周期阶段进行划分。结果显示,同一企业的所有受访者对生命周期阶段的划分基本一致。

表 4-2　三家样本企业政商关系的非人格化水平比较

公司名称	政商关系的非人格化水平	编码依据及数据来源
T 公司	高度人格化	1. 公司长期依赖老总在创业之初凭个人关系打开的市场生存,市场需求信息一直由老总个人掌控。（访谈） 2. 公司市场开拓情况保密,受访者语焉不详,刻意回避。（访谈和观察） 3. 公司内部效率低下,但具备某种垄断地位,不愁生存。（观察） 4. 老总对待调研态度保守,拒绝接受本书作者访谈。（观察） 5. 老总与某军工国有企业老总是国外留学同学。（外部知情者提供信息）
H 公司	中度人格化	1. 公司长期处于竞争激烈的市场,不具备垄断地位。（访谈） 2. 公司面对国企大客户无议价能力。（访谈） 3. 老总拥有市政协委员身份。（访谈） 4. 公司的努力拼搏付出与收获不成比例。（访谈和观察） 5. 老总乐于接受访谈,态度光明磊落,对国企腐败现象深恶痛绝。（观察）

续表

公司名称	政商关系的非人格化水平	编码依据及数据来源
Y公司	中度人格化	1. 公司没有建立深厚的政商关系。（访谈） 2. 公司主要客户是民营企业而非国有企业。（访谈） 3. 公司与地方政府个人联系半公开。（访谈） 4. 地方政府比较开明、重法治，较少行使"合法伤害权"。（访谈和观察） 5. 老总乐于接受访谈，态度比较开放。（观察）

表 4-3　三家样本企业组织文化变革路径比较

公司名称	政商关系的非人格化水平	主导性组织文化类型		
		创业阶段（历史）	整合阶段（现状）	正式化阶段（预期）
T公司	高度人格化	活力型[a]	封建层级型	停滞于封建层级型
H公司	中度人格化	活力型	团队型	将加强官僚层级型，但仍以团队型和活力型为主
Y公司	中度人格化	活力型[a]	团队型	正在加强官僚层级型与市场型，但仍以团队型和活力型为主

注：a. 根据 Cameron 和 Quinn(1983)的"生命周期-效能标准"模型推测。

4.3 节至 4.5 节分别展示三家样本企业组织文化历史、现状与期望状态的数据分析，并分别加以讨论。

4.3 T公司案例

4.3.1 公司概况

T公司是珠海市一家小型民营高科技企业,创建于2000年。公司主要面向军工市场进行产品的研发设计。2006年为了拓展利润空间,开拓民品市场,有所扩张。2007年民用产品与军用产品销售额为一九开。公司规模在2006年约40人,2007年约70人。2008年年初的岗位分布情况为:40人从事研发,本科以上学历;十人做行政,大专学历;十人在生产线,高中学历。作者于2008年1月对T公司进行了多次实地调研。受访者包括副总裁、部门经理和资深员工,共五人。

4.3.2 组织文化现状与期望的状态

作者认为,T公司的主导性组织文化实际上是CVF所无法描述的封建层级型。所以,用CVF模型对T公司进行的访谈、问卷调查和观察数据都显示,T公司在CVF的任何一种组织文化上都没有实现高绩效水平。事实上,CVF难以完整概括T公司的组织文化轮廓。T公司目前的组织文化具有一些活力型和市场型文化特征,但与高绩效的要求还有较大差距。团队型和官僚层级型文化很弱,与高绩效的要求存在很大差距。大部分受访者都期望建立团队型和官僚层级型文化,也有受访者希望加强活力型和市场型文化。

访谈数据展示与分析

访谈数据编码引用语举例如表4-4所示,为体现三角互证,同时受篇幅所限,每条编码均列举两条来自不同受访者的引语。

表 4-4　T 公司组织文化现状与期望状态访谈引用语举例

组织文化状态编码	访谈数据引用举例[a]
现状	
活力型	
市场信息不透明，完全由领导人掌握。	1. （老总）主要负责市场，也兼管研发部……（具体情况）我不便回答，我也不希望你再问了。(A) 2. 原来军品市场都是老总一个人做的。……公司一直面对一个封闭的市场，研发工作都是由老总的指令安排。(B)
低成本运作，难以实现技术创新。	1. 目前的研发是自上而下推动的，研发人员对市场不太明确。(C) 2. 老总说了算。今天叫做这个，明天又说那个重要。干不完就加班，每天加班到八九点钟很正常。没有加班费。老总恨不得我们加班都不要用公司的电……老总是希望实现技术创新，但是有成本约束，低成本运作，无法做到技术的独创性。(E)
团队型	
缺少家庭式氛围	1. 目前已经不是绩效的问题，而是如何调整员工心态的问题。老总的做事风格与员工有冲突。老总……总向员工强调要无私奉献、不计报酬，老总……比较严厉。员工心理压力大，工作量太大，研发人员过劳。(A) 2. （团队娱乐活动）只有两年前搞过一次。(B,E)
集权度高	1. 就是老总说了算，……没有团队合作。(B,E) 2. 上下级根本就没有沟通。(D)
士气低落，人心涣散	1. 不跳槽是因为本市同行业就么几家公司，而且都差不多。(E) 2. 许多员工随时准备卷铺盖走人。公司内部帮派斗争激烈……我只要一拿到总裁许诺的这笔报酬就立刻辞职。(A)

续表

组织文化状态编码	访谈数据引用举例[a]
层级型 　缺乏可贯彻的制度和流程	1. 公司一直为生产忙碌,顾不上做制度。(A) 2. 公司不是没有制度。其实公司建立初期就都有制度。但是制度执行不力。……那些制度都是对民不对官。而且,管理人员流动也导致制度的贯彻后继无人,不了了之。(B)
市场型 　缺乏绩效考评体系	1. 目前工作完成得好不好,没有明确的考评标准;如果完成得好,也没有精神和物质上的表扬。(D) 2. (经常加班)……没有加班费。(B,E)
期望	
活力型 　开拓新市场	1. 还要开拓新市场,这样会产生很大压力,才能迫使公司产生变化。(B) 2. 应该开拓市场,我们需要由市场来引导技术的方向。(C)
团队型 　建立团队型文化	1. 希望是团队型……多搞一些团队活动,提供一些员工表达机会;领导对员工要关怀,在员工需要帮助的时候应该第一时间到位。要改善工作条件。(A) 2. 希望工作氛围更加和谐一些,从制度上建立一些沟通的机会和平台,让愿意发言的人有机会表达自己的意见。(D)
层级型 　建立规范的制度和流程	1. 希望分工更明确,责任到人。(C) 2. 希望有明确的条款和依据,有既定的流程模式,而不是由领导的主观意思来决定和随意改变工作安排。(D)

续表

组织文化状态编码	访谈数据引用举例[a]
市场型 建立绩效考核制度	1. 希望激励制度更完善一些。(C,D) 2. 应该有加班费的相关规定。(E)

a. 括号内大写字母为受访者代码。

1. 活力型文化

T公司具有一些活力型文化特征。公司自2000年创建以来一直靠老总个人开拓的军工市场生存(B,C)[①];2006年开始比较重视获取新的资源,致力于开拓民品市场(A);但是,市场信息不透明,完全由老总掌握,研发工作均由老总指令,研发人员不了解市场,员工的个体主动性和自主权没有充分发挥(C,E);也未对研发人员的技术创新提供足够的资金支持,无法做到技术领先(E)。研发人员表示,希望更加了解市场需求,开拓新市场,让市场引导技术的方向(C)。受访者还希望通过开拓新市场,让市场带来竞争压力,迫使企业发生组织文化变革(B)。

2. 市场型文化

公司具有一些市场型文化特征。组织以工作为导向,领导人是一位强力的生产推动者(A,B);但是,公司没有建立绩效评估体系,没有明确的考评标准(D);员工压力较大,但激励不足(A,D,E)。一些受访者表达了从制度上加强市场型文化的期望,主要是指建立绩效评估体系和激励制度(D,E)。

3. 团队型文化

公司团队型文化很弱,与高绩效的要求有很大差距。所有受访

---

① 引自本书附录3-1《T公司案例研究数据库·访谈记录》,A、B、C、D、E分别代表五名受访者;下同。

者(A,B,C,D,E)都表示：组织不够人性化，缺少家庭式氛围；领导人比较严厉，对员工不够关怀，不经常听取员工意见，组织集权度高，上下级缺乏沟通；不重视团队合作，也很少搞团队娱乐活动；凝聚力不强，员工士气低落，缺少对组织的忠诚和责任感。例如，副总裁认为"老员工是凭着对公司的忠诚留在公司"，然而当作者问资深员工E为何留在公司时，E说："不跳槽是因为本市同行业就那么几家公司，而且都差不多。"所有受访者都表达了建立团队型文化的愿望，在此问题上受访者的意见非常一致。他们希望领导对员工多些关怀，多搞一些团队活动，改善工作条件和薪酬待遇，提供一些沟通和表达的机会。

封建层级型与团队型文化的共同点是缺乏完善的规章制度，两者都是"人治"而非"法治"。两者的区别在于，封建层级型文化等级森严，集权度高，主要靠领导人的威权维持秩序，员工满意度通常较低；团队型文化相对比较平等和分权，主要靠领导人的魅力和员工的组织承诺维持秩序，员工满意度通常较高。访谈数据显示，T公司缺乏规章制度，依靠人治而非法治；同时，等级森严，集权度很高，员工满意度很低，团队型文化很弱，这意味着封建层级型文化很强。

4. 官僚层级型文化

T公司官僚层级型文化很弱，与高绩效的要求有很大差距。组织等级森严，工作决策以领导人的主观意志为准，缺少正规的制度和流程(A,B,D,E)；公司创建时期虽然也建立过一些制度，但都"对民不对官"(B)；而且，管理人员的流动也导致公司早期建立的制度无法贯彻、形同虚设(B)。一些受访者(C,D,E)表示，希望公司建立明确的制度(例如分工、奖惩等)和工作流程，"不是以老总个人主观意志为准，而是以制度为准(E)"，形成官僚层级型文化。

封建层级型和官僚层级型的共同点是等级森严。两者的区别在于,封建层级型文化缺乏完善的规章制度,是"人治",官僚层级型文化具有完善的规章制度,是"法治"。访谈数据显示,T公司虽然等级森严,但是缺乏完善的规章制度,官僚层级型文化很弱,这也意味着封建层级型文化很强。

问卷调查数据展示与分析

问卷调查对象包括上述受访者中的 A、B、C、D 四人。问卷调查结果如表 4-5 所示。

表 4-5　T 公司组织文化现状与期望状态问卷调查结果

	组织文化现状				受访者期望的状态			
	层级型	团队型	活力型	市场型	层级型	团队型	活力型	市场型
受访者 A	16	27	28	28	31	26	21	23
受访者 B	20	20	18	42	22	23	30	25
受访者 C	23	27	24	18	23	26	26	25
受访者 D	20	21	22	21	25	28	26	25
平均值	20	24	23	27	25	26	26	25

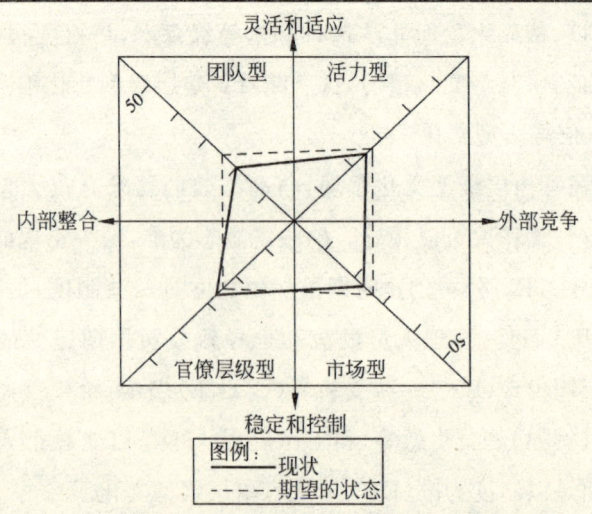

图 4-1　T 公司组织文化现状与期望状态轮廓图

第四章 珠三角民营高科技企业组织文化变革案例研究　83

根据表 4-5 绘制的 T 公司组织文化现状与期望状态轮廓图如图 4-1 所示。T 公司不同来源数据的三角互证如表 4-6 所示。

表 4-6　T 公司不同来源数据的三角互证

变量	访谈数据来源（受访者代码）	问卷数据来源（受访者代码）	观察数据来源[a]	不同来源数据的吻合度[b]
现状				
活力型	B,C,E	A,B,C,D		高度
团队型	A,B,D,E	A,B,C,D	听到的办公室争吵和辱骂；与副总裁午餐时的交谈；	高度
层级型	A,B,C,D	A,B,C,D	公司网站；索要公司宣传资料的过程。	较高
市场型	B,D,E	A,B,C,D		高度
期望				
活力型	B,C	A,B,C,D		高度
团队型	A,B,C,D,E	A,B,C,D		高度
层级型	C,D,E	A,B,C,D		较高
市场型	C,D,E	A,B,C,D		高度

a. 观察数据引自本书案例研究数据库《T 公司实地调研观察笔记》。
b. 高度 = 所有来源数据全部吻合；较高 = 问卷数据与其他来源数据出现矛盾。

由以上数据可见：

1. 除了官僚层级型文化以外，在其他三种文化类型上，T 公司的问卷数据、访谈数据、观察数据高度一致，可以实现三角互证。

T 公司在四种组织文化类型中，团队型文化最弱，问卷调查结果平均值只有 20，与受访者期望的状态（平均值为 25）相差最大。公司目前有一些活力型和市场型文化特征（平均值分别为 24 和 23），与受访者期望的状态（平均值均为 26）还有差距。这与访谈数据和观察数据可以实现高度的三角互证。

2. 在官僚层级型文化上，T公司的访谈数据与观察数据一致，而问卷数据与其他来源数据出现矛盾。作者发现，这可能是由于OCAI问卷存在信度缺陷。并且可以由此推断，T公司实际上是以封建层级型文化为主。具体分析如下：

问卷数据显示，T公司目前官僚层级型文化最强（平均值为27），受访者期望减少官僚层级型文化（平均值为25）。这与访谈数据相矛盾。访谈数据显示，T公司官僚层级型文化很弱，受访者期望加强官僚层级型文化。从表1中可以看到，问卷调查的这一结果偏差主要是受A和B所填答的数据影响。作者在访谈时向A和B求证此问题时发现，A和B所理解的官僚层级型文化内涵并不准确。CVF中的官僚层级型文化主要是指等级森严、组织具有正规的制度和流程；A和B则以为是等级森严、凡事以老总的指令为主。例如，B回答，"我以为官僚层级型文化就是老总说了算，所以才这么填答。"可见，问卷中有关官僚层级型文化的描述让受访者以为仅仅是指高度集权、等级森严的文化，而不能让受访者注意到"人治"和"法治"的区别，难以区分封建层级型和官僚层级型的内涵。问卷数据与其他来源数据的矛盾是由部分受访者对官僚层级型文化内涵的误解造成的。这说明，OCAI问卷的信度可能存在缺陷。事实上，作者认为，A和B在官僚层级型文化上赋予的较高分值，恰恰证明T公司实属"伪官僚层级型"，即封建层级型文化。

3. CVF模型和OCAI问卷不适合调查以封建层级型文化为主的企业，在中国情境下存在效度缺陷。

CVF只能描述官僚层级型文化，无法描述封建层级型文化，而T公司的主导性组织文化恰恰是封建层级型，所以，CVF难以完整概括 T 公司的组织文化轮廓。由于中国长期的封建等级制传统，封建层级型文化在中国企业内部可能比较普遍。用 CVF 来描述封建层级型企业，结果可能是在任何一种组织文化类型上的强度都不高。这也导致 OCAI 问卷的效度出现问题。该问卷要求受访者给企业在四种组织文化类型（每道题的四个描述选项）上的表现赋分，要求四个选项得分之和为 100 分；这意味着受访企业至少在其中一种组织文化类型上具备较高的绩效水平；因此，该问卷可能不适用于调查在其中任何一种组织文化类型上绩效水平都较低的企业；换言之，该问卷难以体现具有高绩效水平组织文化的企业与具有低绩效水平组织文化的企业之间的区别。这一判断可以从 T 公司的受访者在填答OCAI 问卷时的表现得到验证。例如，当作者请受访者 D 填答问卷时，D 反问，"（T 公司）哪一项都没做好，怎么填？"虽然作者强调四个选项赋分之和必须等于 100 分，但在四份回收问卷中，仍然有两份问卷对组织文化现状每道题四个选项的赋分之和都小于 100 分。出现这种不符合问卷要求的数据结果，可能是由于 T 公司在 CVF 的四种组织文化类型上全都表现不佳，或者说根本没有建立高绩效水平的组织文化。

4.3.3 讨论

以封建层级型文化为主导性组织文化的原因

封建层级型文化的两大特征是高度集权和以人治代替法治。中国企业的封建层级型文化可能与中国社会长期的集权、人治文化传统有关。此外还有一个关键原因，即密切的政商关系。

作者根据访谈和观察数据以及业内人士提供的信息推测，T 公司与军工行业的国有资源（国有企业或政府部门）建立了密切关系。

访谈数据显示，T公司长期依赖由老总个人在企业建立之初凭个人关系——根据业内人士提供的小道消息，实际上是老总在国外留学时认识的同学——打开的市场生存。作者观察到，在访谈中，有关T公司的市场开拓等问题，受访者往往语焉不详，刻意回避。例如，B和C对作者的询问做出了相同的回答："我很难向你解释。"A告诉作者，老总主要负责市场。但是当作者追问是哪块市场时，A立即说："这个问题我不便回答，我也不希望你再问了。"可见，市场开拓问题在T公司属于敏感话题，相关信息对外是不透明的。不仅如此，市场信息在T公司内部可能也是不透明的。例如，研发部资深员工在访谈中即表示：市场信息完全由老总掌握，研发工作均由老总指令，研发人员根本不了解市场（C，E）。

在调研中，作者没有争取到与领导人交流的机会。当作者向副总裁A询问可否约请总裁面谈时，A予以婉拒，并称总裁很少接受外部访谈。也正是由于T公司领导者没有给予作者必要的支持，限制了作者所能接触到的信息，导致作者对T公司搜集到的访谈数据和问卷数据都非常有限。

关系的特征是人格化、个人集权、不透明、非正式。政商关系很难被编码。政商关系的内隐性和流动性使得它很难变成显性知识被制度化。中国"高语境"（high context）的文化传统强调"只可意会，不可言传"；尤其是涉及政商关系这种复杂微妙问题时，许多隐性知识难以形成文字。因此，依靠政商关系生存的企业，组织内部集权度也较高，难以建立正式制度，信息不透明。所以，密切的政商关系是T公司以封建层级型文化为主的关键原因。

向团队型文化转变的阻力

T公司受访者一致希望公司建立团队型文化。从前文分析可见,T公司要从目前的封建层级型文化向团队型文化转变,领导人有必要自身做出改变:要关心员工,提高领导魅力,提高组织成员的平等程度和分权水平,改善员工薪酬待遇,从而提高员工满意度和组织承诺。然而,这种转变存在诸多阻力,这些阻力使得 T 公司停滞于封建层级型文化,很难发生组织文化变革。

1. 密切的政商关系使T公司在军工市场拥有一定的垄断地位,不需要技术创新和提升竞争力,也能保证生存。因此领导人无须重视人力资源发展,无须花费成本建立高绩效的团队型文化。

在 T 公司访谈中,受访者 C 谈道,"公司所在行业比较特殊,竞争压力不大。"作者发现,T 公司的垄断地位并不是依靠技术的先进性获得的。T 公司的对外宣传资料声称,企业领导人于2000年携国际领先的技术成果归国,凭借本市政策优惠,以技术入股创业,几年来获得多项技术专利和荣誉资质,是本市同行业领军企业,在国内同行业也处于领先地位。但是,在 T 公司访谈中,公司内部资深研发人员表示,由于缺乏资金投入,公司无法做到技术的独创性;研发人员与市场脱节,对于技术的应用十分迷茫(C,E)。据 T 公司外部的业内人士介绍,T 公司的核心技术实际上来源于国外的一项开源技术(源代码公开免费使用的技术),该技术的开发应用领域在国际上竞争激烈,早已有著名公司开发出比 T 公司产品更加完善、应用更为广泛的成熟产品。

由此可见,T 公司不是依赖技术创新而获取生存,政商关系才是它的"核心竞争力"。T 公司的垄断地位是由于领导人与军工领域国有资源的密切关系形成的。正是由于具备这种垄断地位,T 公司生存压力不大,无须技术创新,无须重视人力资源发展,无需花费成本建立高绩效的团队型文化。即使内部管理混乱,也能继续生存下去。

2. T公司领导人的个性和价值观使得公司难以建立团队型文化。

作者认为,团队型文化的强度与企业领导人的个性和价值观密切相关;团队型文化较强的企业,领导人在个性上通常比较外向、待人亲切、热情、平易近人;在价值观上比较重视团队合作、友爱精神和员工参与。据T公司副总裁介绍,公司领导人个性比较严厉(A)。当作者向副总裁提出希望与领导人约谈时,副总裁称,"他经常在国外,也很少愿意接受访谈。"作者推测,T公司的领导者如果确实经常在国外,那么与员工接触和交流的时间也不会很多,那就很难做到像T公司受访者所期望的那样"领导对员工要关怀,在员工需要帮助的时候应该第一时间到位(A)"。领导人的价值观与员工也存在冲突。领导人高度集权,不重视与员工沟通,没有给员工提供表达意见的机会(A,B,D,E)。作者认为,民营企业领导人高度集权的价值观可能与中国社会长期的集权传统有关。

向官僚层级型文化转变的阻力

1. 中国社会缺乏保护民营企业私有产权的正式制度;而T公司领导人凭借个人关系(高度人格化的政商关系)所获得的非正式保护具有内在的脆弱性,无法完全替代正式制度。环境的不确定性使得T公司领导人对未来缺乏信心,不愿进行长期实业投资,公司规模难以扩张,因而制度建设的必要性不大,难以向官僚层级型文化转变。

作者推测,T公司领导人对企业赖以生存的政商关系缺乏信心。因为高度人格化的政商关系是脆弱、不稳定的,凭借这种关系所获得的市场是"封闭的市场,会越来越小"(B),无法满足企业扩张的需要。近两年T公司比较重视开拓民品市场,受访者也普遍表达了开拓新市场的愿望(A,B,C)。

然而,开拓新市场谈何容易,T公司领导人似乎已经失去了创业的信心和勇气。受访者都谈到公司缺乏资金(A,B,E),低成本运作;T公司作为一家高科技企业,目前并没有对研发进行充分的资金投入,研发人员缺乏足够的激励和支持,对薪酬不满,士气低落,更无法实现技术创新(A,B,E)。而这种低成本运作的主要原因并非是领导人无法融到资金,而是领导人不愿继续追加投资。

例如,B谈道,"(不进行研发投入的原因)我想不是没钱,是老总不想在这方面继续投资了。因为这种研发投资需要长期才能见效益……中国一百年来社会都在不断动荡,大家不知道明天会发生什么,缺乏长期投资的驱动力……而老总有其他短期见效益的投资方向。"当作者追问具体投资领域时,B笑而不答。考虑到访谈的时间是在2008年初,正处于中国股市的牛市期间,作者猜测,所谓"短期见效益的投资方向"很可能是指资本市场。可见,T公司的领导者可能已经无心继续投资实业了。作者还了解到,T公司正在与"战略投资方"商谈上市事宜。T公司员工都对此期待已久,而且也都无心工作。T公司副总裁A还告诉作者,只要公司一上市,拿到总裁早已许诺的一笔钱,她就立刻辞职(《观察笔记》)。

在领导人无心继续投资、员工无心努力工作的情况下,T公司很难实现增长与扩张;而在企业规模较小的情况下,建立正式制度可能得不偿失。如A所说,"公司的战略投资方也希望公司实现制度化。但公司根本顾不上做制度。也有成本约束,不愿设正式岗位……"所以,T公司很难向官僚层级型文化转变。

2. 公司依靠政商关系就可以获得超额利润,无需加强内部管理。即使企业未来依靠政商关系做大,其内部制度化水平可能也不高。目前,T公司制定的规章制度"对民不对官",形同虚设,受访者

B认为,即使公司上市也很难实现真正的制度化。B谈道,"现在中国很多企业都可以弄一套形同虚设的制度来应付上市的要求。"作者认为,其原因之一是,中国社会没有形成尊重正式制度的价值观,人治往往僭越法治,机会主义泛滥其间。

3. T公司比较缺乏研发和管理等方面的优秀人才,因而难以优化分工,也难以建立规范的流程和制度(B)。本书认为,优秀人才的缺乏,一方面与中国教育制度有关;另一方面,在对优秀人才的争夺战中,中小民企也很难与拥有国有资源的国企和拥有母国资源的外企相竞争。

4.3.4 总结

命题T1:政商关系高度人格化的民营企业在整合阶段以封建层级型文化为主导性组织文化。

中小企业限于交易规模,建立正式制度的动力不足;而且,人格化关系的特征是不透明、难以制度化,因此,依靠高度人格化的政商关系生存的民营企业,内部倾向于高度集权,也难以建立正式制度。而且,高度人格化的政商关系使企业拥有一定的垄断地位,企业无须重视技术创新和提升产品竞争力,无需重视人力资源发展,无须花费成本建立高绩效的团队型文化,也能保证生存。因此,通过人格化的政商关系获得垄断地位的中小型民营企业,往往制度化水平低、集权度高、不重视人力资源发展,以封建层级型文化为主。

命题T2:政商关系高度人格化的民营企业停滞于封建层级型文化,很难向官僚层级型文化转变。

中国社会缺乏保护民营企业私有产权的正式制度,而凭借个人关系获得的非正式保护具有内在的脆弱性,无法完全替代正式制度。

因此，通过高度人格化的政商关系获得垄断地位的中小型民营企业对未来仍然缺乏足够的信心，不愿进行长期实业投资；在封建层级型文化主导下，效率低下，也很难实现规模扩张。在企业规模没有达到某一临界点之前，制度化的必要性不够大，建立正式制度可能得不偿失。因此，很难向官僚层级型文化转变。可以推断，这种企业即使依靠政商关系实现了规模扩张，内部效率和管理水平也未必有所提升，而很可能依旧以封建层级型文化为主，与大中型国有企业的情况相似。

此外，由 T 公司数据分析结果可见，**CVF 模型和 OCAI 问卷信度效度存在缺陷，不适用于描述以封建层级型文化为主的组织**。CVF 模型所描述的是与高绩效水平相联系的组织文化类型，因而无法描述与低绩效水平相联系的封建层级型文化。然而，由于中国社会长期的封建层级型文化传统，封建层级型文化在中国企业中相对比较普遍。因此，用 CVF 模型去描述以封建层级型文化为主的中国企业，结果可能显示为该企业在任何一种组织文化类型上的强度都不高。这说明，在中国情境下，CVF 模型效度存在缺陷。这一效度缺陷导致 OCAI 问卷效度出现问题。OCAI 问卷要求受访者给企业在四种组织文化上的表现赋分，要求得分之和为 100 分；这意味着受访企业至少在其中一种组织文化上强度较高，具备较高的绩效水平。因此，该问卷不适用于调查以封建层级型文化为主的企业。同时，问卷中有关官僚层级型文化的描述很难让受访者注意到"人治"和"法治"的区别，难以区分封建层级型文化和官僚层级型文化的内涵，因此也存在信度缺陷。

4.4　H公司案例

4.4.1　公司概况

H公司是一家中型民营高科技企业。1995年创立于珠海,为中小企业提供通信系统。在香港、广东、江苏、华北、东北等地设有分支机构。2009年公司规模约为120人,销售额约为5,000万元人民币。作者于2009年11月对H公司进行了多次实地调研。数据来源包括访谈、问卷调查、直接观察[①]和文件(《员工手册》[②]、电子内刊[③]、与总经理的email通信记录[④])。受访者包括总经理、部门经理和普通员工,共九人。

4.4.2　公司历史上的组织文化变革

根据访谈和文件数据,公司在1995年至2003年间,以活力型文化为主。在2004年至2005年间,团队型文化强度有较大提高,逐渐成为目前的主导性文化。2002年至2003年间,官僚层级型文化有所增强,但是受到内外部环境的约束,一直没有成为主导性文化。

根据"生命周期-效能标准模型",活力型文化重视开拓外部市场,团队型文化则重视内部团结和员工参与。H公司创建初期以活

[①] 引自本书附录4-2《H公司实地调研观察笔记》,下同。
[②] 引自本书附录4-4《H公司部分文件数据·H公司员工手册内容节选》,下同。
[③] 引自本书附录4-4《H公司部分文件数据·H公司电子内刊内容节选》,下同。
[④] 引自本书附录4-3《作者与H公司总经理A的部分email通信记录》,下同。

力型文化为主。根据《员工手册》记载和受访者回忆(D,E)①,创业早期,公司人数较少,直到2000年,公司员工不过二十余人。此时领导人个人的能力和权力对公司有决定性影响。而且,在初创阶段,领导人必须把主要精力放在开拓外部市场上,只有当公司站稳脚跟后,才能逐步加强内部整合。

2004年至2005年间,公司逐渐向团队型文化转变。2004年,公司为了推出新产品,设立了产品委员会,采取项目管理模式,赋予项目经理和部门经理更大权力,重视团队合作(D,E);2005年,公司陆续推出新产品系列;同年,为部门经理、销售总监提供购车专项无息贷款,并对全体员工实行笔记本电脑专项补贴(《员工手册》)。

2002年至2003年间,由于公司规模急剧扩大,为了保证市场竞争力,公司更加重视员工绩效,官僚层级型文化和市场型文化有所增强(A,C)。2002年,公司聘请某管理顾问公司,对企业业务流程、组织架构进行优化,并引入 ISO9001 体系;2003年,任命新一届部门经理,其中六个部门经理是首次担当其职务(《员工手册》),部分老员工被免去干部职务(A,C)。此后,由于外部市场波动,企业规模收缩,官僚层级型文化一直没有成为主导性文化(I,G)。

4.4.3 组织文化现状与期望的状态

定性数据展示与分析

定性数据来源包括访谈记录、文件和直接观察。访谈数据编码引用语举例如表4-7所示,为体现三角互证,同时受篇幅所限,每条

---

① 引自本书附录4-1《H公司访谈记录》,A,B,C,D,E,F,G,H,I分别代表九名受访者,下同。

编码均列举两条来自不同受访者的引语。

表 4-7　H公司组织文化历史、现状与期望状态访谈引用语举例

组织文化状态编码	访谈数据引用举例[a]
历史	
1995—2003年以活力型为主,2004年起向团队型转变	1. 公司早期一直是活力型文化。因为那时总共也没几个人,我进公司时总共二十来人,对市场有判断力的也只有老总。公司真正朝团队型文化转变是从2004年开始,那时的民主气氛有所加强。在2005年、2006年期间团队型文化极强,当时公司在推出一个新产品,项目经理、部门经理权力变大了,大家共同努力,无分彼此,不推卸责任。(D) 2. 早期人少的时候主要是活力型文化。2004年开始设立产品委员会,采取项目管理模式,重视团队合作,团队型文化开始加强。(E)
现状	
活力型	
市场开拓不足	1. 目前我们对市场的反应速度不够。(A) 2. 我觉得公司以前对于市场开拓做得不多。(G)
正在开拓市场	1. 公司正处于市场扩张阶段,大家全力支持市场一线员工,方向是提高客户满意度。(B) 2. 现在在往活力型方向努力。(C)
团队型	
平等待人,关心员工	1. 公司层级不多,老总跟普通员工不分彼此。在饭堂一起用餐,一起用公筷,没有特权。员工之间像兄弟姐妹,没有等级森严的感觉。(E) 2. 总体上属于团队型。老总很关心员工,他自己说过,作为老总,要多用耳朵听,多用眼睛看。公司目前规模并不大,老总对每个下属都很了解和关心,关注个人的发展,有一种家庭的温馨。(F)

续表

组织文化状态编码	访谈数据引用举例[a]
层级型 　流程建设落后于实际需要	1. 层级型文化还比较弱。……目前的条条框框够用了,但是 ISO 系统一直没有真正融合进来,公司还没有找到适合自己的方式。(D) 2. 目前的层级型文化……还跟不上实际需要。规章制度执行不到位,制度跟不上环境变化。老板说"ISO 要当饭吃,不能当药吃",可是现在实际上还是在当药吃。……由于市场变化很快,规定的流程跟不上市场的变化,至今这个系统也没有顺畅运行。(C)
正在加强流程建设	1. 现在也很注重制定流程和规范。……我们已经开始整理和修改流程和制度。……我被派到现在所在的部门,就是总经理希望找一个像我这样完全不懂技术的人,用一种旁观者的眼光,去观察部门的实际工作过程,并通过开会、讨论,把流程确定下来。……公司已经决定,每个月对每个部门都要进行一次检查,检查流程的执行情况,以后 ISO 体系可以"当饭吃"了。(F) 2. 今年年初开始整理项目流程和配套模板,现在已经走上轨道了。(H)
市场型 　缺乏量化考评指标	1. 现在年底也会做绩效考核,但是只是部门经理凭个人印象判断,并不能完全体现一个员工一年的工作情况。尤其是对行政、后勤部门来说,很难确定量化的指标。(F) 2. (设计研发部门的绩效考核指标)现在看来比较困难。很多东西不可量化。要设计一套合理的绩效考核指标,目前还做不到,可能需要未来一两年时间吧。……当然这个很难,所以现在都是靠领导拍脑袋评价员工的绩效。(H)

续表

组织文化状态编码	访谈数据引用举例[a]
期望	
活力型 急需开拓市场	1. 目前公司面临市场扩张阶段,开拓市场绝对是我们工作的重中之重。……层级型和活力型最紧迫,尤其是活力型。因为外部市场的变化,电信运营商"全业务运行",这是市场的机会,绝不能错过。(H) 2. 肯定要先加强活力型。市场丢了就没了,机遇不等人。……我希望等这一波市场机会过去以后,再做制度。这一波机会先是在发达地区,以后还有不发达地区,大概最迟一年以后,可以完成市场开拓。我很希望你能向老总转达我的建议:现在制度流程方面暂时乱就乱一点,先做"暴发户",一年以后再加强制度建设。(I)
团队型 略有减少	1. 团队型文化应该有所减少。因为团队型文化不利于管理大企业。随着企业发展壮大,招人不能只招跟你合得来的人,还要招有能力的人。(D) 2. 从2008年开始至今,公司进入飞速发展期,不断地招人,每次招人都有十名左右。我现在开始对一些新人都不太认识了,只熟悉与自己有工作关系的人。(F)
仍居主导地位	1. 我觉得团队型文化很重要,……一项工作的完成要么靠流程,要么靠团队,未来团队型文化不可或缺。(H) 2. 公司毕竟还属于小企业,对于小企业来说还是以团队型和活力型文化为主。(D,E)

续表

组织文化状态编码	访谈数据引用举例[a]
层级型 　　加强制度和流程建设	1. 未来应该加强层级型文化,不能只顾做市场,在外打仗需要家里输送弹药。(D) 2. 应该先增强层级型。部门工作规范化了,技能可以沉淀下来,资源可以共享,其他同事就不用绕弯子了。(G)
市场型 　　需要完善,但不占主导	1. 需要完善制度和考核指标。因为人多了,人员晋升等问题就多了,不可能还像团队型大家庭那样,像父母那样溺爱孩子。对人的评价必须更公平、更有效。(G) 2. 毕竟是小公司,还是应以团队型和活力型为主。市场型文化下每个人的压力都很大,都不会太喜欢。一个人自己要去做一件事情和被逼着去做这件事情,我想效果是不一样的。(D)

a. 括号内大写字母为受访者代码。

1. 活力型文化

H公司活力型文化不占主导地位,也没有达到理想的程度。活力型文化的两个特征是市场导向和勇于创新。受访者普遍认为,H公司目前对市场的开拓力度和反应速度都很不够,需要大力加强(A,B,C,F,G)。实际上,H公司正在努力加强活力型文化(A,B,C,G)。这种转变是由于2008年开始的电信运营商重组、"全业务运行"改革带来的商机(B,F)。绝大多数受访者(A,B,D,E,F,H,I)认为,加强活力型文化在当前最为迫切。因为市场机会稍纵即逝,绝不能错过;而官僚层级型文化的加强需要时间。

2. 市场型文化

H公司市场型文化较弱。一些受访者提到,目前的绩效考核制

度还不完善,缺乏准确的考核指标(F,G)。但是,市场型文化强度在未来可能会保持不变,甚至略有减弱。原因有三:

第一,高科技企业劳动的复杂性决定了市场型文化难以成为主导性组织文化。复杂劳动很难量化考核,H公司历史上设计过几套考核制度,最后都无功而返(G,H)。Ouchi(1979)在分析组织治理机制的论文中指出,由于对复杂劳动进行考评和定价的交易成本极高,组织难以采用市场机制,只能采用团队机制实现控制。高科技企业正是如此。因此,中小型高科技企业要想提高组织绩效,往往依赖于以团队型为主的组织文化,通过组织内部的社会化过程获得较高的组织承诺,从而实现组织治理。

第二,多数员工不欢迎压力较大的市场型文化。市场型文化中老板和员工的关系类似市场的延伸,是简单的交易关系;组织靠竞争的压力来凝聚员工,员工满意度往往较低。H公司多数受访者包括领导人都不希望加强市场型文化(例如A,D)。而且,H公司团队型文化很强,占主导地位,公司靠情感、忠诚和责任感来凝聚员工,员工士气较高。在这种情况下,公司也不需要依赖市场型文化实现管控。

第三,公司规模有限,对市场型文化的需要还不够迫切。"生命周期-效能标准模型"认为,当企业规模扩大时,团队型文化的控制力往往会减弱,企业不得不加强市场型文化、通过制定绩效考核指标来实现控制。但H公司目前还未突破规模限制。

3. 团队型文化

H公司团队型文化很强,占主导地位。公司层级不多,领导人非常关心员工,注重建立公司内部的家庭氛围和平等关系;员工非常团结,凝聚力很强,员工满意度和投入度都很高(B,C,E,F)。通过作者的直接观察和文件搜集,也感受到H公司浓厚的团队型文化

(《观察笔记》、《员工手册》、电子内刊)。

H公司之所以建立了强烈的团队型文化,既是由高科技企业劳动的复杂性决定的,也与领导人A的价值观和个性有密切关系。领导人有超凡的理想和高度的自尊,追求在团队中实现人生价值。作者在与领导人的交往中感到,领导人个性比较开朗亲切,平易近人,重视友情。这种价值观和个性在很大程度上影响了H公司的文化。例如,领导人曾谈道:"公司的股东收益大部分都留在了公司,成为公司的留存资金。我作为股东之一,生活有保障,有尊严,所以不会冒险。老是有人见了面就问我:'上市了吗?'似乎做企业就是为了上市骗钱。的确,资本和劳动都可以创造价值,但是如果大家全都靠资本赚钱,后果会怎样?我是希望能够真正给社会创造一点价值,所以对资本投资不是很感兴趣。我觉得,未来社会需要通信业的发展,我们的事业的确能够给社会带来价值。而这个事业不能靠一个人完成,我们需要团队合作。在团队共同奋斗的过程中,就如在一起登山的过程中,看到沿途景色优美,我在团队中得到了极大的满足(A)。"

H公司未来团队型文化强度可能会略有减弱,但是仍然占主导地位。公司目前需要大力加强活力型文化,主要关注外部市场需求,对内部员工需求的关注可能会略有减少,员工满意度可能会受到影响(B)。而且,随着公司规模扩大,团队型文化的控制力也会有所减弱(D,F)。但是,由于公司的团队型文化极强,团队型文化也是公司保持其吸引力的竞争优势之一,所以即使有所减弱,可能仍然占主导地位。H还指出:"我觉得团队型文化很重要,团队合作对流程和制度有补充作用。流程对一些细节不可能全都很明确,或者顾及不到实际情况的变化。现在研发部内部团队合作很强,按照流程做没有问题。但是当涉及跨部门合作时,很多事情就比较困难。所以跨部门的协作要加强。一项工作的完成要么靠流程,要么靠团队,未来团队型文化不可或缺。"而且,公司的团队型文化与创始人的个性和价值观密切相关。因此,作者预期,至少在创始人继续担任领导人期间,团队型文化都会处于主导地位。

4. 官僚层级型文化

H公司具有一定的官僚层级型文化特征,但是不占主导地位。公司现有十余个部门,部门职责明确。员工入职即获发《员工手册》,明确规定了各项规章制度。公司早在2000年就已通过挪威船级社ISO9001质量保证体系认证,并设置"管理者代表"一职,以确保ISO9001质量体系正常运作(《员工手册》)。但是,以前设计的一些流程,目前已经落后于市场的变化;而公司正忙于开拓市场,无暇顾及流程设计,ISO体系无法落实,形同虚设(B,C,D,F,I)。

未来的官僚层级型文化可能会逐渐加强,但是受到企业规模的制约。H公司领导人重视制度和流程的建立和完善,希望"从人治转变为法治"(B)。员工也普遍认同制度建设,认为企业要做大,未来必然要加强官僚层级型文化(B,D,E,F,G,H)。但是,公司还没有达到足够规模,做制度的迫切性还不够大。事实上,H公司规模很大程度上受到市场影响和限制(A)。当市场低迷时,公司为了降低成本,裁撤冗员,规模也迅速收缩。公司规模收缩时,没有足够的动力进行制度和流程的完善,即使制定了制度和流程,当市场变化剧烈时也可能落后于实际需要;而当市场繁荣、规模扩大时又忙于开拓市场,无暇顾及制度和流程建设。负责ISO的管理者代表I对此深有体会。她说,ISO系统目前很难完善,主要是各种工作牵扯精力,使她难以兼顾。她说:"这也是一个矛盾:业务量大涨的时候,就像现在,很多人都特别忙,根本顾不上做流程;可是业务萎缩的时候,做流程又意义不大,做了也白做。"

问卷调查数据展示与分析

问卷调查对象包括上述九名受访者以及另外两名部门经理,共11人。问卷调查结果如表4-8所示。根据表4-8绘制的H公司组织文化现状与期望状态轮廓图如图4-2所示。

从表4-8和图4-2可见:

H公司目前以团队型文化为主,问卷调查结果平均值高达33。受访者期望未来团队型文化有所减弱,但在四种组织文化类型中仍然占据主导性地位(平均值为28)。活力型文化不强(平均值为22),与受访者期望的状态(平均值为27)存在较大差距,是受访者期望未来提高幅度最大的一种文化类型。公司有一定的市场型文化特征(平均值为23);受访者期望未来市场型文化略有减弱(平均值为21)。官僚层级型文化也不强(平均值为22),与受访者期望的状态(平均值为23)略有差距,但差距不大。这说明受访者希望提高官僚层级型文化,但幅度不大。

表4-8 H公司组织文化现状与期望状态问卷调查结果

	企业文化现状				期望的状态			
	A团队型	B活力型	C市场型	D层级型	A团队型	B活力型	C市场型	D层级型
受访者A	38	17	20	25	38	25	17	20
受访者B	28	28	20	23	28	30	17	25
受访者C	25	25	25	25	20	30	22	28
受访者D	35	18	23	23	27	25	23	25
受访者E	37	23	18	22	35	19	18	28
受访者F	33	20	27	20	33	23	20	23
受访者G	37	20	20	20	28	20	23	23
受访者H	25	17	32	27	20	42	22	17
受访者I	32	25	20	23	23	27	25	23
受访者J	33	23	25	20	28	28	22	22
受访者K	37	28	18	17	32	27	20	22
平均值	33	22	23	22	28	27	21	23

图例：
——— 现状
----- 期望的状态

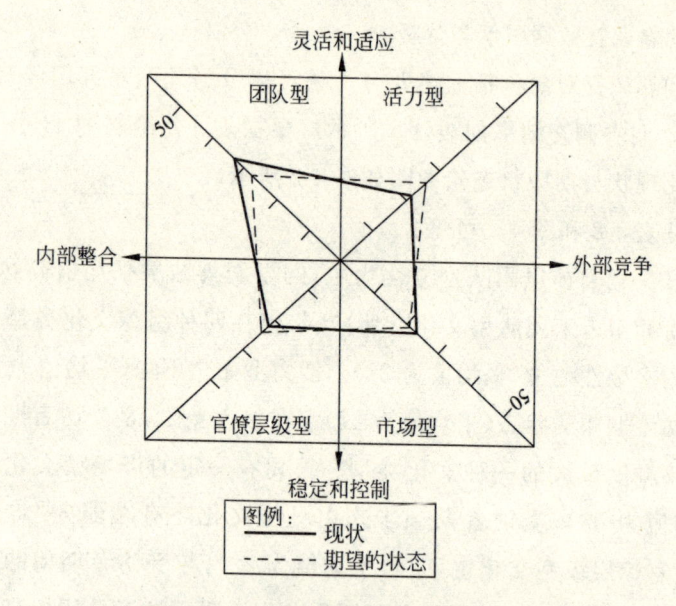

图 4-2　H 公司组织文化现状与期望状态轮廓图

H 公司不同来源数据的三角互证如表 4-9 所示。由表 4-9 可见，访谈、问卷调查、文件和观察数据完全一致，可以对 H 公司组织文化的现状和期望状态实现高度的三角互证。

表 4-9　H 公司不同来源数据的三角互证

变量	访谈数据来源（受访者代码）	问卷数据来源（受访者代码）	文件数据来源	观察数据来源[a]	不同来源数据的吻合度
历史变革	D,E		《员工手册·公司历史大事记》		高度
现状　活力型	A,B,C,G	A,B,C,D,E,F,G,H,I			高度

续表

变量	访谈数据来源(受访者代码)	问卷数据来源(受访者代码)	文件数据来源	观察数据来源[a]	不同来源数据的吻合度
团队型	A,B,C,D,E,F,G,H,I	A,B,C,D,E,F,G,H,I	1. 电子内刊·生日祝福 2. 电子内刊·员工子女照片 3. 电子内刊·员工感言 4.《员工手册·公司历史大事记》	1. 总经理与员工互道早安的习惯 2. 公司门前大屏幕的生日祝福语 3. 公司内部设施 4. 公司组织的员工旅游	高度
层级型	B,C,D,E,F,H,I	A,B,C,D,E,F,G,H,I	1.《员工手册·规章制度》 2.《员工手册·组织架构与部门职责》 3.《员工手册·公司历史大事记》		高度
市场型	F,G,H	A,B,C,D,E,F,G,H,I			高度
期望活力型	B,D,E,F,H,I	A,B,C,D,E,F,G,H,I	作者与总经理的通信		高度
团队型	B,D,E,F,H	A,B,C,D,E,F,G,H,I			高度
层级型	B,D,E,F,G,H	A,B,C,D,E,F,G,H,I			高度
市场型	D,F,G,H	A,B,C,D,E,F,G,H,I			高度

a. 观察数据引自本书案例研究数据库《H公司实地调研观察笔记》

4.4.4 讨论

以团队型文化为主的原因

以团队型文化为主的企业就像是家庭的延伸。H公司领导者被员工视为睿智的导师甚至父母；领导者对员工及其家庭关怀备至（《观察笔记》、电子内刊）。相比CVF的其他三种文化类型而言，团队型文化更加符合中国人的"泛家族主义"这一传统文化心理，在中国本土企业的治理模式中具有强大的生命力。因此，与"生命周期-效能标准模型"所描述的西方企业不同，中国企业即使进入正式化阶段，团队型文化可能仍然是主导性组织文化之一。例如，H公司受访者一致认为，团队型文化是公司保持其吸引力的竞争优势之一，未来即使随着公司规模扩大而强度有所减弱，但仍然占主导地位。

向官僚层级型文化转变的阻力

足够大的企业规模是建立官僚层级型文化的必要条件。作者发现，在产权保护尚不完善、国有经济占绝对优势的制度环境下，中国民营企业的规模往往与政商关系的非人格化水平有关。[①] 民营企业如果没有建立高度人格化的政商关系，就很难做大；而企业规模不扩大，就很难建立官僚层级型文化。

1. 足够大的企业规模是建立官僚层级型文化的必要条件。企业规模较小时，往往以团队型和活力型文化为主导；企业规模扩大到一定程度时，则倾向于加强官僚层级型和市场型文化。

从本案例研究可见，H公司自1995年创立，中间经历了高潮和

---

① 由于国有企业实质上是政府机构在经济领域的延伸，所以本书"政商关系"的"政"既包括地方政府，也包括国有企业。

低谷,至 2009 年已有 15 年历史。但根据"生命周期-效能标准模型"来判断,公司目前仍然处于整合阶段,未能进入正式化阶段;因为公司尚未建立强大的官僚层级型文化。作者认为,这与公司的规模始终未能突破一定的"阈值"有关。如前所述,公司仍属于中小型企业,没有达到足够规模,依靠团队型文化还能够实现控制,制度建设的迫切性还不够高。公司历史上曾经加强过官僚层级型和市场型文化,标志性事件是 2002 年到 2003 年间进行的一次干部调动,主要原因就是公司规模开始扩大,在 2003 年达到高峰(A)。此后,由于企业规模收缩,官僚层级型文化一直没有成为主导性文化(I,G)。这也说明,只有当企业规模扩大到一定程度,官僚层级型文化才能有所加强。

2. 中国民营企业规模与政商关系的非人格化水平有关。民营企业如果没有建立高度人格化的政商关系,即使内部管理优秀、组织文化强大,也很难突破规模限制;而与政府的人格化关系密切的民营企业,即使内部管理混乱、组织文化薄弱,也能凭借垄断地位求得生存。

从 T 公司案例研究可见,T 公司处于军工行业,具有一定的垄断地位。T 公司的垄断地位并不是依靠技术的先进性获得的,而是通过公司领导人与军工领域国有资源的密切关系形成的。正是由于具备这种垄断地位,T 公司虽然内部管理混乱,没有建立高绩效的组织文化,员工士气低落、人心涣散、无心工作,但是自 2000 年创立至今已经生存了十余年,始终没有退出市场。

与 T 公司形成鲜明对比的是,H 公司内部管理良好、建立了强大的团队型文化,组织凝聚力强、员工努力工作、投入度高,但是,自 1995 年创立至今,规模始终没有突破中小型企业的水平。其主要原因在于,H 公司没有建立高度人格化的政商关系。H 公司所处的通信设备行业竞争激烈,面对的客户主要是中小企业;实际上,只有争取到"大客户"即电信运营商的设备"集采",才可能获得广阔的市场,从而实现企业规模的大幅度扩张。H 公司总经理拥有市政协委员身份,在中国社会情境下,可能具备中度人格化的政商关系,但是并没有建立高度人格化的政商关系,因而在市场上不占据垄断地位,竞争压力巨大。在访谈中,总经理对国有企业的腐败现象深恶痛绝。他说:"你知道最近发生一系列'国进民退'的情况。我在中欧国际工商学院读 EMBA 时,经常见到许多国企老总。他们就是那种既得利益者。他们坐飞机一定要坐头等舱,所有用度都极尽奢华,却只要花最少的时间工作。他们实在太腐败了。因为胡锦涛离他们太远了,管不着他们。国资委就那么几个人,很容易就成为同伙。我觉得还是要让国有企业彻底退出,通过市场化改革,才能彻底解决国有企业的腐败问题。现在的情况是,国有企业处于垄断地位,而我们民营企业处于充分竞争的市场。当我们面对电信运营商时,唯一的感觉就是它们实在太大了,我们根本没有议价能力。如果政府不愿进行国有企业的市场化改革,只要少给民企紧箍咒念,民企就能焕发活力,国企和民企在市场竞争中自然此消彼长。"

可见,民营企业如果没有建立高度人格化的政商关系,即使内部管理优秀、团队型文化强大,也很难突破规模限制。而企业规模长期停滞,就没有必要进行制度建设,难以建立强大的官僚层级型文化。

环境动荡对中小企业组织文化的影响

本研究发现,环境动荡可能促使中小企业加强活力型文化,而非加强官僚层级型文化。这与 Quinn 和 Cameron(1983)的观点不符。Quinn 和 Cameron(1983:50)认为,外部环境动荡将迫使处于整合阶段的组织通过制度化来加强控制、抵御风险,组织倾向于向官僚层级型文化转变,进入正式化阶段。但 H 公司案例说明,如果企业规模没有大幅度的扩张,即使外部环境发生剧烈变化,也很难向官僚层级型文化转变。

Quinn 和 Cameron(1983:50)指出,传统的权变理论认为,高效能的组织应当在复杂或动荡的环境中形成有机型结构,建立活力型和团队型文化;在简单或稳定的环境中形成机械型结构,建立官僚层级型和市场型文化。然而,"生命周期-效能标准模型"认为,组织对外部环境变化的反应将部分地取决于它所处的发展阶段。处于整合阶段的组织,环境动荡将迫使组织加强控制,向机械型结构发展,建立官僚层级型文化和市场文化,进入正式化阶段;如果组织已经处于正式化和控制阶段,环境动荡将会迫使组织提高弹性,加强活力型文化,进入结构调整阶段。换言之,"生命周期-效能标准模型"显示,成熟企业的组织变革方向应当与传统权变理论相吻合,而新创企业的变革方向则可能并不符合传统权变理论。新创组织可能必须经历模型中的前三个阶段,其后才能符合传统的权变理论。Quinn 和 Cameron(1983:50)还指出,由于西方大部分传统研究都属于针对大中型成熟企业的截面研究,而很少针对处于整合阶段的中小型企业的研究,因此很少有实证研究探讨传统权变理论对处于整合阶段的企业是否适用的问题。

本书对 H 公司的案例研究说明,当企业处于整合阶段时,一旦市场发生剧烈变化(例如 2008 年开始的电信运营商重组、实行"全业务运行"改革带来的商机),相比加强官僚层级型文化而言,企业更迫切的需要还是提高弹性和应变力,加强活力型文化。因为:第一,市场机会稍纵即逝;第二,官僚层级型文化的加强需要时间;第三,公司仍属于中小型企业,制度建设的迫切性还不够高。因此,虽然 H 公司的活力型文化和官僚层级型文化都不够强,但外部环境变化时,首要的目标仍然是加强活力型文化。这与传统的权变理论预测的方向是一致的,这说明权变理论可能也适用于处于整合阶段的中小型组织。这也是本案例研究的理论贡献之一。

作者认为,中国正处于社会转型时期,政策法规等制度环境变化比较迅速,企业经常面临外部环境动荡;由此可以推论,在中国建立稳定的制度环境之前,企业可能始终需要保持弹性的组织文化,很难建立和保持官僚层级型文化的主导性地位。因此,与在西方稳定的制度环境下成长的中小企业相比,中国的社会情境使得中小企业的组织文化变革路径具有特殊性。特殊性之一就在于:中国民营企业即使在规模扩张后进入正式化阶段,可能也并非以官僚层级型文化为主导,而灵活、弹性的活力型文化对中国企业可能更为重要。

4.4.5 总结

命题 H1:民营企业在创业阶段以活力型文化为主导。

例如,H 公司在 1995 年至 2003 年间,以活力型文化为主。在 2004 年至 2005 年间,团队型文化强度有较大提高,逐渐成为主导性文化。这一组织文化调整过程,符合 Quinn 和 Cameron(1983)的"生命周期-效能标准模型"。

命题 H2:政商关系中度人格化的民营企业在整合阶段以团队型文化为主导。

H 公司目前处于整合阶段,团队型文化很强,占主导地位。团队型文化也是 H 公司保持其对员工吸引力的竞争优势之一。

命题 H3：政商关系中度人格化的民营企业难以突破中型企业的规模限制，因而难以建立官僚层级型文化的主导地位。

在产权保护尚不完善、国有经济占绝对优势的制度环境下，中国民营企业规模与政商关系的人格化水平有关。民营企业如果没有建立高度人格化的政商关系，就很难做大。例如，H公司自1995年创立至今，由于没有与电信运营商建立高度人格化的关系，虽然内部管理优秀、凝聚力强、员工投入度高，但规模始终没有突破中小型企业的水平，因而难以建立官僚层级型文化的主导地位。

命题 H4：政商关系中度人格化的民营企业即使进入正式化阶段，团队型文化仍然是主导性组织文化之一。

相比CVF的其他三种文化类型而言，团队型文化更加符合中国人的泛家族主义这一传统文化心理，在中国本土企业治理模式中具有强大的生命力。因此，与"生命周期-效能标准模型"所描述的西方企业不同，中国民营企业即使进入正式化阶段，团队型文化可能仍然是主导性组织文化之一。

命题 H5：环境动荡会促使民营企业加强活力型文化，而非官僚层级型文化。

Quinn和Cameron(1983：50)认为，外部环境动荡将迫使处于整合阶段的组织向官僚层级型文化转变。但H公司案例说明，当企业处于整合阶段时，一旦市场发生剧烈变化，相比加强官僚层级型文化而言，企业更迫切的需要是提高弹性和应变力，加强活力型文化。因为市场机会稍纵即逝，而建立官僚层级型文化需要时间；况且企业规模有限，制度建设的迫切性不高。这一命题没有支持"生命周期-效能标准模型"，而是支持了传统的权变理论；本研究认为，权变理论可能也适用于处于整合阶段的中小型组织。

4.5 Y公司案例

4.5.1 公司概况

Y公司是一家大中型民营高科技企业。1997年创立于深圳,2006年在国内首家推出"地产ERP整体解决方案",是国内最大的房地产应用软件及解决方案供应商。公司在北京、上海、武汉、广州、深圳等地设有全资分公司。2010年年初公司规模约400人,销售额超过10,000万元人民币。公司在全国各地的合作伙伴(即"秉承Y公司经营理念的代理商",A[①])超过20家,约300人,形成了覆盖二十多个省份、六十多个大中型城市的技术及服务网络。[②] 作者于2010年3月至4月对Y公司深圳总部进行了多次实地调研。数据来源包括访谈、问卷调查、直接观察和文件。受访者包括总经理、副总经理、部门经理和普通员工,共十人。

4.5.2 组织文化现状与期望的状态

定性数据展示与分析

定性数据来源包括访谈记录和直接观察。[③] 访谈数据编码引用语举例如表4-10所示,为体现三角互证,同时限于篇幅,每条编码均列举两条来自不同受访者的引语。

[①] 引自本书附录5-1《Y公司访谈记录》中受访者A的访谈记录。A,B,C,D,E,F,G,H,I,J分别代表十名受访者,下同。
[②] 引自Y公司官方网站公布数据。
[③] 引自本书附录5-2《Y公司实地调研观察笔记》,以下简称观察笔记。

表 4-10　Y 公司组织文化现状与期望状态访谈引用语举例

组织文化状态编码	访谈数据引用举例[a]
现状	
活力型	
创新能力不够强	1. 我觉得公司还缺乏比较核心的服务产品,希望在产品上有所创新。(D) 2. 目前最大的风险还是在技术上,技术还比较弱。去年我就在公司提出来了,目前技术发展太快。我们的产品原来卖几十万,现在卖到上千万;技术相当于楼的地基,原来盖几十层的楼,现在客户要盖 200 层 300 层的楼,地基就需要换。(E)
客户导向不够强	1. 我们现在缺少的是客户导向。……比如客户打电话过来要求解决问题,你说"实在不好意思,我在开会"。你开会重要啊,还是客户重要啊?可能开会大家在探讨一个很无聊的东西,比如下个季度市场方案怎么做。反过来说你做市场方案是为客户,那现在客户打电话过来(被你拒绝),这个做得很差,真的很差。所以我对你问卷的结果高度认同,客户意识需要加强,这是我们现在慢慢在丧失的东西。比如我们听到电话响起来,三四声没人接,我很气愤。(I) 2. 还有客户导向的服务意识,我也希望不仅是一线,公司后方项目开发、产品开发、协作的团队也同样要有。比如客户提出一个十万火急的问题,客户服务需要研发的技术支持,但研发拿到这个问题,认为没有资源,解决不了,先给你否定掉了。(H)
团队型	
凝聚力强	1. 团队型文化强,有家庭的温馨感、归属感。(A) 2. 我们在团队型文化上的时间是最长的,大家也都很认可这种企业文化,员工之间非常友好,如果有什么问题去找人家,人家会随时解决,不会出现有些公司内部勾心斗角那种情况。(B)

续表

组织文化状态编码	访谈数据引用举例[a]
次要制度实施灵活	1. 我们现在……在某些次要环节上相对是比较人性化的。……其他行政层面的、财务层面的很多东西都是可以通融的。比如我们说20号要交报销单,你晚两天交也可以的。上班考勤的制度也不像制造业那么严格,你要有事只要打声招呼也都是可以通融的。我们是每个月迟到三次才做处罚,而且还可以用事假顶,两个小时以内的事假是不需要处罚的。(J) 2. 像员工请个假这样的小问题,就简单一些,不会搞得很严。我们各级管理者不想在审批上花很多时间。(E)
平等尊重是核心价值观	1. 平等尊重的核心价值观,应该不会丢。(D) 2. (总经理没有独立办公室)这跟我们平等尊重的文化有关吧。(E)
层级清晰但没有等级森严	1. ……最起码我们跟E是不喊"X总"的。(J) 2. 我们也有层级,但阶层感是没有的,所谓层级更多是行政上的。……我们公司是有一种"家"文化的,极其反对"架子"。所有的领导没有架子,谁有架子马上把他干掉。(I)
鼓励不同意见	1. 人治不是指老大说了算,而是指集体的智慧。大家能够发出声音,声音能上来,能够对流程提出改进意见,……文化要能让大家有高度的认同,而不是E(总经理)说了算,……我们也是这样做的。比如我们也有战略的讨论,大家是比较开放的,各地有不同的声音,战略是可以调整的。(C) 2. 公司给了我们一个开放的平台。我们经常会有战略讨论会、BSC总结会、投融资的资料准备等,所以了解的东西会多一点。公司有什么事情都是敞开来的,大家都知道。公司有很多沟通的平台,QQ、邮件、电话、网上论坛(EKP)等。在网上论坛上发帖都是实名的。(J)

续表

组织文化状态编码	访谈数据引用举例[a]
核心竞争力所在	1. 我们的核心竞争力是人,怎么能把人才留住,所以归根结底是企业文化,就是团队型的文化。我们十年以上的员工有不少。按比例看不出来,因为我们刚成立时本来也没多少人,这些人走得很少。我们公司有一点比较强,很多人走了以后还会回来。我们公司随时欢迎。我们的企业文化是这样的。目前我们公司的团队型文化还是挺有竞争力的。(B) 2. 我感觉公司根本的核心竞争力就在于(团队型)文化。(I)
正在"稀释"	1. 团队型文化是在维持,但是已经有稀释。近两年公司进来很多新人,尤其是 80 后 90 后的员工,更加关注自身价值。(A) 2. 但随着团队扩大,团队型文化在稀释,这可能是我们需要关注的事情。我们今天在开战略总结会的时候,就感觉存在比较大的挑战,就是这个稀释的问题。(I)
层级型 正在加强	1. 2008 年公司建立了信息管理部(以前是 IT 部),信息管理部设五、六个员工,从外部引入一名"空降兵"做信息管理部经理,专门做流程与信息管理,加强层级型文化。(A) 2. 从最近这几年公司投入的规模来说,层级型文化正在加强。比如公司最近倾注于内部搞一些规章制度。像我们的流程信息部的建立。我们老总对这块是非常看重的。包括流程与信息的整理,我们企业内部的 ERP 系统,现在正在往这方面投入。公司规模扩张,新成立了很多部门,部门之间如何协同?需要建立规章制度,才能把工作顺利开展下去。所以我们是在往层级型这一步走了。(B)

续表

组织文化状态编码	访谈数据引用举例[a]
建立了局部信息化系统	1. 我们已经有内部的信息化系统,业务线条比较到位。(A) 2. 公司内部用的最好的一个平台是客户服务中心跟产品开发部的协同平台,叫做任务开发系统。一线客户有什么需求,客服中心按照这个需求的标准写成文档,在这个平台里面提交,开发部按照这个标准进行评估、分派、开发、测试、交付,所有的工作都是在这个网络平台上完成的。这个平台已经用了五六年了。(H)
关键环节流程清晰	1. 在关键的事情上我们很严。比如合同的管理就很严,你可以说是层级型。但是我也给他很大的权力,几个原则、指标定下来后你自己去看,如果都通过,财务一看,马上盖章,就签了。如果不行,那对不起,这个审批是很刚性的。合同很重要,涉及客户关系,出问题就完了。(E) 2. 我们现在在核心环节上一定是要有严谨的制度。(J)
推行质量管理体系	1. 层级型方面 CMMI 流程也下了很大功夫。我们目前的 ERP 水平如果跟软件业民企相比,如果说他们刚及格,我们至少可以打上 80 分。从一个产品的需求调研、设计开发、到测试,有一套完整的流程和模板,中间要开几次项目需求分析会、评审、包括文档格式,都有严格的要求。CMMI 是一套质量管理体系,注重过程规范。公司建立了专门的部门,相当于 PMO(项目管理办公室)的角色,会有专员参与到项目开发过程中,监控各种文档、步骤。(F) 2. 再比如我们的质量体系,CMMI,我们拿到这个证书两年了,但我们不仅仅是拿证,关键是执行很严。(E)

续表

组织文化状态编码	访谈数据引用举例[a]
知识管理初具规模	1. 企业知识平台（EKP）大家每天都会上。哪个地方有什么动向，有什么问题，都会在这上面发帖。包括 BBS、博客等。就像我们企业的一个门户，最早是 2004 年就做了，后来又改版，功能越来越强。定位是建成公司的知识储备库，有文档库、知识地图。比如产品有研发流程体系，有很多模板，一个开发人员加入某个项目需要了解这些东西，在 EKP 里面就可以获得这一套东西。再比如新发布一个产品，配套的文档体系很多；一个大的产品有很多子系统，有对销售、服务、实施各部门的资料，也都会归档在里面。但是这是从 2009 年年底才开始做的，原来我们也就是在自己的服务器上发邮件，分享文档的手段土一点，而且第一时间没来拿就容易忘记，所以我们把这些东西放到平台上，大家都知道一定可以在这里找到。(C) 2. 去年开始正式在内部推 EKP。……系统的构建已经有两年了，现在内部已经上线了。知识的梳理也是从两年前就开始了，各个专业线的产品经理，去做各自专业的梳理，然后传递给下游，各个专业线把梳理的成果挂到 EKP 系统中。EKP 会提供一个知识地图，你需要掌握什么东西，有一个表格，你只要按照对应的表格指引，找到你需要的东西下载就可以了。比如你要做一个成本（估算），它会有客户的具体的调研报告、客户访谈的会议纪要、梳理的成果的 PPT 模型、开发过程中需要的文档等等。……2008 年……开始搞每周的大讲堂，一般是每周的星期三下午 4:30 到 6:30。主讲人以自己内部员工居多，也有请外部的。既有一般员工也有部门经理，只要他是专家就可以讲。一般是培训部提前一个月确定一个主题，然后（员工）自己提交申请，由培训部安排。内容现在更多的是围绕各个部门的专业，比如员工福利、财务报表都有，促进各部门之间的了解。去年一年来，基本上每期都不落，我觉得做培训的同事付出了很大心血。(F)

续表

组织文化状态编码	访谈数据引用举例[a]
部门协作不够顺畅	1. 跨部门的流程还没有建立，部门间的协同还不够顺畅。（A） 2. 跨部门、跨专业线的信息是完全割裂的，没有打通。（H）
知识管理不够全面深入	1. 书架、大讲堂、EKP，只解决了知识来源的问题。但知识要可以复用，我们在日常工作中遇到的问题、沉淀的经验，背后的思路，要能够复用给其他同事。我觉得公司这个环节做得比较薄弱。大讲堂分享的知识，是不管你要还是不要，都奉献给你，属于单方传递。如果你在工作中遇到什么问题，比如某个方案不会做，能够找到方案指引，帮助才是最大的。（H） 2. 知识管理肯定是（靠）培训。我认为我们公司培训太少。……我觉得公司的知识不应该（只）是挂到网上，……专业的知识如果没有经过我们这种老人或研究院专家的专业讲解，员工自己看是看不懂的。（I）
市场型	
重视绩效考核，强度已基本符合需求	1. 老板的眼光比较长远，也在往市场型这块加强。三四年前就已经开始采用平衡计分卡这个工具；根据公司的战略目标，提炼出一些量化指标，各个部门各个岗位有清晰的职责和年度目标，包括三到五年内的战略规划。还建立了3P体系。……就是岗位（Position）、绩效（Performance）、工资（Payment）。3P我们已经推了两三年，目前已有一定成效。（B）

续表

组织文化状态编码	访谈数据引用举例[a]
市场型 　重视绩效考核，强度已基本符合需求	2. 我觉得我们在关键的问题上都有成熟的体系。比如我们的战略规划执行体系，3P体系。原来我们的考核没有很严格，大锅饭，两三年前我们请咨询公司帮我们梳理，花了很多钱，现在我们严格执行这套绩效管理体系，层层审批，每个月必须有绩效的跟进、沟通、记录、评价，有非常正式的面谈。……（对复杂劳动的考核）这个问题我们已经基本解决了。虽然还不是很完善，但已经尝到甜头了。我们已经搞了两三年了，已经明显感觉到绩效考核的价值了。绩效考核已经是公司一个非常重要的管理工具。一个部门经理，如果绩效考核不过关，直接pass，根本没有余地。绩效考核是人力资源的核心，人力资源是企业管理的核心。我们把绩效考核升到很高的高度来看。当然一些指标设计还没有到达理想的水平，但是比以前肯定是好多了。研发（考核）可能更难一些吧，但是也一定要考。我们首先要坚定：考核是必须做的，当然怎么考是一个技术性问题。随着我们管理的精细化水平比如CMMI的逐步提升，一些原本无法量化的指标就可以量化。（E）
期望 　**活力型** 　最终成为主导	1. 我所推动和推崇的文化，肯定是团队型和活力型。也就是当制度和客户发生冲突的时候，我会优先考虑客户的问题。我相信可以做到以团队型和活力型为主。（G） 2. 我最终目的……是能够为客户更好的创造价值。…………因为企业存在的价值就是满足客户的需要。……当大家都这样去做的时候，我们公司才会从优秀到卓越。（I）

续表

组织文化状态编码	访谈数据引用举例[a]
团队型 仍居主导地位	1. 公司的(团队型)文化应该一代传一代,现在虽然有所削弱,但最基本的精神是存在的,比如平等尊重的核心价值观,应该不会丢。(D) 2. 我们公司的特色,第一是平等、做事,……这两个是我们的核心竞争力,需要坚持和推广。(I)
层级型 继续加强制度建设	1. 流程和知识管理是未来两三年重点要强化的,我们有专门的IT部门,专门做这个事。随着价值链的复杂以后,流程管理反而效率高了。价值链很简单的时候,就我们俩,搞什么流程啊?现在有八个人,岗位细分了,那就得搞流程了。(E) 2. 确实规模大了,我们要加强制度化、规范化管理。我们好比是一部机器,原来的零件和齿轮之间不是特别有规则,但很润滑,承载比较小,问题不大;但现在要承载很大的马力了,我们要把一个个齿轮做得更加到位。(G)
不占主导地位	1. (未来主导性文化)应该是团队型和活力型。……如果做到最后大家觉得就是一份工作,没有什么追求,只是按照规章制度条条框框办事,那就没什么意思了。……客户不认可你,你内部搞条条框框是没用的,做制度只是手段,也是为客户服务的。……制度和流程肯定是要的,但是不能把所有的精力全投到这上面。(C) 2. (我要加强层级型是因为)它太弱了,(但)并不代表我要把这块变成百分之百。管理需要制度化流程化,但是遇到人的问题,就要考虑柔性,要妥协。我现在在推动制度化,但并不等于我的终极目标是要把它绝对放大。拿木桶原理来讲,层级型这块板是最短的,我最长的是在团队型。我把层级型补上来以后,它(层级型)相对还是要短一点。(G)

续表

组织文化状态编码	访谈数据引用举例[a]
市场型 继续完善	1. 建设 3P 体系和 BSC 的大方向不能改变。(B) 2. 我们一直在强推(绩效考核)这件事情。没有说你是研发人员就不落实 3P 体系了。一定要深究你的核心考核点是什么。财务设置一些指标,然后跟研发人员沟通,人力资源也会提供一些外部指标参考。3P 大架构是咨询公司帮我们做的,这两年我们自己也在不断摸索。不管多难,都一定要推下去。因为公司大了,不用这个(绩效考核体系)就根本没法掌控每个人的情况。我们会越来越刚性,不会往回走。(J)
不占主导	1. 我们的目标导向其实也是为了客户,所以市场型也只是个手段,通过绩效考核来更好地满足客户需求。(C) 2. 市场是我们存在的前提,其他都是支撑。所以活力型不能弱。……如果一定要我排序,团队型第一,活力型第二,层级型第三,市场型第四。(E)

[a]. 括号内大写字母为受访者代码。

团队型文化

1. 现状

Y 公司团队型文化较强,长期处于主导地位。员工之间团结友好、有较强的归属感和凝聚力(A,B,C,D,E,G,I,《观察笔记·5》)。非关键制度(如考勤、请假、报销等)的实施都比较注重人性化和灵活性(A,E,J)。"平等尊重"是公司的核心价值观(D,E,G,I,J)。公司有管理层级,但没有等级森严的感觉(A,B,D,E,I)。包括总经理 E 在内的所有管理人员都没有独立办公室(B,I,J,《观察笔记·4》);全体成员彼此之间均直接称呼姓名,不缀任何"总"或"经理"之类的职称(B,E,《观察笔记·4》);上下级沟通顺畅,除了日常的电话、各种即时通讯软件、邮件等方式外,公司还通过培训、集训、战略讨论会、BSC总结会、EKP网络(Enterprise Knowledge Platform企业知识平台)等手段,建立了开放畅通的沟通渠道,鼓励不同意见的表达(A,B,C,I,J);为了保证平等和公正,公司的一条"潜规则"是:所有成员之间不能有任何亲属关系(E,I,J);在领导风格上与"平等尊重"这一核心价值观相冲突的人会被公司解职(A,B,I,J)。受访者对公司的团队型文化高度认同,并且一致认为这是公司的核心竞争力所在(A,B,C,D,E,I)。

随着公司规模的迅速扩大和绩效考核制度的严格推行,自2007年开始,Y公司的家庭氛围逐渐有所冲淡,员工满意度有所下降,团队型文化正在经历"稀释"(A,B,F,H,I,J)。如何维护和传承团队型文化,成为一些员工比较关注的问题(F,H,I)。

2. 期望的状态

Y公司的团队型文化虽然已经有所减弱,但未来仍然会占据主导地位。团队型文化是Y公司的核心竞争力,员工高度认同"平等尊重"的价值观,习惯并喜爱具有中国"家"文化特征的家庭氛围和人性化管理,抵制等级森严和官僚主义(A,B,C,D,E,G,H,I,J)。公司虽然正在大力加强官僚层级型和市场型文化、逐步建立各种制度和规范,但是受访者均认为,公司将始终保持平等尊重和以人为本的核心原则,灵活和弹性要始终大于稳定和控制(C,D,E,G,I,J)。受访者I这样谈论团队型文化的重要性:

"我们公司是有一种'家'文化的,极其反对'架子'。所有的领导没有架子,谁有架子马上把他干掉。原来我们有个领导,让员工去给他倒杯水,就被干掉了。所以我认同您问卷的结果,就是要以团队型为主,未来也是要保持和提升的。我跟你讲啊,这是我们公司的根本。如果这个没了,我们会沦为像用友和金蝶那种平庸的公司。我看到的客户,老板还坐在格子(即独立办公室)里面。我们公司的 E(即总经理)坐在外面——这很好,告诉员工:大家都是过来做事的。大家不期待等级森严,等级森严会使我们丧失竞争力。"

官僚层级型文化

1. Y 公司正在加强官僚层级型文化,并且初具规模。

2006 年以来,由于公司规模突破百人,并迅速扩大到 2010 年的 400 人,制度和流程开始成为制约公司运营能力的短板;单纯依靠过去的团队型文化已经无法对业务运行实现有效控制(B,C,D,E,F,G,H,J)。同时,绩效考核的推行在一定程度上造成了部门之间的竞争和封闭,也加强了进行知识分享和管理的必要性(F)。以 E 为代表的高层管理者对此非常重视,自 2006 年起至今,公司正在逐步加强官僚层级型文化(A,B,C,D,E,F,G,H,I,J)。

2008 年,公司建立信息管理部,引入一位"空降兵"担任经理,专门从事流程与信息管理;虽然由于其工作风格与公司的团队型文化相冲突而最终被撤换(A,B,I,J),但是公司的流程与信息管理工作仍在继续推进。公司已经建立了内部的信息化系统,特别是销售系统和任务开发系统已经平稳运行多年(H,I);各专业线有完整的流程和模板,可以满足基本的业务运行,日常运营有章可循(A,E,F,I)。关键环节流程清晰,而且十分刚性。例如招聘标准、合同管理、项目实施、BSC 制定、战略回顾等,执行得非常严格(E,J)。2008 年,公司获得 CMMI(Capability Maturity Model Integrated,"软件能力成熟度模型"质量管理体系)认证,并于 2009 年正式推行(C,D,E,

F)。

公司注重知识分享和系统建设,知识管理已经初具规模,有一定的学习型组织氛围(F,I,J)。公司建立了内部图书馆,通过报销制度鼓励员工荐购图书(《观察笔记·2》)。公司的四个小会议室分别以"哈佛"、"斯坦福"等国外名校命名,两个大会议室则命名为"翰林院"和"博客轩"(《观察笔记·1》)。从 2008 年起,公司举办"Y 公司大讲堂"活动;由培训部组织,每周一次,公司员工可以根据培训部确定的主题自愿申请主讲(A,F)。同年,公司引入卡普兰战略地图,要求员工根据公司的战略规划和岗位要求,每个季度制订个人成长计划、确定学习目标(F)。公司自 2009 年起正式使用自己开发的 EKP (Enterprise Knowledge Platform,企业知识平台)系统,除了作为日常信息交流的平台,还将建成知识储备库。EKP 中包含了公司公告、个人博客、知识地图以及各种专业文档,例如调研报告、访谈记录、会议纪要、成果模型、开发模板等(C,D,F,J)。E 还要求管理层定期写心得博客,并且率先垂范(J)。

2. 官僚层级型文化不占主导地位,也没有达到理想水平。

作为提供 ERP 服务的专业公司,公司自身的 ERP 系统还没有建立起来。受访者普遍认为,与其为客户提供的 ERP 产品水平相比,公司自身的信息化水平还比较低(C,D,E,G,H,I,J)。公司规模扩大、分工细化之后,缺乏流程整合。各专业线的流程相对割裂,部门和区域间的协作不够顺畅(A,D,E,H)。知识管理工作自 2009 年开始起步,还有很大提升空间,学习氛围还需进一步加强(C,D,H,I)。刚刚投入使用的 EKP 系统还有待完善,例如各部门各区域的客户信息还未整合(H,I)、没有建立专门的意见反馈平台等(J)。"大讲堂"目前主要是进行公司战略导向的宣传,各区域的成功经验还没有得到迅速传播和推广,员工之间还缺乏专业知识、技能、经验的交流和指引(H,I)。因此,有受访者提出,需要更广泛更频繁的开展培训、提升员工素质,从而更好地为客户创造价值(I)。

3. 加强官僚层级型文化存在一定阻碍。

首先,Y公司加强官僚层级型文化的必要性有限。目前的信息系统能够基本应付运营需要(A,C,E,H,I,J)。公司重视关键环节的核心流程,认为次要环节做流程的必要性并不大。公司提倡效率至上和客户导向,倡导第一时间为客户解决问题,尽量减少不必要的流程(E,H,I,J)。E谈道:

"我希望要识别什么东西是确实需要严密控制的。这是一个循序渐进的过程,不是说有一个点,(过了这个点就)什么东西都上(制度流程)。我们最怕的就是这个东西不关键,但我们非要把它固化下来。我们也犯过这种错误,那就很灾难了。"

第二,公司缺乏制度化的经验和人才。Y公司领导层大多没有大企业的工作经验(C,D),国内同行业的管理体系也并不成熟(E),Y公司主要是学习西方的管理理论,并结合自身实践不断探索(C,D,E)。

第三,推行官僚层级型文化的某些中层干部风格可能与公司原有的团队型文化产生冲突,导致员工满意度下降(A,B,I,J)。

第四,制度和流程的充分发挥作用需要一定时间。转型初期,尤其是磨合阶段,新增的流程可能反而导致短期内工作效率下降(D,E,F),这也降低了员工满意度。

4. 公司未来会继续加强官僚层级型文化,但是不会占据主导地位。

在访谈中,所有受访者一致认为,公司未来会继续加强官僚层级型文化。

同时,除了 F 和 J 以外,其他受访者一致认为,无论何时,官僚层级型文化都不会成为主导性文化;公司未来应当以团队型和活力型文化为主。可以推断,Y 公司受访者已经基本达成共识:公司未来的文化,应当是在加强官僚层级型文化的基础上,保持组织凝聚力和活力,以团队型和活力型文化为主导。理由如下:

第一,市场是企业生存之本。加强官僚层级型文化只是手段,目的是提高效率、更好地满足客户需求、提高活力型文化。公司反对官僚主义,官僚主义与客户导向的活力型文化相冲突(A,B,C,E,G,I,J)。

第二,平等尊重的团队型文化是公司的核心竞争力,公司倡导先人后事,有团队才有市场。公司反对等级森严,等级森严与开放民主的团队型文化相冲突(A,C,E,I,J)。

第三,中西方文化不同。与西方人相比,中国人不喜欢条条框框,重视人情,需要采取灵活、柔性的管理方法(A,B,E,G,H)。公司高管 G 谈道:

"东西方文化有巨大差异。用方与圆来讲,东方文化圆的东西会多一点,方的东西少一点;西方文化以方为主,圆比较少,甚至少得可怜。背后大家瞎聊时,会觉得英国人很笨,他太不懂变通。所以在那种文化下,制度和流程一定要清楚,说往东 30 度,他就 30 度;你说 20 度,他就搞成 20 度了。一定要把这个度搞得很清楚。他会非常精确,尤其德国人。但在中国,你说 30 度,他就不一定按照 30 度走,他就搞 15 度了。所以东方人,人性化的东西一定要稍微多一点。你硬是跟他很僵化,他觉得你没人情味,反而他不按制度干,你驾驭不了他。所以西方人要很清晰,到成熟期制度化要非常严谨。你要跟他讲柔性,他就不知道该怎么办,所以要刚性。而东方人需要柔性化一点。中西方的"神"是不一样的,"形"可能都在往一个方向走,都要走向规范化。但背后的"神"可能各有侧重。……为什么我们认同西方的东西?因为中国传统的管理这块太弱太柔性了,已经过(分)了;它把所有的东西都变成一种艺术,而不是科学。而我们认为有很多东西是可以科学化的。所以(我要加强官僚层级型是因为)它太弱了,(但)并不代表我要把这块变成百分之百。管理需要制度化流程化,但是遇到人的问题,就要考虑柔性,要妥协。我现在在推动制度化,但并不等于我的终极目标是要把它绝对放大。拿木桶原理来讲,层级型这块板是最短的,我最长的是在团队型。我把层级型补上来以后,它(层级型)相对还是要短一点。"

第四,社会环境还没有到达成熟稳定的阶段,外部环境不断变化,企业内部也不可能以官僚层级型文化为主(B,E)。

第五,加强层级型文化,也需要强大的团队型和活力型文化来做支撑。因为推行知识管理,需要团结分享和客户导向的价值观(G)。

5. 对不同意见的分析

F 和 J 在访谈中认为,公司未来的主导性文化不应是活力型,而应是官僚层级型。这种观点可能与其个人工作经历和所属部门的工作性质有关。而且,两位受访者也都表达了对这一问题比较矛盾的心理。

F 的访谈观点与他的问卷填答结果一致,认为公司未来应以官僚层级型文化为主。他在访谈中谈到:

"这可能跟我个人经历有关系。当公司小的时候,活力型没问题。当公司大了以后,活力型往往会埋下很多隐患。我以前在铁路部门工作,铁路是很严谨的一个大部门。以前也有过一些小小的创新,这些创新如果没有经过长时间的考验,就直接拿到铁路上去用,后果是不堪设想的。以前有过一个很小的二极管改造的创新,导致了湖南某火车站两辆列车相撞,死了 300 多人。所以说创新是有代价的。当公司规模大了以后,可能更多的是在公司前沿部门内部有活力,但不可能整个公司都有活力。销售背后反映的应该是公司整体的支撑能力。现在客户没那么好忽悠了,你销售出去一个产品,只能收回很小一部分款,你要能够不断在实施过程中让它完全能够上线,满足它的内部要求;现在都是做服务,要形成一个口碑,不是你销售一个环节能够完成的事情。"

但是,在作者结束调研之后不久,收到了 F 的一封电子邮件,提供了一些补充思考意见:

"以下是和其他朋友交流中对流程的一些思考,可以看作上次我们交流的一些补充。……流程的顺利实施不仅关于自身,还取决于执行的人。在某些人的眼里,流程看作是腊肠式的,做事就是锯箭法,这样再好的流程也难以起到好的效果的。顺畅的流程应该是环环相扣的,环与环之间的交集需要执行的人更加主动。这也是最难的。发展期、规模小的企业好做,有规模,人多的大企业难做。"

作者认为,F 所持观点可能确实与其"个人经历有关";另外,F 所属的部门是公司内部管理部门,职责所在,会比一线"听到炮火"的部门更加重视制度和流程的规范化(G、I)。F 在补充意见中强调了人的主动性,认为流程的执行需要团队协作精神。F 可能在后续的交流与思考中逐渐倾向于重视"人"的因素,即团队型和活力型文化。

另一位受访者 J 在访谈中也认为公司未来应以市场型和官僚层级型为主,但是其问卷结果显示,他认为公司未来应以团队型和活力型为主。在解释这一矛盾时,他说:

"活力型是我们的问题。刚才我也说过,公司一直在强调创新,但我们一直不是一个创新性很强的公司。这(问卷结果)可能反映了我最终希望公司是一个团队型为主、很有活力的公司;我不希望我们成为一个很条条框框的公司。但是我们目前发展的态势,必然会走向官僚层级型和市场型。因为公司大了,不用这个(绩效考核体系)就根本没法掌控每个人的情况。我们会越来越刚性,不会往回走。整体上不会往活力型走的,因为活力型代表着纯粹凭关系去维护日常工作,那是不对的。"

但是在访谈的最后,J 谈到:

"我自己其实也没有想得特别清楚:企业到底是应该向官僚层级型走,还是向团队型和活力型走。我觉得 E 可能也是在矛盾这个事情。我希望将来公司的发展方向是:内部管理上还是要规范,人还是要有活力的,有活力的企业才能做得好。"

J 所属的部门也是公司内部管理部门。作者认为,与 F 相似,J 对官僚层级型文化的重视也反映了他的部门职责所在。同时,J 所理解的活力型"代表着纯粹凭关系去维护日常工作",可能与其他受访者所主张的制度化基础上的活力型文化内涵有一定偏差。而且,J 在访谈最后提出的意见也证明,他与其他受访者对公司未来的期望是基本一致的。

综上所述,Y 公司受访者已经基本达成共识:未来的文化,应当是在加强官僚层级型、制度化的基础上,发扬以人为本的精神,保持组织凝聚力和活力,以团队型和活力型文化为主导性组织文化。

市场型文化

1. 现状

Y 公司建立之初实行"大锅饭",市场型文化较弱(A,D,E)。大约从 2006 年起,由于楼市繁荣,市场环境向好,Y 公司规模迅速扩张;为了弥补绩效考核的短板,在领导人 E 的重视和推动下,各个部门开始重点建设绩效考核体系,大力加强市场型文化(A,B,D,G,H,J)。在此期间,Y 公司曾聘请外部咨询公司指导绩效管理,建立战略地图,引入平衡计分卡、KPI、3P 等绩效管理体系,并且严格执行(A,B,C,D,E,F,J)。公司自 2007 年起坚持进行年度"人才盘点",每年有 5% 到 10% 的员工由于没有通过绩效考核而离职(E)。2008 年,公司引入有大型外资公司工作经验的"空降兵"担任财务部经理,推行绩效考核制度(J)。受访者认为,目前绩效考核还存在一些问题。在战略的执行、一些岗位的指标设计、数据采集上都有一定困难(C,D,H)。但是,受访者也强调了继续推行绩效考核制度的决心和信心(B,E,H,J)。总体而言,绩效管理已经初见成效,市场型文化的强度基本符合企业发展的要求(D,E,F)。

2. 期望的状态

受访者一致认为,市场型文化虽然会继续加强,但是未来仍然不会占据主导地位。因为,绩效考核只是手段,满足客户需求才是目标(C,E,G,H,I)。换言之,活力型文化才是主导。灵活和弹性要始终大于稳定和控制,这一原则导向不会随着公司规模的扩大而改变(E,G,D)。有受访者提出,希望通过绩效考核制度的设计来提高员工的客户服务意识和创新水平(H,J),但也有受访者指出,绩效考核指标不可能细化到每个细节,不能过于依赖绩效考核来提高活力型文化(I)。

活力型文化

1. 现状

Y 公司活力型文化不占主导地位,也没有达到理想的程度。活力型文化的两个特征是勇于创新和市场导向。受访者认为,公司虽然提倡创新,但创新能力不强,产品缺乏差异化,交付项目的质量不够高(A,D,E,J)。E甚至认为,公司目前面临的最大风险就是技术还比较薄弱,难以满足客户日益提高的业务需求。

作者发现,Y公司创新能力不强、产品质量不高的原因可能有三点。

第一,市场导向和服务意识不够强(G,H,I)。G指出,创新的动力来自员工的市场导向意识,能够满足客户需求的创新才是有价值的。Y公司目前是行业的领头羊,原来的竞争对手已相继退出,目前国内专注做房地产行业软件的公司从规模上都已无法与Y公司竞争,公司到2007年左右已经跨过了生存门槛(A,B,E,I),竞争压力与创业阶段相比可能有所减弱(J)。部分受访者(G,H,I)认为,公司除了一线接触客户较多的部门(销售、客户服务)外,内部总体上比较缺乏客户意识,或者说原有的客户意识"慢慢在丧失"(I)。

一些受访者(D,E,G,I)指出,公司面临的竞争压力依然很大,甚至是越来越大。因为国内外大型通用型软件公司已经开始进入房地产软件领域,比如金蝶、用友、SAP、ORACLE等。I认为,与一线员工相比,内部一些员工对于市场竞争的激烈程度体会不深。

第二,员工对业务知识不了解,各区域分公司水平参差不齐(I)。E表示近期要聘请技术"高手",尽快解决技术问题。但F认为,技术问题不可能在短期内得到根本解决,因为技术的提升依赖于整体的团队支撑。I主张加大培训力度,通过培训迅速推广各区域分公司的成功经验、宣灌客户意识。

第三,用于评判客户服务水平和创新水平的绩效考核指标有待完善(I,J),相关数据的采集存在困难(H)。

2. 期望的状态

除F和J以外,其余八名受访者在访谈中一致认为,虽然公司目前正在加强官僚层级型和市场型文化,但最终活力型文化和团队型文化将会成为公司未来的主导性文化。以活力型文化为主导的原因是,市场是民营企业生存之本(A,E,G)。市场竞争压力始终存在(D,E,G,I)。无论企业规模扩大到什么程度,官僚层级型(制度、流程)和市场型(绩效考核)都只是手段,目的还是为了更好地满足客户需求。目前在官僚层级型文化上的重视和投入,是要弥补公司由于规模扩张而暴露的制度短板。当制度流程与客户需求发生冲突时,要始终坚持客户导向(B,C,E,G,H,I)。I特别强调:"我最终目的不是为了竞争,……更多的是为客户更好的创造价值。……因为企业存在的价值就是满足客户的需要。"

问卷调查数据展示与分析

问卷调查对象包括上述十名受访者。问卷调查结果如表 4-11 所示。根据表 4-11 绘制的 Y 公司组织文化现状与期望状态轮廓图如图 4-3 所示。

表 4-11　Y 公司组织文化现状与期望状态问卷调查结果

	企业文化现状				期望的状态			
	团队型	活力型	市场型	层级型	团队型	活力型	市场型	层级型
受访者 A	30	20	30	20	19	28	34	19
受访者 B	28	31	27	14	28	28	24	20
受访者 C	30	13	33	20	33	23	32	12
受访者 D	32	23	25	20	27	32	22	20
受访者 E	35	26	23	16	38	31	22	11
受访者 F	22	18	23	38	23	21	17	39
受访者 G	31	24	24	21	27	28	23	22
受访者 H	23	40	20	17	40	32	18	10
受访者 I	25	24	23	28	26	27	26	22
受访者 J	30	25	23	23	30	28	20	22
平均值	29	24	25	22	29	28	24	20

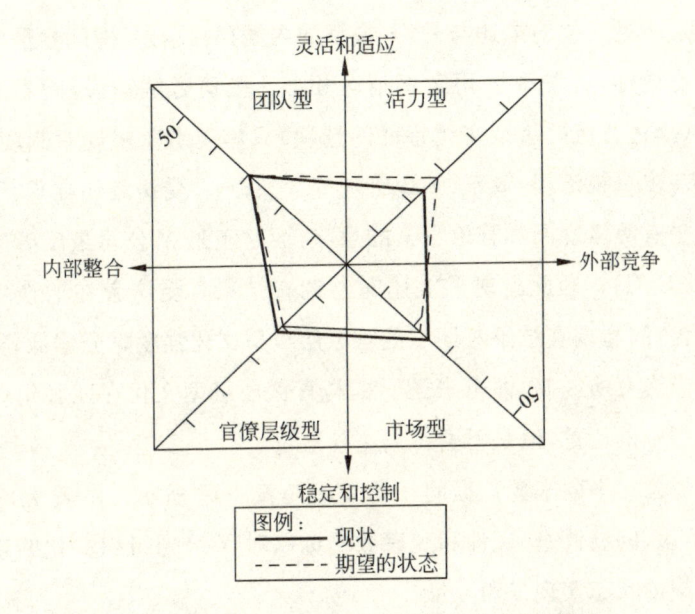

图 4-3 Y 公司组织文化现状与期望状态轮廓图

由问卷调查数据可见：

Y 公司目前以团队型文化为主(平均值为 29)；受访者期望未来团队型文化应当继续保持，在四种组织文化类型中仍然占据主导地位(平均值仍为 29)。

活力型文化目前略低于 25 分的平均水平(平均值为 24)，与受访者期望的状态(平均值为 28)存在一定差距，是受访者期望未来提高幅度最大的一种文化类型，并且要成为未来的主导性文化之一。

市场型文化目前基本达到要求(平均值为 25)；受访者期望未来市场型文化应当大致保持目前强度，或者略有减弱(平均值为 24)。

官僚层级型文化目前还比较弱(平均值为 22)；受访者期望未来的官僚层级型文化比重还要减少(平均值为 20)，这与其他来源数据不符。作者请一些受访者解释这一矛盾，结果发现 OCAI 问卷中对官僚层级型文化的描述与 CVF 模型的内涵存在偏差,即问卷信度可能没有达标,这与 T 公司案例情况相似。受访者解释说,问卷的 D 选项(描述官僚层级型文化特征的选项)只体现出重视规章制度,没有体现出重视流程、效率、知识管理等含义;一些受访者还觉得,D 选项似乎有等级森严和官僚主义的意味,而这正是 Y 公司最反感的文化(D、E、G)。因此出现了上述问卷调查结果。受访者在访谈中普遍认为,问卷调查结果对期望的官僚层级型文化强度赋分偏低,实际情况应当有所提高,即未来还要提高官僚层级型文化在四种组织文化类型中的比重,但是不会占据主导地位。

Y 公司不同来源数据的三角互证如表 4-12 所示。由表 4-12 可见,访谈、问卷调查、文件和观察数据可以对 Y 公司组织文化的现状和期望的状态实现三角互证。

表 4-12　Y 公司不同来源数据的三角互证

变量	访谈数据来源(受访者代码)	问卷数据来源(受访者代码)	文件数据来源[a]	观察数据[b]	数据的吻合度[c]
现状					
活力型	D, E, G, H, I	A, B, C, D, E, F, G, H, I, J			高度
团队型	A, B, C, D, E, F, G, H, I, J	A, B, C, D, E, F, G, H, I, J		1. 总经理接受访谈的地点 2. 总经理的办公地点 3. 受访者对总经理的称呼方式 4. 部门"下午茶"制度	高度

续表

变量	访谈数据来源(受访者代码)	问卷数据来源(受访者代码)	文件数据来源[a]	观察数据[b]	数据的吻合度[c]
层级型	A,B,C,D,E,F,G,H,I,J	A,B,C,D,E,F,G,H,I,J		1. 公司会议室的名称 2. 公司走廊处的图书陈列及张贴 3. 受访者到达访谈地点的时间及其离开时的习惯性动作	较高
市场型	A,B,C,D,E,F,G,H,J	A,B,C,D,E,F,G,H,I,J			高度
期望					
活力型	A,B,C,D,E,F,G,H,I,J	A,B,C,D,E,F,G,H,I,J	作者与F的通信		高度
团队型	A,B,C,D,E,F,G,H,I,J	A,B,C,D,E,F,G,H,I,J	作者与F的通信		高度
层级型	A,B,C,D,E,F,G,H,I,J	A,B,C,D,E,F,G,H,I,J	作者与F的通信		较高
市场型	C,E,G,H,I,J	A,B,C,D,E,F,G,H,I,J			高度

a. 文件数据引自案例研究数据库《作者与Y公司受访者F的部分email通信记录》。
b. 观察数据引自《Y公司实地调研观察笔记》。
c. 高度＝所有来源数据全部吻合；较高＝问卷数据与其他来源数据出现矛盾。

4.5.3 讨论

地区和行业对政商关系的影响

作者发现，Y公司所处的地区和行业对公司的政商关系性质有重要影响。

1. Y公司总部在深圳。深圳作为改革开放的前沿特区,相对内地而言,经济比较发达,市场化程度比较高,地方政府为企业提供的政策环境比较宽松(例如对高科技企业实行创业期税收减免等扶持政策),对企业行使"合法伤害权"(吴思,2000)的情况相对较少(E)。Y公司与地方政府没有建立深厚的人格化关系(A,B,C,D,E,G)。同时,公司为了避免被政府行使"合法伤害权",始终坚持足额缴税,通过改善内部运营、为市场创造价值而获得利润增长(D,E)。E谈到深圳与内地的差异时举例说:

"我觉得深圳的社会环境对我们这种西化的方式阻力不大,深圳相对比较市场化。我们在达到100人的规模之前,(政府部门)根本没有来找过我。现在我们很多内地的合作伙伴,它(一个合作伙伴公司)十个人都不到,才多少钱哪?税务局到他们公司来找茬,他应酬了一天税务局。深圳比较富有吧,税源比较多吧,你小的时候它根本不管你。我昨晚跟武汉的一个合作伙伴聊,他说税务局都盯着他,他觉得很烦;公司挣点钱也不容易,一共才二十多万的利润,缴税缴十几万,他觉得很心疼。我们现在一年缴税都上千万了,这块刚性的成本是无法改变的,没办法,想清楚了就缴吧。就想着怎么创收吧,涨价也好,扩大市场规模也好,就不在这方面(政府关系)下功夫了。"

2. Y公司专门为房地产发展商提供ERP软件和服务,该行业具有一定特殊性,国企客户影响力不大,Y公司无需花费精力进行国企客户关系维护,也能获得正常发展。

Y公司受访者认为,国企客户与民企客户确实存在一定差异。民企领导者信息化建设的动机主要是为提升效率,而国企领导者的信息化决策除了业务需要外,还出于官员追求政绩的动机,并且受到国企内部利益集团的牵绊(D,E)。因此,对民企客户只要把业务做好即可;对国企客户还必须搞清其内部的利益关系和派系地图。为国企客户提供 ERP 服务时,一要想方设法凸显官员政绩,二要讲究"站队",不能"站错队",否则会处处掣肘,验收回款都很困难(B,C,D,E)。但是,Y 公司对国企和央企的依赖性不强。在客户比例和项目金额上都以民企为主,国企并不占主导地位(A,B,C,D,E,J)。这是由于,房地产行业的特殊性使得国企无法成为 Y 公司的主要客户。

第一,Y 公司 ERP 产品的销售量取决于房地产商的数量而非单个厂商的市场份额。受访者 J 谈到,中国房地产开发商约有两万家,理论上,这两万家房地产公司全都是 Y 公司的潜在客户。因为,再小的民企房地产公司,也有上亿的资产规模,买得起百万级的 ERP 软件。虽然 2008 年以来房地产行业出现国进民退的迹象,但在两万家企业中,始终以民企居多;即使单个国企和央企的市场份额增大,占 Y 公司销售额的比例也不会因此增大(J)。正如 J 所说:"……公司能够发展到今天这个规模,行业是很根本的原因。"

第二,国企虽然可以凭借雄厚的资金实力获得比民企更多的土地储备,但是有土地并不等于好卖;在购房者更加关注的房屋质量、品牌等问题上,相对国企而言,民企开发商拥有更强大的专业知识和经验优势(B)。

第三,国企信息化项目主要是形象工程,合同金额不大,产品使用度不深,持续性不强。相对而言,民企对信息化产品的要求较高,使用较深入,持续性较强,是 Y 公司主要的利润增长点(D)。

由于 Y 公司客户主要是民企,而且直接销售对象就是民企领导人,不存在代理问题,也就不需要关系维护(J)。对此,J 解释说:
"我原来也在一个软件公司待过。两家软件公司有着截然不同的做法。我原来那个公司销售的对象是部门经理级,它的交际费用很大。但我可以坦白地说,我们(Y)公司没有什么交际费用。因为我们面对的对象都是总裁、董事长,公司就是他的,你不可能给他去做关系维护。所以你会发现我们的销售部很强调专业性传递,不强调关系维护。经常是客户说'我们请你们吃个饭',不需要我们说'张总,我们请你们吃个饭、洗个脚、唱个歌'什么的,没有的。这也使得我们目前招的这批人就不是以关系维护型为主的一群人。"

受访者一致认为,公司的核心竞争力在于其聚焦战略,公司自己将其提炼为"专注"与"专业"。公司自从1999年进入房地产ERP这一空白行业,长期专注,没有动摇,不断提升产品和服务的专业水准,因为专注,所以专业。而原来的竞争对手已经相继退出(B,C,D,E,G,J)。受访者还认为,市场潜力仍然很大,对公司前景很有信心(D,E,J)。

G还指出,其他行业也存在像Y公司这样不以政府和国企为主要客户的企业。他说:

"别的行业也有(我们这样的企业),比如酒店行业、矿山行业、超市、商业物流、建筑行业。其实各行业都有我们这样的企业。也就是说,不一定非要跟政府做生意。跟政府做生意的又是一个群体。我们属于跟政府互动比较少的。"

可见,Y公司的情况可能并非特例。

领导人的价值观对组织文化和政商关系的影响

总经理E的独特价值观深刻影响了Y公司的组织文化和政商关系。

E崇尚平等,并且以身作则,建立了具有西方平等色彩的团队型文化。公司包括E在内的所有管理人员都没有独立办公室;全体成员彼此之间直接称呼姓名(B,E,G,I,J)。平等尊重是Y公司的核心价值观,团队型文化被受访者视为 Y 公司的核心竞争力。与一般民企相比,Y 公司的团队型文化更加注重平等,比较接近西方的团队型文化内涵。

由于 E 的重视和推动,代表西方成熟企业特征的市场型文化和官僚层级型文化在 Y 公司已经初具规模。E 本人曾在哈佛商学院学习,乐于接受西方管理理念;E 派公司高层参加外部培训,引入有外资企业管理经验的"空降兵"担任管理工作;聘请咨询公司,引进西方的 ERP、CMMI、BSC、3P 等精细化管理工具;同时注意与实践结合,摸索出适合公司实际情况的实施方式;对引进的管理工具坚持严格执行(B,C,E,F,G,I,J)。经过最近三年的努力,公司的绩效考核工作初见成效,流程梳理和知识管理工作已经起步,有力推动了市场型文化和官僚层级型文化的建立。E 喜欢读书,经常写心得、更新博客,率先垂范,影响了管理层和员工,推动了公司的组织学习。在他的影响下,员工普遍乐于接受西方管理思想(F,H,J)。

E 厌恶中国传统的权谋思想和高度人格化的政商关系,在处理与国企客户和政府的关系时,坚持简单、透明、法治的原则(B,E,J)。E 认为,依靠与政府的人格化关系来保护企业是不长远的。他甚至没有参加政协之类的任何政府组织(E)。E 承认,公司创业初期,也曾给国企客户提供回扣、也找过地方政府部门帮忙推广系统,但是发现效果并不好,负面影响也很大,现在已经不再做这些事。因为关系营销是脆弱而不可靠的,而且会影响公司在业界的形象(C,D,E)。Y 公司业绩良好,重视商誉,着眼于长期、持续、健康发展,强调透明化管理,在面对国企客户的类似要求时态度强势,宁可失去一些客户,也不再让步,只专注于提高产品和服务的专业水平(B,C,D,E,G,I,J)。

在访谈中，E 的一席话生动传达了他的理念和价值观。他说：
"我是在管理上比较西化的。使用的工具比较西式。国内更权谋一些吧，西方更开放透明简单一些，比较符合我们的原则。我们整个管理理念、体系、思路基本都是借鉴西方的。国内的管理书我原则上不看，除非是案例。西方的管理方式要落实比较难，与中国的传统权谋文化有比较大的背离。中国文化讲关系嘛，西方不太讲究这个东西。所以我们从很小就把这个种子种下了。现在我要是去一个别人的公司，让我当一把手，那我就很难（落实西方管理理念）了。万科也曾经提出过'不叫总'嘛，就是不要叫'王总'啊、'陈总'啊什么的，搞了一段时间，做不下去嘛。我们就'不叫总'，现在都很习惯了，从小就种下这个基因了。我们几个搭档也是这个风格的，就能长期合作。我们也有跟我们不是一个风格的（同事），就跟他拜拜了。……什么叫关系？那又不是亲戚！关系的背后就是利益，是金钱。早期创业的时候我们也有给国企回扣。后来我们想明白了，就不给了。我给，我下水了，这就是对我的影响；现在坚决不给，也有影响，影响有利有弊；弊就是这个项目我们可能就丢了。我们也有这样的，最后客户都来找我了，说，××（另一家公司）给了我多少钱，你也得给我多少钱，你钱跟他差不多我就选你。那（回扣）比例很高了，我说我肯定不行，那没办法。我们就出局了。对我们有利的影响就是专业上我们要过关。凭什么人家拿钱就能赢你呢？我们竞争对手都是这么干的。……总之，逼着我们走正道，就要在专业上下工夫。所以这么多年我们的发展也不是很快，但是比较持续。因为我们一直坚持走正道，而且越来越坚持走正道。现在我们要过上市这一关，发现走正道走对了。我们的财务、纳税，干干净净，没有任何问题，税我全缴了，不需要补税。……我一年都不会请政府吃一次饭的，税务局我根本不见。我没有参加政协之类的组织,我对政治敬而远之,完全没兴趣。我就是不违法(就行了)。……我也不爱跟政府这些人混,这跟我们做事的基本原则有关系。"

Y公司的政商关系为中度人格化水平

作者推断,Y公司的政商关系可能属于中度人格化水平。

首先,由于意识形态和政治体制的差异,与西方社会相比,政府和国企在中国社会政治、经济、文化等各个领域具有远为强大的影响力。人格化的政商关系在中国社会无孔不入、无远弗届。这是不以民营企业领导人个人意志为转移的客观事实。在中国社会的法治化水平与西方社会存在差距的情况下,民营企业要发展壮大,很难摆脱一定程度的人格化的政商关系。虽然Y公司所有受访者一致认为,公司没有建立深厚的人格化政商关系,作者也认可了这一说法;但是并不能据此判断,Y公司的政商关系已经达到了与西方社会相同的高度非人格化水平。

第二,在访谈中,受访者E也曾透露Y公司与政府之间带有人格化意味的关系。E说:

"我觉得深圳还好,还是比较正常。过年过节也就是给税务局送点礼物吧,购物卡什么的,就行了,因为他们也要给我们退税嘛。……我们基本没有政府的朋友。(上次)区长来了,区长是我的同学,那没问题啊,我们都无所谓,穿得很随便,聊一聊,把几个局长叫来,说关照一下,我也不能太(不近人情),这都比较简单嘛。"

在E看来,在中国这样一个人情社会,这些都是比较正常的做法。在作者看来,这种政商关系当然不属于高度人格化水平,但可能仍与西方社会的高度非人格化水平存在差距。

第三,政商关系涉及道德敏感问题。因此作者始终注意这种可能性:即受访者可能倾向于夸大自身政商关系的非人格化水平,同时隐瞒有关自身政商关系人格化的证据。

4.5.4 总结

命题 Y1:政商关系中度人格化的民营企业在整合阶段以团队型文化为主导。

Y公司团队型文化较强,长期处于主导地位。员工对"平等尊重"这一核心价值观高度认同,并且一致认为这是公司的核心竞争力所在。

命题 Y2:在市场化程度较高的地区,政商关系中度人格化的民营企业有可能突破中型企业的规模限制,从而顺利进入正式化阶段。

与内地相比,在深圳等市场化程度较高的地区,地方政府比较开明,对民营企业的产权保护水平较高,行使"合法伤害权"的情况较少,为政商关系中度人格化的民营企业实现规模扩张创造了相对宽松的政策环境。

命题 Y3:在不以政府或国企为主要客户的行业,政商关系中度人格化的民营企业有可能突破中型企业的规模限制,从而顺利进入正式化阶段。

在某些行业中,政府和国企作为客户的影响力有限。因此,不以政府或国企为主要客户的民营企业,无需花费精力对政府和国企进行客户关系维护,也能获得正常发展。换言之,行业特征为政商关系中度人格化的民营企业实现规模扩张创造了经济条件。

命题 Y4:在从整合阶段向正式化阶段的过渡期,政商关系中度人格化的民营企业倾向于加强市场型和官僚层级型文化。

随着企业规模扩大,出于提升效率的考虑,接受西方管理理念的民企领导人,比较倾向于学习西方管理的科学成分,积极引进西方精细化管理工具,加强企业的绩效管理、流程梳理、制度建设和知识管理,加强市场型和官僚层级型文化。

命题 Y5:在正式化阶段,政商关系中度人格化的民营企业,在加强市场型和官僚层级型文化的基础上,以团队型和活力型文化为主导。

在正式化阶段,政商关系中度人格化的民营企业,以平等尊重的团队型文化为核心竞争力,以客户导向的活力型文化为生存之本。市场型和官僚层级型文化都是辅助手段,"以人为本"的团队型和活力型文化才是主导性组织文化。

此外,根据 Y 公司数据分析结果可见,OCAI 问卷信度存在缺陷,对官僚层级型文化的描述与 CVF 模型内涵有偏差。在官僚层级型文化上获得的访谈数据与问卷数据出现矛盾,在请受访者解释后发现,OCAI 问卷中对官僚层级型文化的描述与 CVF 模型的内涵存在偏差,即问卷信度可能没有达标。问卷对官僚层级型文化特征的描述只体现出重视规章制度,没有体现出重视流程、效率、知识管理等含义;而且有等级森严和官僚主义的意味,与封建层级型文化内涵相接近,容易产生误导。

4.6 案例研究总结

4.6.1 组织文化变革模型

事实上,本书对 T 公司、H 公司和 Y 公司的案例研究所提出的命题,实现了复制逻辑。如图 4-4 所示,实现差别复制的命题有:T1

与 H2,T2 与 Y4,H3 与 Y2,H3 与 Y3。实现原样复制的命题有:H2 与 Y1,H4 与 Y5,H5 与 Y5。复制逻辑的实现,提高了本案例研究所提出的命题的外部效度。

T公司案例	命题T1:政商关系高度人格化的民营企业在整合阶段以封建层级型文化为主导。	差别复制
	命题T2:政商关系高度人格化的民营企业停滞于封建层级型文化,很难向官僚层级型文化转变。	
H公司案例	命题H2:政商关系中度人格化的民营企业在整合阶段以团队型文化为主导。	
	命题H3:政商关系中度人格化的民营企业难以突破中型企业的规模限制,难以建立官僚层级型文化的主导地位。	
	命题H4:政商关系中度人格化的民营企业即使进入正式化阶段,团队型文化仍然是主导性组织文化之一。	
	命题H5:环境动荡会促使民营企业加强活力型文化,而非官僚层级型文化。	
Y公司案例	命题Y1:政商关系中度人格化的民营企业在整合阶段以团队型文化为主导。	原样复制
	命题Y2:在市场化程度较高的地区,政商关系中度人格化的民营企业有可能突破中型企业的规模限制,顺利进入正式化阶段。	
	命题Y3:在不以政府和国企为主要客户的行业,政商关系中度人格化的民营企业有可能突破中型企业的规模限制,顺利进入正式化阶段。	
	命题Y4:在从整合阶段向正式化阶段的过渡期,政商关系中度人格化的民营企业倾向于加强市场型和官僚层级型文化。	
	命题Y5:在正式化阶段,政商关系中度人格化的民营企业,在加强市场型和官僚层级型文化的基础上,以团队型和活力型文化为主导。	

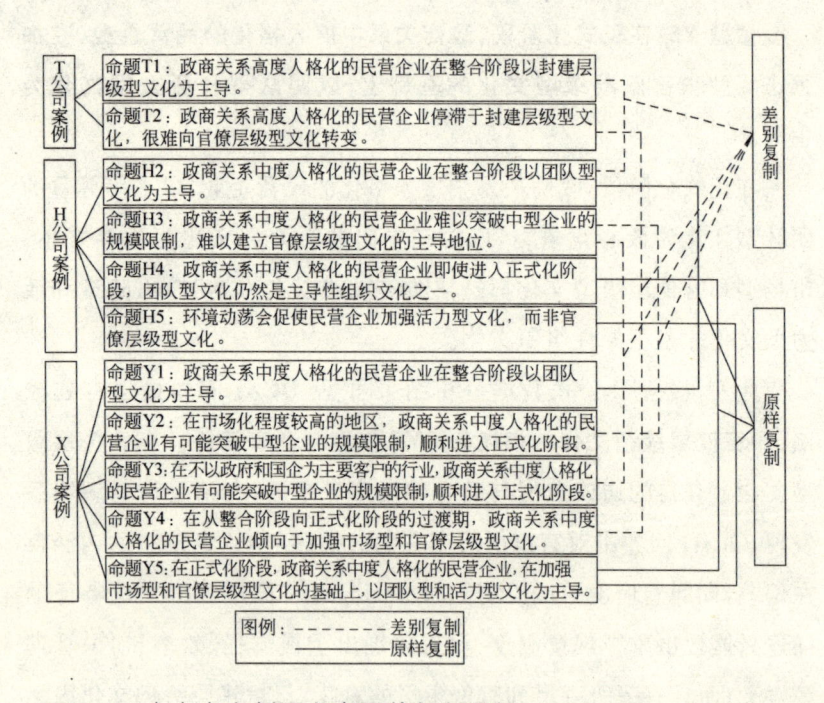

图例: - - - - - - 差别复制
　　　 ———— 原样复制

图 4-4　本书多案例研究命题的复制逻辑

此外,本书 3.4 节已经论证了**命题 S1:国有企业以封建层级型文化为主导性组织文化**。由于国有企业本身即政府在经济领域的延伸,它的政商关系显然处于高度人格化水平。本书认为,政商关系高度人格化的民营企业如果能够发展到正式化阶段,其组织文化应当与国有大中型企业相似,即停滞于封建层级型文化。

根据上述命题,可以建立"中国本土企业组织文化变革模型",如图 4-5:

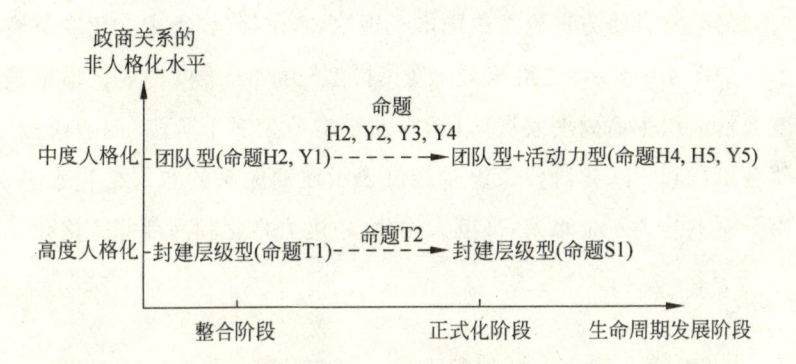

```
          政商关系的
          非人格化水平
                         命题
                       H2, Y3, Y4
  中度人格化 — 团队型(命题H2, Y1)- - - - - →团队型+活动力型(命题H4, H5, Y5)

                         命题T2
  高度人格化 — 封建层级型(命题T1)- - - - →封建层级型(命题S1)

              整合阶段         正式化阶段    生命周期发展阶段
```

图 4-5　中国本土企业组织文化变革模型

图 4-5 中的两个箭头均为虚线，意在表达民营企业突破规模限制、进入正式化阶段的变革过程面临一定的约束条件。这些约束条件即为命题 H3、Y2、Y3、Y4 所陈述的内容：

命题 H3：政商关系中度人格化的民营企业难以突破中型企业的规模限制，因而难以建立官僚层级型文化的主导地位。

命题 Y2：在市场化程度较高的地区，政商关系中度人格化的民营企业有可能突破中型企业的规模限制，从而顺利进入正式化阶段。

命题 Y3：在不以政府或国企为主要客户的行业，政商关系中度人格化的民营企业有可能突破中型企业的规模限制，从而顺利进入正式化阶段。

命题 Y4：在从整合阶段向正式化阶段的过渡期，政商关系中度人格化的民营企业倾向于加强市场型和官僚层级型文化。

本书通过对 H 公司历史上的组织文化变革研究，提出了**命题 H1：民营企业在创业阶段以活力型文化为主导性组织文化**。该命题既印证了"生命周期-效能标准模型"，也可能符合中西方企业发展的一般规律。

为了整合西方理论与中国本土理论,本书提出"组织文化变革模型",如图 4-6 所示。"组织文化变革模型"由两个维度构成。横轴维度表示组织生命周期发展阶段,由左至右分为三个阶段:创业阶段、整合阶段和正式化阶段。纵轴维度表示政商关系的非人格化水平,由下至上分为三个水平:高度人格化、中度人格化和高度非人格化。

```
政商关系的
非人格化水平

高度非人格化  活力型 ──→ 团队型 ──→ 官僚层级型+市场型(市场资本主义)

中度人格化   活力型 ──→ 团队型 --→ 团队型+活力型(类市场经济)

高度人格化   活力型 ──→ 封建层级型 --→ 封建层级型(网络资本主义)

             创业阶段   整合阶段    正式化阶段   生命周期发展阶段
```

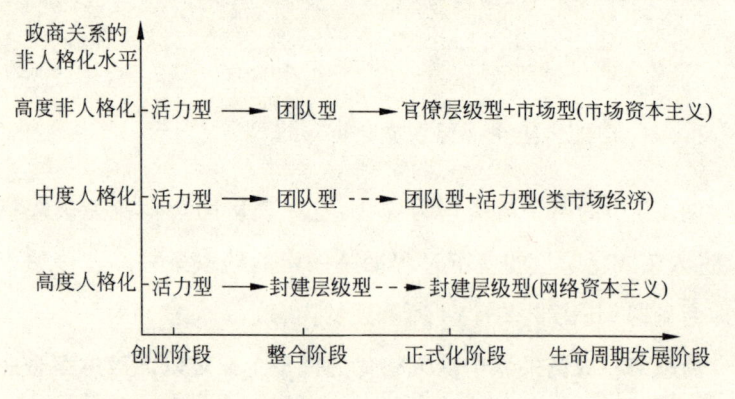

图 4-6 组织文化变革模型

在西方社会的市场资本主义情境下,政商关系一般处于高度非人格化水平。根据 Quinn 和 Cameron(1983)的"生命周期-效能标准"模型,处于创业阶段的组织以活力型文化为主,处于整合阶段的组织以团队型文化为主,处于正式化阶段的组织以官僚层级型和市场型文化为主。因此,西方企业在生命周期的各个阶段,主导性组织文化应该经历一个"活力型→团队型→官僚层级型+市场型"的变革过程。西方成熟阶段的大型企业通常以官僚层级型和市场型文化为主,官僚层级型文化重法治、市场型文化重竞争,与"市场资本主义"精神相吻合。

由 T 公司案例可见,通过政商关系获得垄断地位的中小型民营企业,政商关系处于高度人格化水平,其整合阶段的组织文化以封建层级型为主。封建层级型与官僚层级型的区别在于,官僚层级型的秩序依靠非人格化的正式制度维系,而封建层级型的秩序依靠领导者高度人格化的个人权威维系。换言之,官僚层级型是"法治",封建层级型是"人治"。政商关系人格化的民营企业停滞于封建层级型文化,很难向官僚层级型文化转变;即使企业做大,进入到正式化阶段,可能仍然以封建层级型文化为主,这与我国大型国有企业的情况相似。因此,政商关系高度人格化的民营企业在生命周期的各个阶段,主导性组织文化应该经历一个"活力型→封建层级型→封建层级型"的发展过程。封建层级型文化重视人格化的社会关系,在宏观层面对应宗族型的国家文化,指向"网络资本主义"(Child 和 Boisot,1996)的权力格局。网络资本主义扭曲了市场竞争机制,无视法治精神,损害了社会公平与效率,不应成为中国未来的现代化之路。

由 H 公司案例可见,政商关系中度人格化的中小型民营企业,其整合阶段的组织文化以团队型为主。由于国有企业在 H 公司所处的行业是具有垄断地位的客户,因此,缺乏高度人格化政商关系的 H 公司很难做大,无法突破规模限制,也就没有足够动力加强官僚层级型和市场型文化。同时,团队型文化是 H 公司的核心竞争力,即使未来进入正式化阶段,团队型文化仍将是 H 公司的主导性文化。而且,中国转型经济下的环境不确定性较高,会促使 H 公司加强活力型文化,而非加强官僚层级型文化。

由 Y 公司案例可见,在市场化程度较高的地区,在不以政府或国企为主要客户的行业,缺乏高度人格化政商关系的民营企业也可以顺利实现规模扩张;并且其领导人在西方价值观和管理理念的影响下,倾向于加强市场型和官僚层级型文化。但是,由于中国传统文化和中国转型经济情境的独特性,Y 公司不会以市场型和官僚层级型文化为主;在未来正式化阶段,Y公司将在加强市场型和官僚层级型文化的基础上,以团队型和活力型文化为主导。

因此,政商关系中度人格化的民营企业,主导性组织文化应该经历一个"活力型→团队型→团队型+活力型"的变革过程。团队型和活力型文化符合"以人为本"的中国文化精髓,指向中国"类市场经济"的现代化之路(详见本书6.3节)。

4.6.2 CVF模型和OCAI问卷在中国情境下的信度和效度缺陷

本书的案例研究使用了西方组织文化研究领域最为著名的CVF模型和OCAI问卷。由本书2.5.2节可见,在主流的组织文化研究模型中,该模型和问卷被认为是唯一在中国情境下得到广泛应用的、可靠性较强的研究工具。然而,根据数据搜集情况与分析结果,本书发现:CVF模型和OCAI问卷在中国情境下存在信度和效度缺陷。

CVF模型所描述的是与高绩效水平相联系的组织文化类型,因而无法描述与低绩效水平相联系的封建层级型文化。然而,由于中国社会长期的封建层级型文化传统,封建层级型文化在中国企业中相对比较普遍。因此,用CVF模型去描述以封建层级型文化为主的中国企业,结果可能显示为该企业在任何一种组织文化上的强度都不高。这说明,在中国情境下,CVF模型效度存在缺陷。这一效度缺陷导致OCAI问卷效度出现问题。OCAI问卷要求受访者给企业在四种组织文化上的表现赋分,要求得分之和为100分;这意味着受访企业至少在其中一种组织文化上强度较高,具备较高的绩效水平。因此,该问卷不适用于调查以封建层级型文化为主的企业。

另外,在对 T 公司和 Y 公司的案例研究中都出现了相似问题:在官僚层级型文化上获得的问卷数据与其他来源数据出现矛盾。在请受访者解释后发现,OCAI 问卷中对官僚层级型文化的描述与 CVF 模型的内涵存在偏差,即问卷信度可能没有达标。问卷对官僚层级型文化特征的描述只体现出重视规章制度,没有体现出重视流程、效率、知识管理等含义;而且有等级森严和官僚主义的意味,与封建层级型文化内涵相接近,很难让受访者注意到"人治"和"法治"的区别,难以区分封建层级型文化和官僚层级型文化的内涵,在中国企业封建层级型文化相对比较普遍的情况下,容易对受访者产生误导。

综上所述,本书认为,CVF 模型和 OCAI 问卷在中国情境下存在信度和效度缺陷,有待改进。

第五章

组织文化变革模型的验证性案例研究

为进一步提高组织文化变革模型的外部效度,加强本研究的代表性,研究者在完成上述探索性案例研究并建立组织文化变革模型之后,又进行了一项针对该模型的验证性案例研究。基于差别复制的原则,本项研究选取了珠三角地区一家大型民营制造业企业,即 D 公司。本章首先介绍 D 公司概况,提出研究假设,然后进行数据展示与分析,最后对研究结果进行总结。

5.1 公司概况及研究假设

D 公司是一家大型民营制造业企业。1996 年创立于珠海,2004 年在深圳证券交易所上市。原主要产品为小家电,为外国品牌商代工生产(即 Original Equipment Manufacturer,简称 OEM)。2009 年,通过并购进入 LED 行业,目标是由中国制造转型为中国创造。

2008—2011年,年均销售收入超过20亿元人民币。拥有全资及控股企业20余家,员工15,000余人。拥有珠海、芜湖等七大研发与制造基地。作者于2011年5月对D公司进行了多次实地调研。数据来源包括访谈[①]、问卷调查、直接观察[②]和档案[③]。受访者包括总经理、部门经理和普通员工,共八人。

基于组织文化变革模型,本项研究提出下列假设以待验证。

假设1:D公司在创业阶段以活力型文化为主导。

假设2a:在整合阶段,若D公司的政商关系为中度人格化水平,其组织文化以团队型为主。

假设2b:在整合阶段,若D公司的政商关系为高度人格化水平,其组织文化以封建层级型为主。

假设3a:在正式化阶段,若D公司的政商关系为中度人格化水平,其组织文化是在加强官僚层级型和市场型文化的基础上,以团队型和活力型为主。

假设3b:在正式化阶段,若D公司的政商关系为高度人格化水平,其组织文化以封建层级型为主。

5.2 数据展示与分析

5.2.1 生命周期阶段与政商关系的非人格化水平

通过数据分析,作者发现,D公司虽然规模已达到大型企业水

---

① 引自本书附录6-1《D公司访谈记录》。
② 引自本书附录6-2《D公司实地调研观察笔记》。
③ 引自本书附录6-3《D公司员工结构数据》。

平,但是在受访时仍然处于整合阶段,尚未进入正式化阶段。按照 Quinn 和 Cameron(1983)的"生命周期-效能标准模型",正式化阶段的组织共性特征是注重稳定性,强调生产效率、规章和流程,以及具有保守倾向。D 公司内部尚未凸显这些特征。D 公司之所以能够迅速实现规模扩张,主要原因可能有二:一是制造业属于劳动密集型产业,需要大规模的生产条件,因此制造业企业在员工人数上通常都远远超过高科技企业。二是由于 D 公司在创业阶段的客户是外国品牌商,外国品牌商已经培育了成熟而发达的销售渠道与市场,这一市场足以支撑 D 公司实现迅速扩张。D 公司用了短短八年即成功上市,但是其内部管理机制却没有达到正式化阶段的成熟而稳定的水平,具体情况见 5.2.2 节的分析。因此,作者判断,D 公司在 1996 年至 2004 年上市前处于创业阶段,2004 年至 2011 年受访时处于整合阶段,对正式化阶段的研究则基于受访者对未来期望状态提供的数据。

与前文所研究的三家高科技企业不同的是,D 公司在生命周期的不同阶段,政商关系水平发生了一定的变化。在创业阶段处于中度人格化水平,整合阶段处于高度人格化水平,预期未来正式化阶段可能处于中度人格化水平。

在创业阶段,D 公司的客户是外国品牌商而非国内市场,因此与国内地方政府关系并不密切。进入整合阶段后,国外市场因金融危机而大幅萎缩,公司进行了战略调整,通过并购进入 LED 行业,目标是由外销型的 OEM 企业转型为内销型的自主研发生产企业,由中国制造转型为中国创造。为了维持企业现有规模,迅速打开和占领国内市场,D 公司把营销重点放在 LED 路灯的市政建设需求上。由于公司在创业阶段缺乏密切的政商关系,公司一度不得不采取"大面积播种"、"全面开花"的方式,派出业务经理,到全国各省市联系当地政府,结果因缺少"关系人"或"代理商"而收效甚微。2010年,公司将营销战略由"全面开花"调整为"聚焦":利用董事长的"同乡"、"同学"等私人关系,聚焦于国内某几个省市的地方政府(见表5-1),将当地建设成为D公司的"投资地",从而换取当地政府的优惠政策、巨额的政府采购和政府补贴。目前,D公司凭借这种高度人格化的政商关系,已经在国内LED市政照明市场占据了垄断地位。然而,D公司高层受访者均已达成共识:这种依靠政商关系而生存的商业模式只是权宜之计,是不可持续的。未来的战略重点必须转向国内的通用照明市场,以商用和家用照明市场作为企业的立足点,服务于千家万户;只有这样,D公司才能实现真正长远和蓬勃的发展。用公司高管H的话来描述未来D公司的政商关系,就是:"既要跟政府搞好关系,又不能把关系搞得太近,要找一个合适的度。"可见,在未来正式化阶段,D公司的政商关系将由当前的高度人格化水平逐渐转变为中度人格化水平。

D公司生命周期各个阶段政商关系的非人格化水平编码引用语举例见表5-1,为体现三角互证,每条编码均列举三条来自不同受访者的引语。

表 5-1 D公司政商关系的非人格化水平访谈引用语举例

生命周期阶段	政商关系的非人格化水平	访谈引用语举例
创业阶段	中度人格化	1. 公司客户是外国品牌商而不是国内市场,与国内地方政府关系并不密切。(D) 2. 单纯从外国品牌商这个角度来讲,就是既要有人介绍,同时你得会做事。但一开始,不用过多的做(关系)这种东西,也没有这样的人才。(H)

续表

生命周期阶段	政商关系的非人格化水平	访谈引用语举例
创业阶段	中度人格化	3. 他们去年运作了一年的,大面积的播种,全面开花。招了很多业务经理,分到每一个省,设了办事处,和当地政府接洽,凭个人的力量去找市长、找书记;但是由于没有关系人或代理商,业务经理去见书记人家也不一定愿意见,很难把合同拿下来。(G)
整合阶段	高度人格化	1. 每个地方的政府招商引资的侧重不一样。比如讲安徽的蚌埠,蚌埠属于我们董事长的老家,当地市政领导就觉得我们这出了个企业家就应该回来投资,主动来找。第二种就是安徽芜湖,芜湖市政府在产业定位上就是把芜湖打造成全国最有名的光电产业基地,那么企业就可以和政府谈,比如说用地、贷款、税收、利息等就可以和政府谈……还有大连也是我们的投资地,董事长是在那儿毕业的,在当地政府部门里有很多大学同学。(G) 2. 我们在跟政府部门打交道的过程当中,真的是有时候很难言表的东西。做这种政府市场,环节很多,要考虑的问题也很多,要打理的关系也非常多。就不是说光我们某个人可以做决定的。甚至我们公司董事长啊,或者说其他一些关系的介入,才能做这些事情。(D) 3. 实际上,不这么做可能很难生存。……我们现在主要是依靠跟政府的关系,依靠政府给我们投资,向我们承诺买我们的路灯,给我们钱,……当企业做大了之后,不想搞政府的关系那不可能,政府现在要拉动经济,哪个企业大了,他要拉你,拉你,你得跟他配合。(H)

续表

生命周期阶段	政商关系的非人格化水平	访谈引用语举例
正式化阶段	中度人格化	1. 这些政府领导人在任期内可能是按照合同履约,但一换人了就找不到人了。本身我们中国的人治就相对比较浓厚,并不是一个合约社会。所以说路灯用这种业务模式运作,我个人觉得最多两年的时间。……我们经营层面和董事会总裁已经有这种共识。未来的话我们的重点要转向国内的通用照明市场,就是做经销商、做渠道的方式。我们的高层很明确这个路。(G) 2. 我们只要把老百姓的市场和专业客户做好,就完全能够把我们的企业做得很大。这个市场规模从2010年的规模来看就达到了3,000亿的规模。(B) 3. 你说政府关系,不可能跟所有的政府有关系,也不可能到所有的城市去投资,这块只是暂时的。最终是商务客户,然后千家万户都需要这种东西,那里的市场是庞大的。尽管竞争比较激烈,但是,蛋糕总是要有人来分。最终的趋势,总体上,绝大部分是要以老百姓家用为主。也就是说,既要跟政府搞好关系,又不能把关系搞得太近,要找一个合适的度。(H)

5.2.2 组织文化历史、现状与期望状态

D公司在创业阶段以活力型文化为主。公司高管H谈到董事长创业时的激情和投入:"前面刚创业的时候,我们一块出去跑市场……他整天就在考虑'产品'、'客户'……我们老板讲过八个字,'创新、速度、质量、成本'。创新,是产品的创新、功能的创新、外形的创新,包括服务的创新。速度就是要关注外部竞争,速度要跟得上,客人需要什么东西,我们以什么理念出来,然后马上做得出来。……

公司刚开始创业的时候,应该说从管理的角度上,也是很不规范的,正因为这种不规范,或许活力型更适合。"用公司高管 D 的话说,公司"从建立的时候绝对是活力四射的"。

D 公司目前处于整合阶段,以封建层级型文化为主导。由于国外市场在金融危机中迅速萎缩,迫使企业进行大规模的战略转型。转型过程中出现了各种矛盾与冲突,企业内部管理比较混乱,凝聚力下降,没有形成统一的思想,没有建立起高绩效的组织文化,主要依靠领导人的个人权威维持组织秩序。同时,企业主要依靠领导人凭借高度人格化的政商关系而获得的国内市场生存,企业内部逐渐形成了集权、人治的封建层级型文化。例如,H 提到:"到了上市公司之后,公司迅速扩张,有了资本之后,有了新的融资。老板对现有的管理做调整,管理人员调整之后招聘总裁,这个时候又出现一些混乱,有点像'文化大革命'似的。这段时间大概是从 2006 年到 2008 年。到了 2008 年以后就开始回归,但是也没有回归到位,这段时间管理团队基本上不存在。……我就比较讲规矩,就比较不靠人治,而靠法治。用公司内部的法来完成有关的管理。但是,我们的老板就靠人治。"D 也谈到:"作为原经营团队,想采用稳定和控制,因为我们原来有继承的这个经验,而新来的这些人,他们想要灵活性和适应性,这是双方处在博弈的时候,跨越这个鸿沟的阶段,所以也会出现冲突和矛盾,所谓冲突就是灵活与稳定之间的冲突,适应与控制之间的冲突。……我们已经正视自己的文化,知道我们现在是处于矛盾,挑战、阵痛的时期。"

D 公司高层管理者所期望的组织文化状态,是在加强层级型和市场型文化的基础上,培育活力型文化的主导地位。D 公司高层管理者都认为,目前依靠政府运营的模式只是一种过渡期,未来必须向国内终端消费市场转型,为广大消费者服务,从而实现企业长远发展。在这一变革过程中,必须大力加强层级型和市场型文化,但是,最终公司应保持活力型为主导的文化,才能具有强大的市场竞争力。例如,受访者 D 谈到:"它是某种改革、某种前进。如果成功的话,应该是以活力型为主。因为你进入一个新的市场,这时候又开始不断地创新。对于产品研发的方向,对于新的行业,谁都不知道市场会怎么发展,那这个时候,满足客户需求、创新的东西特别多,就是个人英雄主义抬头了。因为他这个时候,比如说,缺了个吸顶灯,我突然研发了,而这个市场哗地打开了,这时候你就成了企业英雄了。"

D 公司所期望的组织文化变革方向与 H 公司和 Y 公司是一致的。由此可见,由于中国正处于社会转型时期,政策法规等制度环境变化比较迅速,企业经常面临外部环境动荡,始终需要保持弹性的组织文化,很难建立和保持官僚层级型文化的主导性地位。因此,与在西方稳定的制度环境下成长的企业相比,中国的社会情境使得中国民营企业的组织文化变革路径具有一定的特殊性:中国民营企业即使进入正式化阶段,也并非以官僚层级型或市场型文化为主导,灵活弹性的活力型和团队型文化对中国企业更为重要。

访谈数据编码引用语举例如表 5-2 所示,为体现三角互证,且受篇幅所限,每条编码均列举两条来自不同受访者的引语。

问卷调查对象包括上述八名受访者中的六名。问卷调查结果如表 5-3 所示。根据表 5-3 绘制的 D 公司组织文化现状与期望状态轮廓图如图 5-1 所示。

表 5-2　D 公司组织文化历史、现状与期望状态访谈引用语举例

组织文化状态编码	访谈数据引用举例[a]
历史 　1996—2003 年以活力型为主	1. 我们老板讲过八个字:"创新、速度、质量、成本。"创新,是产品的创新、功能的创新、外形的创新,包括服务的创新。速度就是要关注外部竞争,速度要跟得上,客人需要什么东西,我们以什么理念出来,然后马上做得出来。……公司刚开始创业的时候,应该说从管理的角度上,也是很不规范的,正因为这种不规范,或许活力型更适合。(H) 2. 从建立的时候直到二零零几年,绝对是活力四射的,它的产品推出的时候是能满足市场的……这时候真的是活力四射。(D)
现状 　**活力型** 　　市场开拓不足	1. 我们外销基本上是 B2B,……我们不对市场或者是客户的需求去分析,国外的品牌商他们有自己一套渠道和模式,我们只需要满足他的需要去给他定制产品。(A) 2. 未来必须开发新的 LED 市场,目前还只是以国企和政府为主。(D)
团队型 　　处于冲突磨合阶段,缺少团队气氛	1. 现在谈不上团队型,我们现在是大量吸引人才,适应外部需求不断的灵活调整,其实我们在用人的过程中也是在对市场的一个了解和尝试。可能我们在用这个人的过程中发现这些人可能也不匹配,那么马上就撤换。所以是挺商业的,也挺残酷的。(A) 2. 这几年我觉得……这种整合和调整比较频繁,是一个相对磨合的阶段,沟通上面肯定会出现多多少少的问题。(C)

续表

组织文化状态编码	访谈数据引用举例[a]
层级型 需求变化大,层级型不明显	1. 层级型应该说是有一点点积淀,但是绝对谈不上典型。因为市场需求变化太大,我们小家电每一种产品生产的标准都是根据客户要求来定的,经常有需求的变化,我们的灵活性更重一些,所以层级型不明显。(C) 2. 不像我们国内市场,如果我们有话语权,我们自己去定下标准,OK,所有的都按这个办,但是就是因为我们是 OEM、ODM 企业,所以我们这些标准取决于客户标准的不同。假设是某一个德国客户的订单,那么马上我这个生产配备的标准流程完全要根据这个新的产品来做,又完全不一样。应该说所有的 ODM、OEM 的企业都是这样。(A)
市场型 绩效考核制度比较笼统,不够细致	1. 目前我们只能针对高层管理人员,实际上也就是老板的这样一个基本的设想,就是给你年薪、股份,再有一个就是考核激励这样几大原则。有一个笼统的、宏观的考核办法,但细到下面的整个的团队的一个考核办法,现在还没有建立起来。(A) 2. 2003年、2004年我们就开始推行这项考核制度,但没有推行下去,是个比较棘手的问题,往往是把双刃剑,做得好,就好;做得不好,伤人。我们也请过顾问,做过这些东西,最终来说效果也不是很明显。(H)

续表

组织文化状态编码	访谈数据引用举例[a]
期望	
活力型 要开拓市场、鼓励创新，以活力型为主导	1. 它是某种改革、某种前进。如果成功的话，应该是以活力型为主。因为你进入一个新的市场，这时候又开始不断地创新。对于产品研发的方向，对于新的行业，谁都不知道市场会怎么发展，那这个时候，满足客户需求、创新的东西特别多，就是个人英雄主义抬头了。因为他这个时候，比如说，缺了个吸顶灯，我突然研发了，而这个市场哗地打开了，这时候你就成了企业英雄了。(D) 2. 从市场、研发的角度讲，还是要以活力型为主。我一直主张对研发人、对市场，不要有太多的清规戒律。(H)
团队型 中高层要保持团队合作	1. 从管理角度上来讲，尤其是中高层上，还是要主张发展团队型，才能消除那些原本不好的因素。比如咱俩关系好了，咱俩干事，你多拿点，我少拿点，大体差不多，也就不计较，就算计较，也不会那么深。(H) 2. 在不同的范围内，可以适当的强调些灵活性，强调一些团队精神。(D)
层级型 加强制度和流程建设	1. 对公司大部分的基层工人来讲，还是要以层级型为主，严格执行。法制很重要。(H) 2. 现在来讲，还是应该加强层级型，因为过去的混乱局面，还是要在这个地方把基础打好。(D)
市场型 继续完善	1. 工厂赚取利润，虽然压力很大，但由于是环境导致，没办法选择。(B) 2. 下一步想做绩效。人力资源部已经提交了绩效考核方案。(H)

a. 括号内大写字母为受访者代码。

表 5-3　D 公司组织文化现状与期望状态问卷调查结果

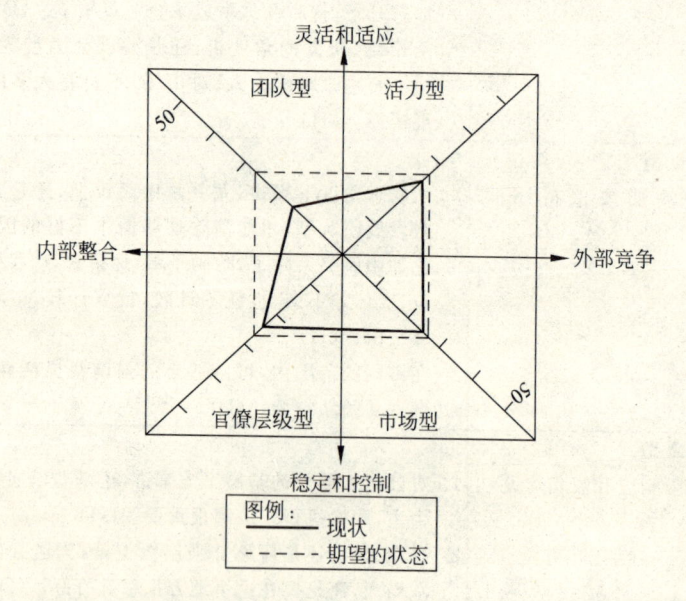

	企业文化现状				期望的状态			
	团队型	活力型	市场型	层级型	团队型	活力型	市场型	层级型
受访者 A	9	35	35	13	28	27	25	20
受访者 C	18	28	23	31	20	28	25	27
受访者 E	23	31	23	23	25	22	26	28
受访者 F	15	10	14	21	23	22	24	32
受访者 G	18	19	15	25	23	28	28	22
受访者 H	15	23	30	32	25	22	27	27
平均值	16	24	23	24	24	25	26	26

图 5-1　D 公司组织文化现状与期望状态轮廓图

从表 5-3 和表 5-1 可见：D 公司目前以封建层级型文化为主。对 D 公司的问卷调查出现了与 T 公司非常相似的情况：虽然作者强调四个选项赋分之和必须等于 100 分，但在六份回收问卷中，仍然有三份问卷对组织文化现状每道题四个选项的赋分之和都小于100分。出现这种不符合问卷要求的数据结果,是由于D公司在CVF的四种组织文化类型上全都表现不佳,或者说没有建立高绩效水平的组织文化。而且,与T公司相似,D公司团队型文化最弱(平均值只有16),与高绩效的要求有很大差距。封建层级型与团队型文化的共同点是缺乏完善的规章制度,两者都是"人治"而非"法治"。两者的区别在于,封建层级型文化等级森严,集权度高,主要靠领导人的威权维持秩序,员工满意度通常较低;团队型文化相对比较平等和分权,主要靠领导人的魅力和员工的组织承诺维持秩序,员工满意度通常较高。因此,D公司团队型文化的薄弱意味着封建层级型文化的强大。

从问卷调查结果来看,受访者普遍期望加强市场型和层级型文化,似乎未来应以市场型和层级型为主。但是,作者认为,问卷调查结果可能只体现了受访者基于目前状况,对未来中短期变革的迫切期望。之所以市场型和层级型文化的均值(26)较高,可能是由于目前这两种文化过于薄弱而亟待加强。如果结合访谈数据分析,受访者期望的未来长期的变革方向,则应是在加强市场型和层级型文化的基础上,培养活力型文化,以活力型文化为主导。实际上,由表5-3可见,在期望状态中,活力型文化的均值(25)只略低于市场型和层级型文化(26),而且有半数受访者(A,C,G)填答的问卷数据都反映了以活力型为主导性组织文化的期望。

D公司不同来源数据的三角互证如表5-4所示。由表5-4可见,访谈、问卷调查和观察数据基本一致,可以对D公司组织文化的现状和期望状态实现较高水平的三角互证。

表 5-4 D 公司不同来源数据的三角互证

变量	访谈数据来源（受访者代码）	问卷数据来源（受访者代码）	观察数据来源[a]	不同来源数据吻合度
历史变革	A, C, H	A, B, C, D, E, F, G, H		高度
现状				
活力型	A, C, D, E	A, B, C, D, E, F, G, H		高度
团队型	B, D, E	A, B, C, D, E, F, G, H		高度
市场型	A, B, C, D, E, F, G, H	A, B, C, D, E, F, G, H	走廊内见到的员工状态	高度
层级型	F, G, H	A, B, C, D, E, F, G, H	办公楼内部格局；联系人安排受访者的方式；问卷回收的情况	高度
期望				
活力型	A, C, D, H	A, B, C, D, E, F, G, H		较高
团队型	D, H	A, B, C, D, E, F, G, H		较高
市场型	B, E, F, G, H	A, B, C, D, E, F, G, H		较高
层级型	C, E, F, G, H	A, B, C, D, E, F, G, H		较高

a. 观察数据引自本书案例研究数据库《D 公司实地调研观察笔记》
b. 高度 = 所有来源数据全部吻合；较高 = 问卷数据与其他来源数据出现矛盾。

5.3 总结

本案例研究提出下列假设：

假设 1：D 公司在创业阶段以活力型文化为主导。

假设 2a：在整合阶段，若 D 公司的政商关系为中度人格化水平，其组织文化以团队型为主。

假设2b：在整合阶段，若D公司的政商关系为高度人格化水平，其组织文化以封建层级型为主。

假设3a：在正式化阶段，若D公司的政商关系为中度人格化水平，其组织文化是在加强官僚层级型和市场型文化的基础上，以团队型和活力型为主。

假设3b：在正式化阶段，若D公司的政商关系为高度人格化水平，其组织文化以封建层级型为主。

根据本案例的数据分析可见，D公司在创业阶段，政商关系处于中度人格化水平，主导性组织文化为活力型。在整合阶段，政商关系转变为高度人格化水平，其组织文化以封建层级型为主。预期在未来正式化阶段，政商关系将转变为中度人格化水平，其组织文化将在加强官僚层级型和市场型文化的基础上，以团队型和活力型为主。因此，本研究提出的假设1、假设2b和假设3a均得到了数据支持。综上所述，对"组织文化变革模型"的验证型案例研究取得了成功，进一步提高了该模型的外部效度，加强了研究结论的代表性。

此外，由D公司案例研究可见，民营企业政商关系的非人格化水平在不同时期可能会发生转变，随之形成的主导性组织文化也会发生变化。这种变化反映在"组织文化变革模型"之中，所呈现的组织文化变革路径可能是曲线型的。因此，对D公司的案例研究深化了"组织文化变革模型"的内涵。同时，D公司的案例研究还说明，政商关系处于高度人格化水平的民营企业，也期望未来能够提升政商关系的非人格化水平。这既反映了企业对内部管理实现制度化、法治化的需求，也反映了对中国社会大环境实现制度化、法治化的渴望。这一研究结果意味着，中国社会的制度化进程应是大势所趋、众望所归。

第六章

讨论：组织文化变革模型的宏观启示

组织文化变革模型虽属中观层次，但亦折射出宏观层面的某些含义或启示。作者试图结合本案例研究中的发现，对该模型的宏观启示略加探讨，从而为后续研究提供思路：一是中国未来现代化路径，二是该路径存在的阻力。本章首先简要介绍相关理论背景，即趋同与趋异之争；然后结合T公司与H公司的案例比较分析，指出网络资本主义的负面作用；最后尝试提出"类市场经济"的中国未来现代化路径，以及制度化的困难与希望。

6.1 趋同论与趋异论

在组织研究领域，有关一国现代化路径的探讨，具有深刻的理论背景，即自20世纪七八十年代起产生的趋同论与趋异论之辩。趋同假设（Convergence Hypothesis）认为，随着世界各国工业化进程的加深,它们将面对相同或相似的技术、经济和组织问题,也将以相同或相似的方式解决这些问题。组织之间的差异将日趋由任务或任务环境的差异所决定,而认知风格或文化体系的差异对组织的影响将日趋减弱(Boisot,1986:136)。趋同假设的隐含意义是,存在一种放诸四海而皆准的客观理性,将逐渐扫清一切阻碍经济发展的传统或禁忌,世界将趋向一元化(Boisot,1986:137)。

趋同假设自诞生以来一直受到"趋异假设"(Divergence Hypothesis)的挑战。趋异论者强调文化在工业化进程中的决定作用,认为世界将因循文化传统的路径依赖而趋向和保持多元化的态势。日本的工业化经验成为趋异论者的证据(Dore,1973;Cole,1971)。趋异论者认为,正是由于日本独特的传统文化和价值观,使之形成了一种与欧美模式迥然不同的高度工业化的日本模式。

"比较资本主义"(Comparative Capitalism)是对于趋同与趋异问题争论最为热烈的一个研究领域。比较资本主义主要从公司治理结构、中央和地方各级政府对市场的影响力、劳资关系、人力资源管理政策等各个角度,研究不同国家经济体系(National Business System)的特征,并且总结出不同的经济模式。例如,以美国为代表的"自由市场经济"(Liberal Market Economies,LMEs)、以德国为代表的"协作市场经济"(Coordinated Market Economies,CMEs)等(Hall 和 Soskice,2001)。

比较资本主义研究起源于学者们对于不同国家经济体系独特性的观察。学者们认为,现有的国家经济体系和组织特征的差异,反映了不同国家组织发展的历史、劳动力的流动方式和政府的社会角色。因此,比较资本主义研究本身就承认路径依赖和差异性。学者们还认为,一国现存的社会体系蕴涵着国家比较优势(National

Comparative Advantage, Hall 和 Soskice, 2001)。顺着这一思路可以推论,在日趋激烈的国际竞争中,不同国家的比较优势不会随着工业化进程而被抛弃,而是会更加巩固。

但是,仍然有许多比较资本主义研究者主张趋同假设。理论上说,一国现存的社会体系不但蕴含国家比较优势,也可能包含国家比较劣势。一些阻碍经济发展的传统或禁忌,可能会随着国际经济一体化的进程而被逐渐瓦解,从而呈现趋同的态势。这一观点不难在现实世界中找到一些证据,但目前学术领域对此问题尚缺乏系统的实证研究。

现有的实证研究提出了"杂交"(Hybridization)的概念。例如,Scarbrough 和 Terry(1998)对于英国企业接受日本式管理实践的研究,用"杂交"来描述日本式管理在英国被实施的方式和结果。Doeringer 等人(2003:266—267)认为:"……国与国之间有系统性的差异,这意味着新的实践与传统实践相融合,创造出一国独特的'杂交'管理体制。"按照这个观点,国与国之间劳资关系体系的差异可能会阻碍某些管理实践的转移,或者迫使管理者对这些实践进行修正,使其与东道国劳资关系体系相协调。值得注意的是,这种"修正"并不是对被转移实践的简单修补,而是一个创新的过程。正如Scarbrough 和 Terry(1998)所说,精益生产的引入会促使企业车间内发生一系列变革。这种观点确认了转移过程中创新的一面:被转移的新实践在不同的社会和组织环境下被有选择地再次创新(re-invented)。因此,他们认为,"在被日本跨国公司兼并了的英国企业中发生的变革模式,不应视作一种被稀释了的日本化或是一组小规模的修补,而应视作一个创造性的适应过程"(Scarbrough 和 Terry,1998:235)。

本书认为,"杂交"理论本质上仍属于趋异论的立场,因为"杂交"所形成的体制可能与原有的任何一种体制都不相同,是一种创新和异化。本书建立的"组织文化变革模型",启示作者提出了"类市场经济"这一中国未来现代化路径,即为一种"杂交"理论。因此,"组织文化变革模型"在组织研究领域的趋同论与趋异论之辩中,支持趋异论的立场。

6.2 网络资本主义

Boisot 和 Child(1996)提出了"中西方现代化路径模型",描述中国与西方各自的现代化路径,认为中国正在踏上一条不同于西方市场资本主义的现代化之路,即网络资本主义。这是一个典型的趋异假设。本书通过案例研究建立的"组织文化变革模型",首先在中观层面深化了"中西方现代化路径模型",描述了企业在市场资本主义和网络资本主义两种社会情境下的组织文化变革路径。同时意味着,网络资本主义的负面作用已经超过其原有的正面作用,不再是引领中国改革方向的现代化之路。

在 Boisot 和 Child(1996) 的"中西方现代化路径模型"中,欧洲的现代化路径是:从封建层级型(15世纪及以前)经历非人格化(制度化)的社会转型,转化为官僚层级型(16、17世纪),然后(18世纪以后)经历分权走向市场资本主义。中国的现代化路径则是:从封建层级型(1978年以前)转化为宗族型(1990年以后),形成网络资本主义。这是因为,中国长期处于封建层级社会,没有实现非人格化的转型,也就没有走向西方的市场资本主义;中国1978年以来的改革,通过中央政府向地方政府分权的过程,建立起地方社会各个交易主体之间人格化的宗族型交易秩序,即网络资本主义(Boisot 和 Child, 1996:622)。Boisot 和 Child(1996:604)进而提出,由于"封地铁率"的作用,这一进程自我强化、很难打破。

本书认为,Quinn 和 Cameron(1983)的"生命周期-效能标准"模型,描述了企业在西方市场资本主义情境下的组织文化变革过程。在高度非人格化的政商关系下,西方企业在生命周期的各个阶段,主导性组织文化经历"活力型→团队型→官僚层级型+市场型"的变革过程。西方成熟阶段的大型企业通常以官僚层级型和市场型文化为主,官僚层级型文化重法治、市场型文化重竞争,与市场资本主义精神相吻合。

本书通过对 T 公司的案例研究发现,政商关系处于高度人格化水平的中小型民营企业,通过政商关系获得垄断地位,其整合阶段的组织文化以封建层级型为主,企业内部管理混乱、规章制度形同虚设;等级森严、对员工缺乏关怀;人心涣散、士气低落;上至老总、下至员工,均无心工作。如此效率低下的企业,却并未退出市场,而能够长期生存,因为高度人格化的政商关系就是企业的"核心竞争力"。因此,企业无需关注人力资源的发展、无需关注管理水平的提升,也能立于不败之地。当企业依靠这种垄断地位而做大,进入到正式化阶段时,将依然停滞于封建层级型文化,难以向官僚层级型文化转变,与我国大型国有企业的情况相似。

因此,政商关系高度人格化的民营企业在生命周期的各个阶段,主导性组织文化应该经历一个"活力型→封建层级型→封建层级型"的发展过程。封建层级型文化重视人格化的社会关系,在宏观层面上与宗族型交易秩序相对应,指向网络资本主义。

因此,本书通过案例研究建立的"组织文化变革模型",在中观层面深化了 Boisot 和 Child(1996)的"中西方现代化路径模型",指出了企业在市场资本主义和网络资本主义两种社会情境下的组织文化变革路径。

本书对 H 公司进行的案例研究发现,政商关系中度人格化的中小型民营企业,其整合阶段的组织文化以团队型为主;领导人重视人力资源发展,企业凝聚力强、员工士气高昂。然而,由于国有企业在 H 公司所处的行业是具有垄断地位的客户,缺乏高度人格化政商关系的 H 公司长期挣扎于生存线,无法突破规模限制,难以做大做强。其组织文化停滞于团队型文化,没有足够资源和动力加强官僚层级型和市场型文化。

综合 T 公司和 H 公司案例可见,网络资本主义情境下,高度人格化的政商关系扭曲了市场机制。效率低下的企业没有退出市场,效率较高的企业无法做大做强。企业依靠高度人格化的政商关系形成的垄断地位,限制市场准入、违反公平竞争、无视法治精神、降低市场效率、损害社会公益。在经济改革 30 年之后,网络资本主义的这种负面作用已经日益凸显,超过了其原有的正面作用。作者据此提出,网络资本主义已经完成其历史使命,不再是中国经济改革发展的方向。中国需要一个新的改革方向,引领未来的现代化之路。

6.3 类市场经济

本书建立的组织文化变革模型,站在属于趋异论的"杂交"理论立场上,启示作者提出一条不同于西方、也不同于中国当下的现代化之路,即类市场经济(Quasi-Market Economy)。这条路径需要提升制度化水平。制度化进程面临中国社会情境下的特殊阻碍,但作者将其视为中国实现现代化的必由之路。当然,"类市场经济"的概念和"中国未来现代化路径模型"尚属作者尝试提出的一种研究思路,缺乏足够的实证数据支持,其效度还有待未来深入论证。

6.3.1 类市场经济的内涵

由 Y 公司案例可见,在市场化程度较高的地区,在不以政府或国企为主要客户的行业,缺乏高度人格化政商关系的民营企业也可以顺利实现规模扩张;并且其领导人在西方价值观和管理理念的影响下,大力加强市场型和官僚层级型文化。但是与西方企业不同的是,政商关系中度人格化的民营企业始终不会以市场型和官僚层级型文化为主。换言之,中国企业的制度化水平可能不会达到与西方企业相同的高度。其原因有二:一是中国处于转轨经济阶段,而且各地区政治经济很不平衡,可以预期,中国社会的环境不确定性将始终高于西方社会。为了应对环境的不确定性,企业很难以官僚层级型文化为主,而是更加注重灵活、弹性的团队型和活力型文化。二是中西方文化不同。与西方人相比,中国人不喜欢条条框框,重视人情,需要采取灵活、柔性的管理方法。因此,在正式化阶段,政商关系中度人格化的民营企业是在加强市场型和官僚层级型文化的基础上,以团队型和活力型文化为主导。团队型和活力型文化是在制度环境中度人格化水平的基础上,秉承"以人为本"的中国文化精髓,指向中国"类市场经济"的现代化之路。

"类市场经济"不同于西方的市场资本主义,也不同于中国目前的网络资本主义。三者的区别在于制度化(或非人格化)水平的不同。市场资本主义是高度非人格化的,网络资本主义是高度人格化的,而"类市场经济"是中度人格化的。据此,本书提出"中国未来现代化路径模型"(如图 6-1 所示)。该模型指出了一条不同于西方、也不同于中国过去 30 年(1980—2010 年)的现代化之路,即以当下的网络资本主义为起点,经由非人格化水平的提高或谓制度化进程,走向类市场经济。本书提出的这一理论实质是"杂交"理论,属于趋异论的范畴,并且丰富了 Boisot 和 Child(1996)的"中西方现代化路径模型"。

需要说明的是,鉴于实证数据搜集的客观局限,本书案例研究的主旨在于建立中观层面的"组织文化变革模型",而对其引发的宏观层面的理论探索虽属题中应有之义,却非本研究能够以实证数据支持或检验的命题。对本书提出的"中国未来现代化路径模型"的实证支持和检验,应是值得未来进一步研究的课题。

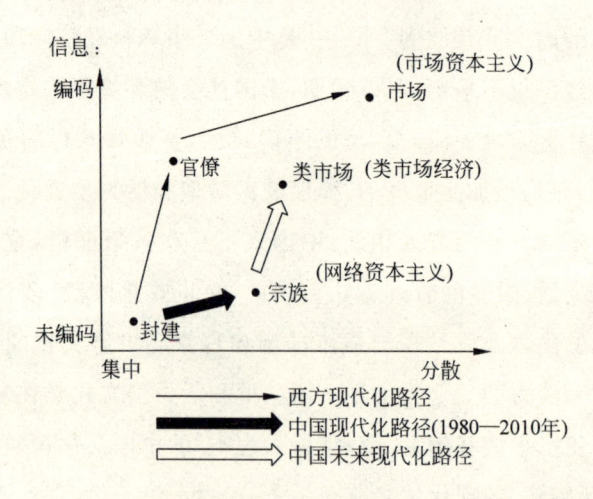

图 6-1 中国未来现代化路径模型

作者认为,制度化是中国实现现代化的必由之路,也是中国民营企业组织文化变革的必经路径。政商关系中度人格化的民营企业,主导性组织文化应该经历一个"活力型→团队型→团队型+活力型"

的变革过程。需要强调的是,在由整合阶段的"团队型"向正式化阶段的"团队型+活力型"转变的过程中,企业正处于生命周期的转折点,面临企业规模扩大之后凸显出来的制度短板的制约;这就要求企业积极学习并灵活运用西方管理科学的工具,加强绩效考核、流程梳理、制度建设和知识管理,加强市场型和官僚层级型文化,从而提升企业管理能力,为企业进一步发挥团队型和活力型文化奠定制度基础。

6.3.2 制度化进程的困难与希望

制度化进程是一个深刻的组织变革过程,必然存在巨大阻力。

在西方组织变革阻力研究领域,影响最为深远的是 Lewin(1951)的变革力场理论(Strebel,1992)。该理论认为,组织中永远存在两种对立力量,即组织变革动力(change force)和阻力(resistance force)。当两种力量平衡时组织便处于惯性的状态,不会发生改变。变革的管理者必须增强变革的动力,减少变革的阻力,从而推动组织变革。因此,对于管理者来说,了解组织成员抗拒变革的原因,是成功推动组织变革的关键。

赖明正(2005:19—20)对中西方学者(Kotter & Schlesinger,1979;Ashford,1988;Almaraz,1994;邱毅,1998)有关组织变革阻力的研究进行了文献综述。根据赖明正(2005)的整理,组织变革的阻力来自以下四类因素:(1)不确定性带来的心理压力;(2)成员无法认知组织变革的需要;(3)组织成员在思维方式、行为方式和人际关系上的惯性和惰性;(4)组织变革带来的权力失衡和利益冲突。

本书根据文献和案例研究提出,上述四类因素中的后两类因素,在中国社会情境下具有突出特点。具体而言,与西方相比,中国的制度化进程面临两个特别重大的阻碍,一是缺少智力支持,二是缺少权力支持。

第一,中国的制度化进程缺少智力支持。在这方面,除了人类普遍存在的"有限理性"(Bounded Rationality)的阻碍以外,与西方社会相比,中国社会还缺少"形式理性"(Formal Rationality, Weber, 1964)的文化传统。

Child(2009:59)指出,西方社会在物质层面上(经济、技术)的飞速发展,促生了效率导向的原则和高度编码的知识(即制度化),形成了西方社会的"形式理性",其核心是"数目字管理"(calculable terms, Weber, 1964:185;黄仁宇,1997a,b)[①]。中国传统社会的统治方式可以称为"实质理性"(Substantive Rationality, Weber, 1964:185—186; Child, 2009:60),即关注精神和价值观。中国传统的官僚系统充斥繁文缛节,注重表面的正统和礼法,追求形式上的至善至美,却忽视客观实际和效果(例如, Boisot 和 Child, 1996:605; Child, 2009:60;黄仁宇,1997:14)。

作者认为,传统社会的中国官僚正是希望依靠礼法和道统治国,而并未试图依靠"数目字"治国。换言之,西方重在统摄物质,故称为"形式理性";中国重在统摄精神,故称为"实质理性"。这一特征还体现在中国传统哲学思想上。例如,禅宗《六祖坛经》有云:"教外别传,不立文字,直指人心,见性成佛。"即不注重知识的编码,而重在启发灵性和悟性。这一文化传统导致现代中国在宏观层面仍然缺乏国家治理能力,始终没有实现高水平的"数目字管理"。在组织层面,企业

[①] 本书将 Weber(1964)的 "calculable terms"译成黄仁宇(1997a,b)的"数目字管理",因两者字面及内涵均相似。

仍然缺少掌握现代管理科学和制度化管理经验的人才,本土企业之间可资借鉴的知识甚少,而不得不向西方学习、从零做起。这一命题从本书对三个公司的案例研究、尤其是Y公司的案例研究中可以得到数据支持。

第二,中国的制度化进程缺少权力支持。在中国社会缺乏制度化传统的情境下,统治阶层的机会主义(opportunism)现象尤为普遍。由于中国的领导者不愿失去个人权威的传统心理,一旦制度化进程限制了领导者的自由裁量权,就会遇到阻遏。同时,中央政府的权力在很大程度上受到地方政府的权力制约。

Boisot 和 Child(1988:513—514)提出"工业封建主义"(industrial feudalism)的概念。他们指出,由于中央政府没有能力为地方政府设置清晰的操作目标并监督其执行,中央政府的目标往往被地方政府的目标所取代。地方政府在辖区内,"分封""效忠的"下属企业并予以特别的保护(例如优惠政策、排除竞争者、可商量的绩效指标等),这一权力格局实属封建主义在工业时代的继续。Boisot 和 Child(1996:604)进而指出,由于缺乏"理性-法治"的制度基础,国家没有信心超越基于个人权力、个人承诺和个人信任而建立的高度人格化的关系网,难以建立更广阔的官僚或市场机制。这个过程是自我强化的,称之为"封地铁率"(iron law of fiefs)。Cheung(张五常,1996)也曾提出相似的观点。他认为,中国的改革,是从1979年以前用阶级出身和官衔来为权利分级的体制,走向用产权来为权利分级的体制,但是在这中间,中国陷入了用行政监管来为腐败权利分级的"印度体制",中国一旦陷入这个泥潭,就很难拔出。

本书认为,这种由高度人格化的政商关系所导致的"封地铁率",可以在某种程度上解释中国的"中等收入陷阱"。即由于既得利益者利用政治或资本的权力不断巩固和强化自身利益,使得中国难以突破官商勾结或网络资本主义的格局。政治因素可能在一定时期内阻碍中国制度化进程。例如,Google 公司于 2010 年 3 月宣布退出中国大陆。[①] 众所周知,搜索引擎的主要功能就在于为知识进行编码和传播,是制度化进程的推动力量。从这个意义上理解,Google 的退出,意味着在"中西方现代化路径模型"中,中国在朝着封建主义的方向倒退。

本书的案例研究在组织层面揭示了"封地铁率"的困境。由 3.3.2 节有关官僚层级型文化的成本收益分析可见,足够大的交易规模或足够高的交易复杂程度,是制度化的动力所在,是建立官僚层级型文化的必要条件。H 公司的案例研究说明,在网络资本主义情境下,多数政商关系中度人格化的民营企业,长期在生存线上挣扎,难以突破规模限制,因而缺乏制度化的动力和资源;T 公司的案例代表了一部分政商关系高度人格化的民营企业,即使依靠垄断地位做大,也无心做强、不以效率为目标,因而也没有动力向制度化发展。换言之,正是因为 T 公司们的强势存在,导致了 H 公司们的弱势退出——正所谓"劣币驱逐良币"。

根据制度经济学的观点,政府为了使垄断租金最大化,根据公民讨价还价的能力,把公民划分为若干集团,为不同的集团提供不同程度的产权保护(高贤峰,2007)。本书认为,中国要想突破"封地铁率",必须依靠公民意识的觉醒和民间力量的壮大,需要自下而上的理性参与和自上而下的改革决策互相配合,对政府权力建立有效的

[①] 资料来源:谷歌公司 2010 年 3 月 23 日《关于谷歌中国的最新声明》,http://www.google.com/press/new-approach-to-china/update.html。

监督机制,从而健全保护私有产权的法律体系。因此,中国的未来出路,是要坚定不移地推进法治化进程,突破网络资本主义的格局。

Y公司的案例说明,在一定条件下,部分民营企业有可能突破规模限制。例如,在市场化程度较高的地区,在不以政府或国企为主要客户的行业,缺乏高度人格化政商关系的民营企业,也有可能顺利实现规模扩张。这种企业正是中国实现现代化的希望所在。

本书认为,中国民营企业的未来,应当是在加强官僚层级型和市场型文化的基础上,以满足客户需求和员工需求为导向,秉承"以人为本"的中国文化,建立以团队型和活力型为主的组织文化。中国民营企业目前正处于实现制度化、规范化的转折点,这一路径可能相当艰难,但它正指向中国未来的现代化之路。

第七章
研究总结与展望

本章首先总结本书的研究结论与主要研究贡献,然后讨论研究局限与不足,最后提出未来研究方向。

7.1 研究结论

结论 1:明确组织个性文化与组织共性文化的定义及研究方法。

在组织文化研究领域,长期存在定义分歧以及定性与定量两种研究范式之争。本书对西方文献中有代表性的组织文化定义和研究方法进行综述,进而提出组织个性文化与组织共性文化的整合性定义:组织个性文化与组织的独特历史、领导者独特的个性和理念等因素密切相关。组织共性文化虽然也受领导人的价值观和个性影响,但主要是由组织的任务性质、所处行业、市场环境、组织结构、治理机制、组织成员的国籍和人口学特征等客观因素决定的。

本书认为,采用何种研究方法,应基于组织文化的定义和研究过程所面临的具体情境约束而综合考虑。一般来说,组织个性文化比较适合采用以定性研究为主的案例研究方法,从而获得关于组织实践的深刻洞见。组织共性文化提供了跨组织比较的可能性,相对易于提出普遍性的命题或假设,因此,组织共性文化既可以采用定性方法研究,也可以采用定量方法研究。

组织个性文化是微观概念,组织共性文化是中观概念,国家文化是宏观概念。组织共性文化是连接企业内部微观环境和企业外部宏观环境的一道窗口。研究组织共性文化,可以帮助研究者认识深层的社会环境和发展趋势,并且找到其微观基础。

结论 2:中国国有企业的主导性组织文化停滞于封建层级型。

官僚层级型和封建层级型都是集权型文化,二者的区别在于交易秩序的非人格化水平不同(Boisot,1986:145)。官僚层级型的秩序依靠非人格化的正式制度维系,而封建层级型的秩序依靠统治者高度人格化的权威维系。由于中国社会长期的封建等级制,封建层级型文化在中国企业中相对比较普遍;因此,区别封建层级型与官僚层级型的内涵,在中国情境下尤为重要。

本书根据官僚层级型与封建层级型的内涵,提出命题:国有企业的主导性组织文化停滞于封建层级型。

由于委托-代理问题,中国国企虽然建立了正式制度,但正式制度并未得到严格执行,其间充斥各种机会主义行为和人格化的关系网络,领导者的个人魅力和权威是维系组织秩序的关键。在权力距离较小的西方国家,成熟企业的等级森严主要源于个体对正式制度的尊重和遵守;而在权力距离较大的中国,国有企业的等级森严主要源于个体的"官本位"意识。所以,国企是"伪官僚层级型",实属封建层级型。

本书通过文献评述,指出了 Ralston 等人(2006)和 Tsui 等人(2006)在此领域的开创性实证研究的不足之处,从而验证国有企业的主导性组织文化是封建层级型。本书还提出，国有企业缺乏向官僚层级型文化转变的动力，原因在于：(1)国企拥有政策保护和垄断地位，缺少市场竞争带来的压力；(2)代理问题严重，缺乏完善的监管机制和有利于提高效率的激励机制；(3)历史较长、文化惰性较强。

结论3：政商关系的非人格化水平对组织文化变革路径具有重要影响。

通过文献综述和案例研究，本书提出了整合西方理论与中国本土理论的"组织文化变革模型"，如图4-5。"组织文化变革模型"揭示了政商关系的非人格化水平与组织文化变革路径的关系，并且将中观层面的组织文化变革与宏观层面的国家文化变革联系起来。

"组织文化变革模型"认为，在西方社会情境下，政商关系处于高度非人格化水平。根据 Quinn 和 Cameron(1983)的"生命周期-效能标准"模型，西方企业在生命周期的各个阶段，主导性组织文化应该经历一个"活力型→团队型→官僚层级型＋市场型"的变革路径。官僚层级型文化重法治、市场型文化重竞争，与"市场资本主义"精神相吻合。

本书的案例研究在中观层面揭示了中国"网络资本主义"(Child 和 Boisot,1996)情境下的组织文化变革路径。政商关系高度人格化的民营企业在生命周期的各个阶段，主导性组织文化应该经历一个"活力型→封建层级型→封建层级型"的变革路径。封建层级型文化注重高度人格化的社会关系，在宏观层面上指向"网络资本主义"(Child 和 Boisot,1996)。

本书的案例研究还提出了中国情境下的另一条组织文化变革路径。在"网络资本主义"情境下，政商关系中度人格化的民营企业，难以突破中小企业的规模限制，难以强化市场型和官僚层级型文化，长期停滞于团队型文化。但是,在市场化程度较高的地区,在不以政府或国企为主要客户的行业,政商关系中度人格化的民营企业也有可能突破规模限制,由整合阶段顺利进入正式化阶段。在这一过渡期间,企业面临规模扩大之后凸显的制度短板,必须积极推进制度化、规范化管理,加强市场型和官僚层级型文化。但是与西方企业不同的是,中国民营企业始终不会以市场型和官僚层级型文化为主。原因有二:一是为了应对转轨经济环境的不确定性,企业很难以市场型和官僚层级型文化为主,而应注重灵活、弹性的团队型和活力型文化;二是中西方文化不同,与西方人相比,中国人不喜欢条条框框,重视人情,需要采取灵活、柔性的管理方法。在正式化阶段,企业将在加强市场型和官僚层级型文化的基础上,坚持以团队型和活力型文化为主导。因此,中国民营企业的主导性组织文化应该经历一个"活力型→团队型→团队型+活力型"的变革路径。团队型和活力型文化是在制度环境中度人格化水平的基础上,秉承"以人为本"的中国文化精髓,指向中国"类市场经济"的现代化之路。

因此,"组织文化变革模型"整合了"生命周期-效能标准"模型(Quinn 和 Cameron,1983)及其所指向的"市场资本主义"路径、"中西方现代化路径模型"(Child 和 Boisot,1996)及其所指向的"网络资本主义"路径,以及本书基于案例研究提出的"类市场经济"路径。这一模型从管理理论的情境化研究入手,为管理理论从当地理论发展成为通用理论做出了贡献。

结论 4:网络资本主义的负面作用日益凸显。

在现有的学术文献中,与对网络资本主义正面作用的研究相比,对负面作用的研究还不够充分,尤其缺乏严谨的实证研究。这可能与官商勾结问题的敏感性有关,对相关数据的搜集通常比较困难。

本书对网络资本主义的正面作用进行了文献综述,然后综合 T 公司和 H 公司的案例研究指出了网络资本主义的负面作用:高度人格化的政商关系扭曲了市场机制。效率低下的企业没有退出市场,效率较高的企业无法做大做强。企业依靠高度人格化的政商关系形成的垄断地位,限制市场准入、违反公平竞争,无视法治精神、降低市场效率、损害社会公益。在经济改革 30 年之后,网络资本主义的这种负面作用已经日益凸显,超过了其原有的正面作用。因此,网络资本主义已经完成其历史使命,不再是中国经济改革发展的方向。中国需要一个新的改革方向,引领未来的现代化之路。

结论 5:CVF 模型和 OCAI 问卷在中国情境下存在信度和效度缺陷。

本书的案例研究使用了西方组织文化研究领域最为著名的 CVF 模型和 OCAI 问卷。在主流的组织文化研究模型中,该模型和问卷被认为是唯一在中国情境下得到广泛应用的、可靠性较强的研究工具。然而,根据数据搜集情况与分析结果,本书提出,CVF 模型与 OCAI 问卷在中国情境下存在信度和效度缺陷。

在中国情境下,CVF 模型效度存在缺陷。CVF 模型所描述的是与高绩效水平相联系的组织文化类型,无法描述与低绩效水平相联系的封建层级型文化。由于中国社会长期的封建层级型文化传统,封建层级型文化在中国企业中相对比较普遍。因此,用 CVF 模型和 OCAI 问卷去描述以封建层级型文化为主的中国企业,结果可能显示为该企业在任何一种组织文化上的强度都不高。

在中国情境下,OCAI 问卷信度存在缺陷。该问卷对官僚层级型文化的描述与 CVF 模型的内涵存在偏差,只体现出重视规章制度,没有体现出重视流程、效率、知识管理等含义;而且有等级森严和官僚主义的意味,不易与封建层级型文化相区别,在中国企业封建层级型文化相对比较普遍的情况下,容易对受访者产生误导。

7.2 研究贡献

本书的主要研究贡献在于:

第一,本研究从"组织共性文化"这一中观概念入手,立足企业微观实践,展望社会宏观趋势,逐渐勾勒出中国转型经济的特殊背景;避免简单套用在西方宏观社会情境下产生的中微观模型与问卷。同时,本书实践了案例研究方法论的国际前沿成果,通过规范严谨的案例研究,发现中国情境特征,回答了仅凭大规模问卷调查所难以解决的问题,例如,西方最为著名的 CVF 模型和 OCAI 问卷,被认为是唯一在中国情境下得到广泛应用的、可靠性较强的研究工具,本研究发现,由于封建层级型文化在中国企业中的广泛存在,该模型和问卷在中国情境下存在信度和效度缺陷。

第二,构建"组织文化变革模型",提出"政商关系的非人格化水平"这一创新性概念,阐释其与组织文化变革路径的关系,填补了以往文献中的理论空白。该模型不仅提出中国情境理论,还整合了西方学者的理论分歧,为该模型从当地理论发展成为通用理论做出贡献。

第三,以实证研究数据揭示了政商关系和网络资本主义的负面作用,指出中国社会制度化进程的阻碍。在现有的学术文献中,对网络资本主义负面作用的研究还不够充分,尤其缺乏严谨的实证研究。本研究采用多案例研究设计,实现了原样复制与差别复制,从而揭示了网络资本主义扭曲市场机制、损害社会公平的负面作用。研究发现,在网络资本主义情境下,正是由于政商关系高度人格化的民营企业的强势存在,导致了政商关系中度人格化的民营企业的弱势退出。正所谓"劣币驱逐良币"。

第四,通过评述本领域重要文献的相关疑点,论证中国国有企业的主导性组织文化停滞于封建层级型,而非官僚层级型。

第五,基于文献综述,整合组织文化定义分歧,提出组织个性文化与组织共性文化的定义;并且针对定性与定量两种研究范式之争,提出选择研究方法的依据,即应基于组织文化的定义和研究过程所面临的具体情境约束而综合考虑。

此外,本书还初步探讨了"组织文化变革模型"的宏观启示,为深化"中西方现代化路径模型"提供了研究方向。

7.3 研究局限与不足

由于研究者自身能力以及一些客观因素所限,本研究存在一定的局限性。比较明显的不足之处有以下三点。

第一,没有对"政商关系的非人格化水平"进行详细具体的操作性定义和测量。

"政商关系的非人格化水平"是本书提出的创新性的概念,是"组织文化变革模型"的两个维度之一,是影响组织文化变革过程的关键因素。然而,政商关系尤其是人格化的政商关系,天然具有不易编码的特征,而且具有隐蔽性和敏感性,在研究过程中比较难以进行操作性定义和测量。现有文献中对"政商关系的非人格化水平"这一概念并没有成熟可靠的量表。本研究也没有开发相关问卷。在定性数据的搜集与整理过程中,作者参照了张建君和张志学(2005)对两种政治战略的具体描述对数据进行分析与编码,同时结合作者的所见所闻所感,综合判断案例企业政商关系的非人格化水平。但是,张建君和张志学的划分依据主要是企业实施政治战略的目标,与本书的划分依据有所不同,两类政商关系与两种政治战略的具体内容并不完全吻合。同时,作者始终注意这种可能性:即受访者可能倾向于夸大自身政商关系的非人格化水平,同时隐瞒有关自身政商关系人格化的证据。因此,本案例研究中对政商关系的非人格化水平的确定,难免带有一定的主观性。对政商关系非人格化水平的操作性定义和测量,仍有待未来更加细致的研究。

第二,受到客观因素的限制和约束,案例研究过程中搜集到的数据有限。

案例研究的数据来源主要包括访谈、问卷、文件、档案、直接观察、参与式观察和物证(Yin,2003)。

(1)访谈数据:由于文中所述的原因(见本书4.3.3节的讨论),T公司领导人没有给予研究者必要的支持,限制了研究者所能接触到的信息,导致研究者对T公司搜集到的访谈数据和问卷数据都非常有限。研究者甚至没有获得与T公司领导人交流的机会。在对三个公司的所有访谈中,涉及敏感信息时,受访者都可能有所顾虑,拒绝回答,或者进行敷衍;作者对此已在本书访谈数据分析部分做出了有选择的判断。另外,由于条件所限,对T公司和H公司的访谈没有使用录音设备,使用访谈手稿记录,不是逐字稿,可能产生偏误。

(2)问卷数据:本案例研究所使用的CVF模型和OCAI问卷,虽然是组织文化定量研究领域的主流工具,但是经本研究实践发现,在中国情境下存在信度和效度缺陷;虽然作者对此已在本书数据分析部分通过访谈和问卷数据的三角互证做出了判断,但是无法完全避免这一缺陷对本书案例研究效度的负面影响。

(3) 文件数据:对 T 公司的案例研究没有搜集到文件数据,T 公司网站建设粗糙,对外信息披露极少,几乎没有任何公开的宣传资料,联系人也无法提供有价值的文件资料。

(4) 档案数据:在对三家样本企业的探索性案例研究中,均无法取得会议记录、商务函件、绩效数据、财务数据、客户数据等档案数据。

当然,搜集到的数据并非越多越好。只有与研究问题有关的数据才是需要搜集的数据,而且只有与已搜集到的数据相矛盾的数据才会对案例研究结论产生影响。本书经过周密的研究设计、有针对性的数据搜集工作以及相关数据的三角互证,上述文件、档案、观察等数据不足的问题对案例研究结论的影响可能并不大,但是,仍然无法完全排除这一问题对本书案例研究效度可能存在的负面影响。

第三,有关"组织文化变革模型"宏观含义的探讨不够深入和完整。本书提出的"中国未来现代化路径模型"只提供了一种研究思路,受到数据搜集等客观条件的局限,未能展开充分的实证研究支持,今后还需围绕其宏观含义进行更深入细致的论证。

7.4 未来研究方向

第一,对"政商关系的非人格化水平"进行详细的操作性定义和测量。

"政商关系的非人格化水平"是本书提出的创新性的概念,是"组织文化变革模型"的两个维度之一,是影响组织文化变革过程的关键因素。现有文献中对"政商关系的非人格化水平"这一概念并没有成熟可靠的量表。因此,今后可以对"政商关系的非人格化水平"进行操作性定义,开发相关量表,开展定量研究。

第二,对"组织文化变革模型"进行验证和完善。

本书所提出的主要创新性结论,即"组织文化变革模型",是通过文献和案例研究归纳产生的。本案例研究搜集到的数据有限。今后可以基于"组织文化变革模型",开展样本容量大、数据可靠性强的优质定量研究,也可以继续进行数据丰富的案例研究;基于不同行业、地区等控制变量水平的样本,对模型继续进行验证和完善。

第三,深入讨论"组织文化变革模型"的宏观含义,探讨其对"中西方现代化路径模型"的启示,进一步论证本书提出的"中国未来现代化路径模型"。

第四,建立和完善适用于中国情境的组织文化模型及其配套量表。

本书的案例研究使用了著名的 CVF 模型和 OCAI 问卷。根据数据搜集情况与分析结果,发现 CVF 模型和 OCAI 问卷在中国情境下存在信度和效度缺陷。今后可以尝试对 OCAI 问卷进行修正,并且通过定量研究验证其信度。同时,由于中国社会长期的封建等级制传统,封建层级型文化在中国企业中相对比较普遍。因此,今后可以建立相关的组织文化模型,并且开发设计配套量表,用于在中国情境下开展组织文化研究。

参考文献

1. Adizes, I. "Organizational Passages: Diagnosing and Treating Life Cycle Problems in Organizations." *Organizational Dynamics*, 1979 (summer): 3—24.
2. Al-Khalifa, K. N. and E. M. Aspinwall. "Using the Competing Values Framework to Investigate the Culture of Qatar Industries." *Total Quality Management*, 2001. 12(4): 417—428.
3. Almaraz, J. "Quality Management and the Process of Change." *Journal of Organizational Change Management*, 1994. 7(2): 6—14.
4. Alston, J. P. "Wa, Guanxi, and Inhwa: Managerial Principles in Japan, China, and Korea." *Business Horizons*, 1989. 32(2): 26—31.
5. Aram, J. D. *Dilemmas of Administrative Behavior*. 1976, Englewood Cliffs, New Jersey: Prentice—Hall.
6. Argyris, C. *Integrating the Individual and the Organization*. 1964, New York: Wiley.
7. Ashford, S. J. "Individual Strategies for Coping with Stress during Organizational Transitions." *journal of Applied Behavioral Science*, 1988. 24: 19—36.
8. Baba, Z. "A Regional Approach towards Organizational Transformation." *Library Review*, 2001. 50(7/8): 377—381.
9. Bank, A. D. *The Development of Private Enterprise in the People's Republic of China*. 2002, Asian Development Bank: Manila.
10. Berger, P. and T. Luckmann, *The Social Construction of Reality*. 1966.
11. Bian, Y. "Bringing Strong Ties Back in: Indirect Ties, Network Bridges, and Job Searches in China." *American Sociological Review*, 1997. 62 (6): 266—285.
12. Bluedorn, A. C. "Cutting the Gordian Knot: A Critique of the Effectiveness Tradition in Organizational Research." *Sociology and Social Research*, 1980. 64: 477—496.
13. Boisot, M. " Markets and Hierarchies in a Cultural Perspective."

Organization Studies, 1986. 7(2): 135—158.
14. Boisot, M. and J. Child. "The Iron Law of Fiefs: Bureaucratic Failure and the Problem of Governance in the Chinese Economic Reforms." *Administrative Science Quarterly*, 1988. 33: 507—527.
15. Boisot, M. and J. Child. "From Fiefs to Clans and Network Capitalism: Explaining China's Emerging Economic Order." *Administrative Science Quarterly*, 1996. 41(4): 600—628.
16. Bourdieu, P. *Outline of A Theory of Practice*. 1977, Cambridge, England: Cambirdge University Press.
17. Bourdieu, P. *Distinction: A Social Critique of the Judgement of Tast*. 1984, Cambridge: Harvard University Press.
18. Burt, R. *Structural Holes: The Social Structure of Competition*. 1992, Cambridge: Harvard University Press.
19. Cameron, K. S. and R. E. Quinn. *Diagnosing and Changing Organizational Culture: Based on the Competing Values Framework*. 1999, Reading, MA: Addison-Wesley Longman.
20. Campbell, J. P. *On the Nature of Organizational Effectiveness, in New Perspectives on Organizational Effectiveness*, P. S. Goodman and J. M. Pennings, Editors. 1977, Jossey-Bass: San Francisco.
21. Chen, M. and W. Pah. *Understanding the Process of Doing Business in China, Taiwan and Hong Kong*. 1993, Lewiston, UK: Mellen.
22. Cheung, S. N. S. "A Simplisitic General Equilibrium Theory of Corruption." *Contemporary Economic Policy*, 1996. 14(July): 1—5.
23. Child, J. "Context, Comparison, and Methodology in Chinese Management Research." *Management and Organization Review*, 2009. 5(1): 57—73.
24. Cole, R. E. *Japanese Blue Collar: The Changing Tradition*. 1971, Berkeley, California: University of California Press.
25. Coleman, J. "Social Capital in the Creation of Human Capital." *American Journal of Sociology (Supplement)*, 1988. 94: S95—121.
26. Cooke, R. and D. Rousseau. "Behavioral Norms and Expectations: A Quantitative Approach to the Assessment of Organizational Culture." *Group and Organizational Studies*, 1988. 13: 245—273.
27. Dahya, J., et al. "The Usefulness of the Supervisory Board Report in China." *Corporate Governance*, 2003. 11(4): 308—321.
28. Deal, T. A. and A. A. Kennedy. *Corporate Culture*. 1982, Reading, MA:

Addison-Wesley.
29. Denison, D. R. *Corporate Culture and Organizational Effectiveness*. 1990, New York: John Wiley & Sons, Inc.
30. Denison, D. R. "What is the Difference between Organizational Culture and Organizational Climate? A Native's Point of View on a Decade of Paradigm Wars."*The Academy of Management Review*, 1996. 21(3): 619—654.
31. Denison, D. R. and A. K. Mishra. "Toward a Theory of Organizational Culture and Effectiveness."*Organization Science*, 1995. 6(2): 204—223.
32. Deshpande, R. and J. U. Farley. "Organizational Culture, Market Orientation, Innovativeness, and Firm Performance: An International Research Odyssey."*International Journal of Research in Marketing*, 2004. 12(1): 3—22.
33. Detert, J. R., R. G. Schroeder, and J. J. Mauriel. "A Framework for Linking Culture and Improvement Initiatives in Organizations."*The Academy of Management Review*, 2000. 25(4): 850—863.
34. Doeringer, P. B., E. Lorenz, and D. G. Terkla. "The Adoption and Diffusion of High-Performance Management: Lessons from Japanese Multinationals in the West."*Cambridge Journal of Economics*, 2003. 27: 265—286.
35. Dore, R. *British Factory-Japanese Factory*. 1973, Berkeley, California: University of Califonia Press.
36. Downs, A. "The Life Cycle of Bureaus." *Inside Bureaucracy*, 1967: 296—309.
37. Fama, E. and M. Jensen. "Agency Problems and Residual Claims."*Journal of Law and Economics*, 1983. 25(2): 327—349.
38. Fey, C. F. *Organizational Climate Similarity and Performance: IJVs in Russia*. 1997, University of Western Ontario: Ontario, Canada.
39. Fey, C. F. and D. R. Denison, "Organizational Culture and Effectiveness: Can American Theory Be Applied in Russia?"*Organization Science*, 2003. 14(6): 686—706.
40. Fligstein, N. and J. Zhang. "A New Agenda for Research on the Trajectory of Chinese Capitalism."*Management and Organization Review*, Published Online: 2009. Accepted Article.
41. Goodman, P. S. and J. M. Pennings, eds. New Perspectives on Organizational Effectiveness. 1977, Jossey-Bass: San Francisco.

42. Granovetter, M. "The Strength of Weak Ties." *American Journal of Sociology*, 1973. 78: 1360—1380.
43. Granovetter, M. "Economic Action and Social Structure: The Problem of Embeddedness."*American Journal of Sociology*, 1985. 91: 481—510.
44. Greiner, L. "Evolution and Revolution as Organization Grow." *Havard Business Review*, 1972(July-August): 37—46.
45. Hall, P. and D. Soskice. *Varieties of Capitalism*, in *Varieties of Captialism*, P. Hall and D. Soskice, Editors. 2001, OUP: Oxford. 1—68.
46. Hall, R. H. and W. Xu. "Run Silent, Run Deep-Cultural Influences on Organizations in the Far East."*Organization Studies*, 1990. 11: 569—576.
47. Hofstede, G., et al. "Measuring Organizational Cultures: A Qualitative and Quantitative Study across Twenty Cases."*Administrative Science Quarterly*, 1990. 35(2): 286—316.
48. Homa, P. "Business Process Re-engineering: Theory-and Evidence-based Practice."*Business Process Management Journal*, 1995. 1(3): 10—30.
49. Howard, L. W. "Validating the Competing Values Model as a Representation of Organizational Cultures." *International Journal of Organizational Analysis*, 1998. 6(3): 231—250.
50. IFC and I. F. Corporation. *China's Emerging Private Enterprises: Prospects for the New Century*. 2000, IFC: Washington, DC.
51. Jermier, J., et al. "Organizational Subcultures in a Soft Bureaucracy: Resistance Behind the Myth and Facade of an Official Culture."*Organization Science*, 1991. 2: 170—194.
52. Johnston, M. "The Search for Definintions: The Vitality of Politics and the Issue of Corruption." *International Social Science Journal*, 1996. 149: 321—335.
53. Kalliath, T. J., A. C. Bluedorn, and D. F. Gillespie. "A Confirmatory Factor Analysis of the Competing Values Instrument." *Educational and Psychological Measurement*, 1999. 59(1): 143—158.
54. Katz, D. and R. L. Kahn. *The Social Psycholoy of Organization*. 1978.
55. Kimberly, J. R. "Issues in the Creation of Organizations: Initiation, Innovation, and Institutionalization." *Academy of Management Journal*, 1979. 22: 437—457.
56. Kotter, J. P. and L. A. "Schlesinger, Choosing Strategies for Change." *Havard Business Review*, 1979. 57(2): 106—117.

57. Kwan, P. and A. Walker. "Validating the Competing Values Model as a Representation of Organizational Culture through Inter-Institutional Comparisons."*Organizational Analysis*, 2004. 12(1): 21—39.
58. Lamond, D. "The Value of Quinn's Competing Values Model in an Australian Context."*Journal of Managerial Psychology*, 2003. 18(1/2): 46—59.
59. LaTour, B. *The Pasteurization of France*. 1988, Cambridge, MA: Harvard University Press.
60. Lawrence, P. R. and J. W. Lorsch. *Organization and Environment*. 1967, Boston: Harvard Business School, Division of Research.
61. Leung, T. and L. L. Yeung. "Negotiation in the People's Republic of China: Results of a Survey of Small Business in Hong Kong."*Journal of Small Business Management*, 1995. 33(1): 70—77.
62. Lewin, K. *Field Theory in Social Science*. 1951, New York: Harper & Row.
63. Li, P. P. "The Puzzle of China's Township-Village Enterprises: The Paradox of Local Corporatism in a Dual-Track Economic Transistion."*Management and Organization Review*, 2005. 1(2): 197—224.
64. Lin, N. *Social Resources and Instrumental Action*, in *Social Structure and Network Analysis*, P. Marsden and N. Lin, Editors. 1982, Sage Publications, Inc. : Beverly Hills, CA. 131—147.
65. Lin, N. "Social Resources and Social Mobility: A Structure Theory of Status Attainment,"*In Social Mobility and Social Structure*, R. Breiger, Editor. 1990, Cambridge University Press: New York. 247—271.
66. Lin, N. "Building a Network Theory of Social Capital."*In Social Capital: Theory and Research*, N. Lin, K. Cook, and R. Burt, Editors. 2001, Aldine DeGruyter: New York.
67. Lippitt, G. L. and W. H. Schmidt. "Crises in a Developing Organization."*Havard Business Review*, 1967. 45: 102—112.
68. Loury, G. *A Dynamic Theory of Racial Income Differences*, in *Woman, Minorities, and Employment Discrimination*, P. A. Wallace and A. L. Mond, Editors. 1977, Health: Lexington, MA. 153—186.
69. Lund, D. B. "Organizational Culture and Job Satisfaction."*Journal of Business and Industrial Marketing*, 2003. 18(3): 219—236.
70. Lyden, F. J. "Using Parsons' Functional Analysis in the Study of Public Organizations."*Administrative Science Quarterly*, 1975. 20: 59—70.

71. Mar, P. and M. N. Young. "Corporate Govenance in Transition Economies: A Case Study of Two Chinese Airlines." *Journal of World Business*, 2001. 36(3): 280—302.
72. Martin, J. and P. J. Frost. "The Organizational Culture War Games: A Struggle for Intellectual Dominance." *In Handbook of Organization Studies*, S. R. Clegg, C. Hardy, and W. R. Nord, Editors. 1996, Sage: London. 599—621.
73. Martin, J., S. Sitkin, and M. Boehm. "Founders and the Elusiveness of a Cultural Legacy." *In Organizational Culture*, P. Frost, et al., Editors. 1985, Sage: Beverly Hills, CA. 99—124.
74. McGregor. *The Human Side of Enterprise*. 1960, New York: McGraw Hill.
75. McLagan, P. A. "Success with Change." *Organization Change*, 2002. 56(12): 44—53.
76. McNally, C. A. "China's State-Owned Enterprises: Thriving or Crumbling," *In Asia Pacific Issues, Analysis from the East-West Center*. 2002:4.
77. Mead, G., *Mind, Self, and Society*. 1934, Chicago: University of Chicago Press.
78. Miller, W. L. and B. F. Crabtree. "Primary Care Research: A Multimethod Typology and Qualitative Road Map." *In Doing Qualitative Research*, C. B. F. and M. W. L., Editors. 1992, Sage: Newbury Park CA. 3—28.
79. Moran, E. T. and J. F. Volkwein. "The Cultural Approach to the Formation of Organizational Climate." *Human Relations*, 1992. 45: 19—47.
80. Nahapiet, J. and S. Ghoshal, "Social Capital, Intellectual Capital and the Organizational Advantage." *Academy of Management Review*, 1998. 23: 242—266.
81. Nee, V. "Organizational Dynamics of Market Transition: Hybrid Forms, Property Rights, and Mixed Economy in China." *Administrative Science Quarterly*, 1992. 37: 1—27.
82. Nelson, R. and S. Winter. *An Evolutionary Theory of Economic Change*. 1982, Cambridge, MA: Havard University Press.
83. North, D. C. *Institutions, Institutional Change and Economic Performance*. 1990, Norton: New York, NY.
84. North, D. C. and R. P. Thomas. *The Rise of the Western World*. 1973, Cambridge: Cambridge University Press.

85. Opper, S. "Going Public without Being the Public: Between Political Governance and Corporate Governance."*In The Chinese Economy in the 21st Century: Enterprise and Business Behaviour*, B. Krug and H. Hendrischke, Editors. 2007, Edward Elgar: Cheltenham. 1—20.
86. O'Reilly, C., J. Chatman, and D. Caldwell. "People and Organizational Culture: A Profile Comparison Approach to Assessing Person-Environment Fit."*Academy of Management Journal*, 1991. 34: 487—516.
87. Ouchi, W. G. "A Conceptual Framework for The Design of Organizational Control Mechanisms."*Management Science*, 1979. 25(9): 833—848.
88. Ouchi, W. G. "The M-Form Society: Lessons From Business Management." *Human Resource Management*, 1984. 23(2): 191—213.
89. Ouchi, W. G. and A. M. Jaeger. "Type Z Organizatinon: Stability in the Midst of Mobility."*The Academy of Management Review*, 1978(4): 305.
90. Parker, M. "Post-Modern Organizations or Postmodern Organization Theory?"*Organizational Studies*, 1992. 12: 1—17.
91. Peng, M. W. "Institutional Transitions and Strategic Choices."*Academy of Management Review*, 2003. 28(2): 275—296.
92. Peng, M. W. and Y. D. Luo. "Managerial Ties and Firm Performance in a Transition Economy: The Nature of a Micro-macro Link."*Academy of Management Journal*, 2000. 43(3): 486—501.
93. Pettigrew, A. M. "On Studying Organizational Cultures."*Administrative Science Quarterly*, 1979. 24: 570—581.
94. Pfeffer, J. and G. Salancik. *The External Control of Organizations*. 2nd ed. 1978/2003, Stanford, CA: Stanford University Press.
95. Poole, M. S. *Communication and Organization Climates*, in *Organizational Communication: Traditional Themes and New Directions*, R. D. McPhee and P. K. Thompkins, Editors. 1985, Sage: Beverly Hills, CA. 79—108.
96. Putnam, R. D. *Making Democracy Work*. 1993, Princeton, NJ: Princeton University Press.
97. Putnam, R. D. "Bowling Alone: America's Declining Social Capital."*Journal of Democracy*, 1995. 6: 65—78.
98. Qian, Y., H. Jin, and B. Weingast. "Rigional Decentralization and Fiscal Incentives: Federalism, Chinese Style."*Journal of Public Economics*, 2005. 89(9—10): 1719—1742.
99. Qian, Y., G. Montinola, and B. Weingast. "Federalism, Chinese Style: The

Political Basis for Economic Success in China." *World Politics*, 1995. 48(1): 50—81.
100. Quinn, R. E. and K. S. Cameron. "Organizational Life Cycles and Shifting Criteria of Effectiveness: Some Preliminary Evidence." *Management Science*, 1983. 29(1): 33—51.
101. Quinn, R. E. and J. Rohrbaugh. "A Spatial Model of Effectiveness Criteria: Towards a Competing Values Approach to Organizational Analysis." *Management Science*, 1983. 29(3): 363—377.
102. Quinn, R. E. and G. M. Spreitzer. "The Psychometrics of the Competing Values Culture Instrument and an Analysis of the Impact of Organizatioanl Culture on Quality of Life," *In Research in Organizational Change and Development*, R. W. Woodman and W. A. Pasmore, Editors. 1991, JAI Press: Greenwich, C. T. 115—158.
103. Ralston, D. A., et al. "Today's State-Owned Enterprises Of China: Are They Dying Dinosaurs Or Dynamic Dynamos?" *Strategic Management Journal*, 2006. 27(9): 825—843.
104. Rawski, T. G. *The Political Economy of China's Declining Growth*, in *China in the Global Economy*, P. J. Loyd and X. Zhang, Editors. 2000, Edward Elgar: Cheltenham, UK. 28—41.
105. Recardo, R. J. "The What, Why and How of Change Management." *Manufacturing System*, 1991(5): 52—58.
106. Redding, S. G. *The Spirit of Chinese Capitalism*. 1990, New York: De Gruyter.
107. Rohlen, T. *For Harmony and Strength: Japanese White-collar Organization in Anthropological Perspective*. 1974, Berkeley: University of California Press.
108. Scarbrough, H. and M. Terry. "Forget Japan: The Very British Response to Lean Production." *Employee Relations*, 1998. 20(3): 224—236.
109. Schein, E. H. "Review of Corporate Culture." *Human Resource Management*, 1989. 28(4): 557—561.
110. Schein, E. H. "Organizational Culture." *American Psychologist*, 1990. 45(2): 109—119.
111. Schein, E. H. *Organizational Culture and Leadership*. 2nd ed. 1992, San Francisco: Jossey-Bass.
112. Schein, E. H. "Culture: The missing concept in organization studies."

Administrative Science Quarterly, 1996a. 41(2): 229—240.
113. Schein, E. H. "Three Cultures of Management: The Key to Organizational Learning." *Sloan Management Review*, 1996b. 38(1): 9—20.
114. Scott, B. R. *Stages of Corporate Development*. 1971, Boston: Intercollegiate Case Clearing House.
115. Sharifi, S. "Organizational Learning and Resistance to Change in Estonian Companies." *Human Resource Development International*, 2002. 5(3): 313—331.
116. Sjoberg, G. *Contradictory Functional Requirements and Social Systems*, in *System, Change and Conflict*, N. J. Demerath and R. A. Peterson, Editors. 1967, The Free Press: New York.
117. Sousa-Poza, A., H. Nystrom, and H. Wiebe. "A Cross-Cultural Study of the Differing Effects of Corporate Culture on TQM in Three Countries." *International Journal of Quality and Reliability Management*, 2001. 18(7): 744—761.
118. Strebel, P. *Breakpoints: How Managers Exploit Radical Business Change*. 1992, Boston, MA: Harvard Business School.
119. Thorne, M. L. "Interpreting Corporate Transformation through Failure." *Management Decision*, 2000. 38(5): 305—317.
120. Torbert, W. R. "Pre-Bureaucratic and Post-Bureaucratic Stages of Organization Development." *Interpersonal Development*, 1974. 5: 1—25.
121. Tsui, A. S. "Contextualization in Chinese Management Research." *Management and Organization Review*, 2006. 2(1): 1—13.
122. Tsui, A. S., H. Wang, and K. R. Xin. "Organizational Culture in China: An Analysis of Culture Dimensions and Culture Types." *Management and Organization Review*, 2006. 2(3): 345—376.
123. Walder, A. G. *Communist Neo-traditionalism*. 1986, Berkeley: University of California Press.
124. Weber, M. *The Theory of Social and Economic Organization*. 1964, New York: Free Press.
125. Wilkins, A. L. and W. G. Ouchi. "Efficient Cultures: Exploring the Relationship Between Culture and Organizational Performance." *Administrative Science Quarterly*, 1983. 28(9): 468—481.
126. Williamson, O. *Markets and Hierarchies, Analysis and Antitrust Implications: A Study in the Economics of Internal Organization*. 1975,

New York: Free Press.
127. Woolcock, M. "Social Capital and Economic Development: Toward a Theoretical Synthesis and Policy Framework." *Theory and Society*, 1998. 27(2): 151—208.
128. Xin, K. R. and J. L. Pearce. "Guanxi: Connections as Substitutes for Formal Institutional Support." *Academy of Management Journal*, 1996. 39(6): 1641—1658.
129. Xin, K. R., et al. *Corporate Culture in Chinese State-owned Enterprises: An Inductive Analysis of Dimensions and Influences*, in *The Management of Enterprises in the People's Republic of China*, A. S. Tsui and C. M. Lau, Editors. 2002, Kluwer Academic Press: Boston, MA. 415—430.
130. Yang, M. M. *Gifts, Favors and Banquets: The Art of Social Relationships in China*. 1994, Cornell University Press: Ithaca, NY.
131. Yau, O. H. M. "Chinese Cultural Values: Their Dimensions and Marketing Implications." *European Journal of Marketing*, 1988. 22(5): 44—57.
132. Yin, R. K. *Case Study Research: Design and Methods*. 3 ed. Applied Social Research Methods Series, ed. L. Bickman and D. J. Rog. Vol. 5. 2003, Thousand Oaks, California: Sage Publications.
133. Zhang, J. and H. T. Keh. "Interorganizational Exchanges in China: Organizational Forms and Governance Mechanisms." *Management and Organization Review*, 2010. 6(1): 123—147.
134. 阿戈尼西卡·马立克. 组织文化变革对公司中人力要素的影响——一项描述性及实验性研究. 南大商学评论, 2006. 11(4): 167—181.
135. 边燕杰. 社会网络与就业过程. 中国改革时期的社会变迁:西方社会学研究评述, 林益民,涂肇庆. 1999, 牛津大学出版社: 香港.
136. 边燕杰,丘海雄. 企业的社会资本及其功效. 中国社会科学, 2000(2): 87—99.
137. 陈光荣. 组织变革之探讨:以高科技产业为例. 经济情势暨评论, 1999. 5(3): 57—79.
138. 高贤峰. 我国民营企业家政治行为分析, 政府管理学院. 2007, 北京大学: 北京. 194.
139. 黄仁宇. 中国大历史. 1997a, 北京: 生活·读书·新知三联书店.
140. 黄仁宇. 资本主义与二十一世纪. 1997b, 北京: 生活·读书·新知三联书店.
141. 黄仲铭, 龚志贤, 黄昱瞳. 以 Lewin 三阶段模型分析宏基集团的组织变革.

产业金融季刊,2000(107):132—143.
142. 金·S.卡梅隆,罗伯特·E.奎因. 组织文化诊断与变革. 2006,北京:中国人民大学出版社.
143. 赖明正. 组织变革中利益冲突与组织学习相关之实证研究,管理学院:2005,复旦大学:上海.
144. 林金定,严嘉枫,陈美花. 质性研究方法:访谈模式与实施步骤分析. 身心障碍研究,2005. 3(2):122—136.
145. 刘林平. 企业的社会资本:概念反思和测量途径——兼评边燕杰、丘海雄的"企业的社会资本及其功效". 社会学研究,2006(2).
146. 罗家德. 组织社会资本的分类与测量. 组织与管理研究的实证方法,陈晓萍,徐淑英,樊景立. 2008,北京大学出版社:北京. 358—384.
147. 彭玉冰. 企业再造:中国企业并购后整合七大策略. 2006,广州:中山大学出版社.
148. 彭正龙,姜卫韬. 企业家社会资本:概念、影响机制及其研究新方向. 经济管理,2008. 30(10):10—16.
149. 邱毅. 变革:恐龙型企业的再造. 1998,台北:中华征信所.
150. 孙继伟,巫景飞. 经济转型中软件园开发企业的关键成功因素:基于多案例的比较研究. 科技进步与对策,2010. 27(23):89—95.
151. 王国顺,张仕璟,邵留国. 企业文化测量模型研究——基于 Denison 模型的改进及实证. 中国软科学,2006(3):145—150.
152. 王世权,王丹. 创业型家族企业政府交往能力的归因研究——以日本三井公司与河北大午集团为例. 管理学报,2011. 8(9):1332—1338.
153. 吴秉恩. 组织行为学. 1993,台北:华泰出版社.
154. 杨仕元,朱缜. 社会资本研究述评与展望. 重庆工商大学学报(社会科学版),2009. 26(2):57—68.
155. 曾昊,马力,王南. 企业文化测量研究述评. 中国地质大学学报(社会科学版),2005. 5(4):13.
156. 曾俊明. 组织变革与改变绩效之研究:以取得 ISO14001 认证之制造厂商为例,国际企业管理研究所. 1998,东华大学:台湾.
157. 张建君,张志学. 中国民营企业家的政治战略. 管理世界,2005(7):94—105.
158. 张勉,张德. 组织文化测量研究述评. 外国经济与管理,2004. 26(8):2—7.
159. 张文宏. 中国的社会资本研究:概念、操作化测量和经验研究. 江苏社会科学,2007,(3):142—149.

160. 张五常. 中国的经济制度. 2009, 中信出版社: 北京.
161. 郑伯埙. 组织文化价值观的数量衡鉴. 中华心理学刊, 1990. 32: 31—49.
162. 郑伯埙, 樊景立, 周丽芳. 家长式领导: 模式与证据. 2006, 台北: 华泰文化公司.
163. 郑伯埙, 黄敏萍. 实地研究中的案例研究. 组织与管理研究的实证方法, 陈晓萍, 徐淑英, 樊景立. 2008, 北京大学出版社: 北京. 199—226.
164. 郑伯埙, 周丽芳, 黄敏萍. 家长式领导的三元模式: 中国大陆企业组织的证据. 本土心理学研究, 2003. 20: 209—252.
165. 周黎安. 中国地方官员的晋升锦标赛模式研究. 经济研究, 2007(7): 36—50.
166. 朱峰谊. 组织变革因素对电子商务与经营绩效关系之调节效应之探讨, 国际企业管理研究所. 2001, 东华大学: 台湾.

附录 1

案例研究草案

一、案例研究概述

研究目的

本案例研究的主要目的在于构建理论。

西方文献中有关组织文化变革的两个概念模型之间存在重大理论分歧:按照 Quinn 和 Cameron(1983)的"生命周期-效能标准模型",企业在发展早期的各个阶段,主导性组织文化应该经历一个"活力型→团队型→官僚层级型+市场型"的变革过程。按照 Boisot 和 Child(1996)的"中西方现代化路径模型",中国企业的主导性组织文化应该经历一个"活力型→封建层级型→封建层级型"的变革过程。

本书认为,Boisot 和 Child(1996)的"中西方现代化路径模型"虽然精辟地指出了中国情境特征,但它是基于对中国 20 世纪 80 至 90 年代的观察;在中国改革开放 30 年后的今天,中国很有可能发生了该理论所未能描述的新的变化趋势,有待构建新的理论。而这个领域的实证研究仍属空白,因此本案例研究主要是探索性研究。本书试图从管理理论的"情境化"(Contextualization,Tsui,2006)研究入手,通过对中国本土民营企业的案例研究,提出创新性的理论,进而构建一个整合性的"组织文化变革模型",将西方理论与中国本土理论融入同一个理论框架。

基于上述考虑,本案例研究没有提出假设,而是以归纳的逻辑为主,将搜集到的数据与既有的理论模型相匹配,一旦出现矛盾,则注意分析情境变量,总结变量间的关系,提出命题,进而构建模型。

研究问题

本案例研究主要研究三个问题,分别是:企业目前的组织文化轮廓及其形成原因、受访者期望的组织文化轮廓、向期望的组织文化轮廓转变的动力与阻力。

分析单位

以企业为分析单位。主要采取入单位面访形式进行调查。

数据与理论相联系的逻辑

如果数据显示,企业的主导性组织文化变革路径是"活力型→团队型→官僚层级型+市场型",则符合 Quinn 和 Cameron(1983)的"生命周期-效能标准模型"。

如果数据显示,企业的主导性组织文化变革路径是"活力型→封建层级型→封建层级型",则符合 Boisot 和 Child(1996)的"中西方现代化路径模型"。

如果数据显示,企业的主导性组织文化变革路径不符合上述任何一个模型,则需要寻找情境变量,分析变量间的关系,提出命题,进而构建模型。

样本选取的依据

1. 本案例研究只选取中国境内民营企业作为样本。本书试图描述中国本土企业组织文化变革路径,从而探寻中国未来现代化路径。作者推测,与国有企业相比,民营企业更加倾向于加强代表高绩效水平的官僚层级型文化;但是其组织文化变革路径既不完全符合 Boisot 和 Child(1996)的"中西方现代化路径模型",也不完全符合 Quinn 和 Cameron(1983)的"生命周期-效能标准模型",有可能产生新的理论框架;而且,中国民营企业组织文化变革的方向可能指向中国未来的现代化方向。

2. 本案例研究只选择珠三角地区高科技企业作为样本,这是基于以下考虑:

(1) 珠三角地区的经济比较发达,高科技企业的发展比较充分;高科技企业可以在一定程度上代表先进的生产力,可能指向中国未来的现代化方向,符合研究目的;

(2) Ralston 等人(2006:836)指出,在有关中国的组织文化研究中,尚未发现行业这一变量具有显著影响。换言之,针对单一行业的组织文化研究结论,也可以推广至其他行业,不会削弱研究的外部效度。

(3) 本书选取的样本企业虽然都属于珠三角地区,但是位于珠三角地区的不同城市:深圳和珠海。珠海经济相对落后,市场化程度与内地中等城市可能比较接近,因此,本案例研究提出的结论,也可以推广至内地一些地区。

(4) 作者居住在珠海市,属于珠三角地区,居所附近有多座高科技企业园区,具有调研便利。

3. 基于上述考虑,本案例研究采用目的抽样法(purposive sampling),选择了珠海和深圳两个城市的三家民营高科技企业作为样本。其中,T 公司和 H 公司都是中小型企业,Y 公司是大中型企业。这是由于:

(1) 本案例研究以归纳的逻辑为主,属于探索性研究,因此在调研之初,对样本的选择标准只有两条:第一,是珠三角地区民营高科技企业;第二,具有调研便利性。众所周知,民营企业普遍以中小型企业为主。T公司和H公司即为符合上述两条标准的样本。

(2) 在完成了对T公司和H公司的案例研究后,作者通过对数据的分析归纳发现,在"政商关系的非人格化水平"这一关键的情境变量约束下,上述两家公司虽然情况不同,但都难以做大做强,不能提供有关中国未来现代化路径的线索。因而,对第三个样本的选择标准,除了上述两条以外,又增加了两条:第一,属于大中型企业;第二,绩效水平较高。对企业绩效水平的判断,主要基于外部知情者的评价和互联网上行业论坛的口碑。Y公司即为符合上述标准的样本。

二、现场程序

企业名称、联系人

1. T公司,副总裁A。
2. H公司,总经理A。
3. Y公司,总经理E。

现场访问时间表

2008年1月,对T公司进行案例研究。

2009年11月,对H公司进行案例研究。

2010年3月-4月,对Y公司进行案例研究。

现场程序

1. 问卷调查(10人)

填答者:公司创始人,副总,部门经理(5—6人),资深员工(2—3人)。

调查内容:当前的组织文化轮廓,期望的组织文化轮廓。

调查问卷:《组织文化评估工具》,见附录2。

填答问卷所需时间:每人15分钟。

填答方式:Excel电子问卷,填答后直接发到联系人邮箱:tianyuanyu@gmail.com

2. 访谈(8—10人)

受访者:公司创始人,副总,部门经理(4—5人),资深员工(2—3人)。

访谈内容:1.组织文化现状;2.受访者期望的组织文化类型;3.进行组织文化变革的动力与阻力。

访谈提纲:见附录1。

访谈所需时间:每人30—60分钟。

三、案例研究问题

研究者希望了解的问题

1. 公司组织文化的现状以及形成的原因?
2. 受访者理想中的组织文化是怎样的,为什么?
3. 向官僚层级型文化转变的阻力?

访谈提纲

1. (首先向受访者介绍竞争性价值观框架内涵)根据"竞争性价值观模型",您如何描述贵公司组织文化的现状?

2. 根据竞争性价值观框架,您理想中的组织文化是怎样的,为什么?

3. 官僚层级型文化为何成为了(或没有成为)主导性文化?

四、案例研究报告大纲

1. 研究方法论

研究设计

信度与效度处理方法

2. 数据展示

公司概况

组织文化现状与期望的状态

3. 数据分析

4. 讨论

5. 总结

组织文化变革模型

CVF 模型和 OCAI 问卷在中国情境下的信度和效度缺陷

6. 参考文献及数据库

五、调查问卷

见附录 2-2

附录 2

组织文化案例调研计划

附录 2-1　发给受访企业的组织文化案例调研计划原文（×公司组织文化案例调研计划）

一、研究目的

1. 识别×公司当前的组织文化轮廓及其形成原因。
2. 识别受访者期望的组织文化轮廓。
3. 理解×公司向期望的组织文化轮廓转变的动力与阻力。

二、调研内容和安排

1. 问卷调查（10 人）

填答者：公司创始人，副总，部门经理（5—6 人），资深员工（2—3 人）。

调查内容：当前的组织文化轮廓，期望的组织文化轮廓。

调查问卷：《组织文化评估工具》，见附录 2-2。

填答问卷所需时间：每人 15 分钟。

填答方式：Excel 电子问卷，填答后直接发到联系人邮箱：tianyuanyu@gmail.com。

2. 访谈(8—10人)

受访者:公司创始人,副总,部门经理(4—5人),资深员工(2—3人)。

访谈内容:(1)组织文化现状;(2)受访者期望的组织文化类型;(3)进行组织文化变革的动力与阻力。

访谈提纲:见附录2-3。

访谈所需时间:每人30—60分钟。

三、向×公司提供有关该公司组织文化的研究成果

案例研究完成之后,研究者将为受访企业提供完整的组织文化研究报告。

四、声明

本案例研究所收集的资料仅为学术研究所用,对×公司所提供的资料完全保密,公开发表任何相关资料都会征求×公司的同意。

项目主持人:中山大学管理学院 吴能全 教授
项目联系人:北京师范大学珠海分校国际商学部 于天远 副教授
电子邮箱:tianyuanyu77@163.com
通信地址:北师大珠海分校国际商学部 于天远 收(519087)

附录2-2 调查问卷

企业文化评估工具
—— 企业现在的状态和您所期望的状态

尊敬的先生/女士:

非常欢迎您参加我们的调查。本项调查是中山大学和北师大珠

海分校的研究人员设计的,目的在于了解我国民营高科技企业的企业文化。本研究对组织管理理论发展和中国企业管理实践具有指导意义,而您的参与是完成本项研究的关键。每个问题的回答都没有正误之分,请您根据贵公司的实际情况作答。本项调查是以匿名的形式进行的,收集的资料严格保密,仅作为统计分析所用。感谢您在百忙之中填写本问卷,对于您的支持和帮助,我们深表谢意!

说明:本问卷分为企业现在的状态和您所期望的状态,请分别填答。问卷共包括六道题,每题有四个选项。请将100分任意分配给每题的四个选项,其中越接近您所在企业情况的选项分数越高,请确保每题四个选项分数之和是100分。

1. 我所在的企业的主导特征:	现在的状态	期望的状态
A. 是一个人性化的地方,就像是家庭的延伸,员工分享彼此的感受。		
B. 充满活力和变化,适合创业,员工愿意冒险、勇于创新。		
C. 以工作为导向,以绩效为评价员工的主要依据。		
D. 具有非常正规的制度和严明的层级,员工按照现成的规章和流程办事。		
总分	100	100
2. 我所在的企业的领导者风格:	现在的状态	期望的状态
A. 领导人被视为一位睿智的导师甚至父亲/母亲。		
B. 领导人被视为一位创业家、创新者甚至冒险家。		
C. 领导人被视为一位强力的生产推动者、技术专家、甚至工作狂。		
D. 领导人被视为一位协调者、组织者或管理者。		
总分	100	100

续表

3. 我所在的企业的管理风格：	现在的状态	期望的状态
A. 重视团队合作,少数服从多数,决策层经常听取员工的意见。		
B. 提倡个体主动性和自主权,鼓励员工冒险、创新和展现自我。		
C. 内部竞争性很强,对任务的要求和标准都非常严格。		
D. 雇佣关系稳定,人们的关系是稳定的、可以预见的。		
总分	100	100
4. 我所在的企业的组织黏合剂：	现在的状态	期望的状态
A. 靠忠诚和传统来凝聚员工,员工对企业有很强的责任感。		
B. 靠创新意识和进取心来凝聚员工,敢为天下先。		
C. 靠竞争的成功和声誉来凝聚员工,强调目标的实现。		
D. 靠正规的制度和政策来凝聚员工,重点是维持组织的顺畅运作。		
总分	100	100
5. 我所在的企业的战略重点：	现在的状态	期望的状态
A. 重视人力资源,保持高水平的凝聚力和士气。		
B. 重视增长和获取新的资源,随时准备迎接新的挑战。		
C. 重视竞争和成功,强调可量化的指标。		
D. 重视稳定和持久,强调效率和顺畅的运作。		
总分	100	100
6. 我所在的企业对成功的定义是：	现在的状态	期望的状态
A. 人力资源的发展、团队的合作、员工的参与和贡献、对员工的关怀。		
B. 拥有最独特或最新的产品或服务,是产品或服务的领导者和创新者。		
C. 赢得市场份额并且打败对手,成为市场的领导者。		
D. 平稳的运作和低成本。		
总分	100	100

个人信息：

您的文化程度是：
○初中　○高中　○大专　○本科　○研究生

您在贵公司工作的年限是：
○1年　○2-5年　○6-9年　○10年以上

您现在的职位是：
○普通员工　○部门经理　○分公司经理　○副总裁　○总裁

您目前所在的部门是：_____（请填写）

辛苦您了！问卷到此结束。请将问卷寄往以下电子邮箱。感谢您的大力支持！

电子邮箱:tianyuanyu77@163.com

项目主持人:中山大学管理学院　吴能全　教授

项目联系人:北京师范大学珠海分校国际商学部　于天远　副教授

通信地址:北师大珠海分校国际商学部　于天远　收(519087)

附录 2-3　访谈提纲

1. 贵公司在鼓励创新、满足顾客需求方面做得怎么样？
2. 研发工作现在主要是各自单干还是团队合作？
3. 员工对企业的忠诚感强吗？
4. 老板对员工们关心吗？
5. 您觉得公司同事之间有亲如一家的感觉吗？
6. 现在的工作流程和制度完善吗？
7. 用规范、透明、快捷、协同的标准衡量,您给公司的制度化水平打多少分?

  8. 假如老总不在公司,公司是否会一片混乱?

  9. 流程和制度设计出来以后,执行的过程会不会有问题?

  10. 您觉得设计对研发工作的绩效考核指标是否困难?

  11. 您觉得开拓市场和做制度哪一样是目前最迫切的呢?

  12. 未来5—10年,您理想中的企业文化是什么样子?

  13. 如果要实现您的理想,您认为贵公司应该采取哪些行动?

  14. 公司高层在未来以何种文化为主的问题上是否达成了共识呢?

  15. 贵公司的客户是以政府、国企为主,还是以民企或者普通消费者为主呢?

  16. 您觉得在签合同的时候,国企客户和民企客户存在区别吗?

  17. 国企客户会要求拿回扣吗?

  18. 国企客户对贵公司的影响如何?

  19. 贵公司的核心竞争力是什么?

  20. 贵公司初创时期的企业文化与现在相同吗?

  21. 从历史上的那种文化转变为现在这种文化大约发生在哪一年?有没有什么标志性的事件发生?

  22. 能否告知公司历史上每年的销售额和人员规模数据?

  23. 您对公司发展还有何建议?

附录 3

T 公司案例研究数据库

附录 3-1　T 公司访谈记录(节选)

受访者:A

1. 您如何描述贵公司组织文化的现状?

答:目前已经不是绩效的问题,而是如何调整员工心态的问题。老总的做事风格与员工有冲突。老总是 60 年代初生人,加拿大留学生,希望报效祖国,总向员工强调要无私奉献、不计报酬,老总品德很好,但比较严厉。员工心理压力大,工作量太大,研发人员过劳。目前的组织文化主要是官僚层级型和市场型,靠低成本和独创性的技术生存。

2. 贵公司初创时期的组织文化与现在相同吗?

答:两三年来基本如此。公司一直面对军工市场,市场不够大,不能满足企业发展。近一两年来为了拓展利润空间,开拓民品市场,有所扩张。公司规模 2006 年四五十人,2007 年有 70 人,2008 年预计扩张到 120 人。以前只是搞研发设计,现在要上生产线。2007 年民品与军品为一九开,2008 年希望达到三七开。

公司人员流动率低,老员工多,离职率大约在10%到20%之间,远低于行业平均离职率。行业平均离职率约为30%。老员工是凭着对公司的忠诚留在公司。

公司的战略投资方也希望公司实现制度化。但公司一直为生产忙碌,顾不上做制度。也有成本约束,不愿设正式岗位做企业文化等工作。企业文化这种事,比如办个内刊、做做网站什么的,公司根本顾不上这些事。

3. 目前岗位分布情况如何?

答:40人搞技术,均为本科以上学历;10人做行政(包括一两个财务),大专学历;十多人在生产线,高中学历。

4. 您理想中的组织文化是怎样的,为什么?

答:希望是宗族型和活力型。员工心理压力太大,需要活力型文化。像金山公司,研发遇到困难,进行不下去,老总会请员工喝咖啡,哪怕花一上午的时间。

5. 如果要缩短这些差距,您认为贵公司应该采取哪些行动?

答:多搞一些团队活动,提供一些员工表达机会;领导对员工要关怀,在员工需要帮助的时候应该第一时间到位。要改善工作条件。

6. 可以约贵公司老总谈谈吗?

答:他经常在国外,也很少愿意接受访谈。

7. 他主要负责什么?

答:主要负责市场,也兼管研发部。

8. 他负责哪块市场?

答:这个问题我不便回答,我也不希望你再问了。

受访者:B

1. 从您填答的问卷上看,您认为贵公司以官僚层级型文化为主。官僚层级型文化有比较规范的制度,但您的同事却认为公司缺乏规范和完善的制度,您认为呢?

答:我以为官僚层级型文化就是老总说了算,所以才这么填答。公司不是没有制度。其实公司建立初期就都有制度,但是制度执行不力。

2. 为什么?

答:(笑)这不是中国企业很普遍的问题吗?你应该知道。

3. 是因为民营企业老总都喜欢集权吗?

答:(笑)是。还有就是,那些制度都是对民不对官。而且,管理人员流动也导致制度的贯彻后继无人,不了了之。

4. 如果贵公司要上市,是否也会迫使公司内部实现制度化?

答:不一定。现在中国很多企业都可以弄一套形同虚设的制度来应付上市的要求。

5. 您的同事认为公司分工不明确,很多事都没有人干。公司是否由于成本约束而不愿招人?

答:小公司分工不可能那么明确。不招人一方面是因为成本考虑,但更主要的是因为招不到优秀人才。老总说过,只要是人才,再多的钱都愿意出。

6. 公司目前的组织文化还有哪些特点?

答:不是宗族型文化。一人一个项目,没有团队合作。也不是市场型文化。公司一直面对一个封闭的市场,研发工作都是由老总的指令安排。

7. 您的同事说两年前搞过一次娱乐活动,是吗?

答:(大笑,点头)是。

8. 您的同事说压力很大,经常加班,没有加班费,是吗?

答:是加班,但不是因为市场压力,而是老总希望项目越早完成越好。

9. 您的同事认为市场开拓很重要,需要市场来引导技术。您觉得呢?

答:是的(点头)。原来封闭的市场会越来越小。我们的技术目前还是领先的,应该可以在民品市场上有广泛应用。

10. 贵公司为何不加大市场营销部门的投入呢?

答:(迟疑)我很难向你解释。原来军品市场都是老总一个人做的。

11. 据我所知,贵公司所在行业需要大规模的资金支持,缺乏资金是很难实现技术创新的。贵公司为何一直保持低成本运作?是融资有困难吗?

答:我想不是没钱,是老总不想在这方面继续投资了。因为这种研发投资需要长期才能见效益,而老总有其他短期见效益的投资方向。

12. 您说的短期见效的投资方向是在贵公司吗?

答:(笑)这我就不便再说了。

13. 民企老总普遍不愿长期投资,您认为是什么原因呢?

答:中国100年来社会都在不断动荡,大家不知道明天会发生什么,缺乏长期投资的驱动力。

14. 贵公司初创时期的组织文化与现在相同吗?

答:发生过一些变化,都是不太喜欢的。主要是活力型和宗族型减少了,官僚层级型增强了。

15. 您理想中的组织文化是怎样的,为什么?

答:理想中的组织文化是市场型和宗族型文化。我觉得这两种文化很重要。

16. 如果要实现您的理想,您认为贵公司应该采取哪些行动?

答:公司目前的文化不太可能发生变化,因为老总不需要做任何变化。除非外部环境发生变化,或者领导权发生变化。但这在我们老总身上不太可能发生。

17. 但如果可以做一些细小的改善呢?

答:那就要说服老总,改变一人一项目的现状,才可能有团队合作;还要开拓新市场,这样会产生很大压力,才能迫使公司产生变化。

附录 3-2　T 公司实地调研观察笔记

1. T 公司网站建设粗糙,对外信息披露极少,几乎无法查到任何数据;研究者向副总裁 A 索要公司宣传资料,A 寻找良久,只找到一份极小的产品介绍手册,再也无法提供其他文件资料。A 称,公司忙于生存,顾不上做网站和宣传。

2. 研究者在 T 公司调研期间,曾听到某办公室有人争吵、辱骂、拍桌子。

3. A 告诉研究者,之所以来到 T 公司任副总裁一职,主要是为了 T 公司总裁对 A 的许诺:T 公司上市后,将给 A 一笔可观的报酬。A 私下决定,只要一拿到这笔报酬就立刻辞职。

4. A 告诉研究者,公司人心涣散,许多员工随时准备卷铺盖走人;公司内部帮派斗争激烈,A 曾听到许多针对她的流言蜚语,她对此表示极为反感和不屑。

附录 4

H 公司案例研究数据库

附录 4-1 H 公司访谈记录（节选）

受访者：A

1. 您如何描述贵公司组织文化的现状和未来所期望的组织文化？

答：如果就目前花费的时间、精力来说，（在 CVF 模型的两个维度上——作者注）比较侧重外部竞争和结构稳定。未来的文化应该倾向于更加灵活，因为目前我们对市场的反应速度不够；内部可能要加强队伍中对新人的培养。因为员工的流动性较低，领导层稳定度较高，可能对创新精神有所削弱，改革欲望不强。人有惰性，随着年龄增长，或者在岗位上呆久了，并非每个人都希望变革。

2. 那可不可以说目前是以市场型文化为主，未来期望以团队型文化为主？

答：是的，可以这么说。

3. 贵公司初创时期的组织文化与现在相同吗？

答：初创时期主要是活力型和团队型文化。当时我们没有任何资源和基础,完全靠团队的凝聚力,不考虑彼此的背景和环境,意气相投,走到一块,想做点事情,靠着"人和"生存下来。不仅创始人是这样,一般员工也是如此,比如员工L,1995年七八月份就来了,当时负责生产计划和组织,担任部门经理,做了很多工作。但是现在她已经不再承担领导责任。因为随着公司发展,人越来越多,部门界限逐渐清晰,制度建立起来,"人和"不再是唯一的优势,也不能保证企业的成功,必须要有市场竞争力,产品要有独到之处。因此,对员工不再只看忠诚度,还要看能力,要有绩效考核。文化开始向市场型和层级型转变。

4. 这个转变大约发生在哪一年?

答:公司1995年初创时期人数很少,到1999年以前也不过二三十人。2000年推出了一个新产品,进入第一个高潮期,人一下子增多,到2003年达到高峰,有120人左右。这期间开始了向市场型和层级型的转变。像刚才提到的员工L大约就是在2002年左右不再担任部门经理的。到了2004年和2005年,公司进入低潮期,人数减少到50人左右。2009年又开始增长,正处于第二轮高潮的爬坡期,现在的人数大约有120人。关于公司的发展路径,你可以去看我们的《员工手册》,上面从1995年到2007年的情况记录得很清楚。

5. 这第二轮的高潮是如何产生的?

答:主要是受外部市场驱动。也由于我们的战略发展方向具有前瞻性,符合了市场需要。2008年开始的电信运营商重组,给我们提供了机会。

6. 您刚才谈到的第一个高潮期企业文化的转变,有没有什么标志性的事件发生?

答:主要是2002、2003年期间进行了一次干部变化和人事调动。

没有特别的事件发生。我们公司的文化相对保守,不愿冒风险,喜欢循序渐进。

7. 我觉得在中国,可能循序渐进的改革才比较容易成功。您对当前的中国改革有何看法?

答:你知道最近发生一系列"国进民退"的情况。我在中欧国际工商学院读 EMBA 时,经常见到许多国企老总。他们就是那种既得利益者。他们坐飞机一定要坐头等舱,所有用度都极尽奢华,却只要花最少的时间工作。他们实在太腐败了。因为胡锦涛离他们太远了,管不着他们。国资委就那么几个人,很容易就成为同伙。我觉得还是要让国有企业彻底退出,通过市场化改革,才能彻底解决国有企业的腐败问题。现在的情况是,国有企业处于垄断地位,而我们民营企业处于完全竞争市场。当我们面对电信运营商时,唯一的感觉就是它们实在太大了,我们根本没有议价能力。如果政府不愿进行国有企业的市场化改革,只要少给民企紧箍咒念,民企就能焕发活力,国企和民企在市场竞争中自然此消彼长。

8. 您觉得目前公司对研发的投入足够吗?向银行贷款是否有困难?

答:对研发的投入不够。但不只是资金不够,还有管理能力。比如我搞来 1 个亿的资金,怎样能保证这笔钱不会浪费呢?还有,银行贷款的使用是有限制的,比如它要求这笔钱只能用于购买设备等等,不能用于给员工发工资,而技术进步主要是靠研发人员的智力劳动推动的。我们公司其实并不缺钱。公司的股东收益大部分都留在了公司,成为公司的留存资金。我作为股东之一,生活有保障,有尊严,所以不会冒险。老是有人见了面就问我:"上市了吗?"似乎做企业就是为了上市骗钱。的确,资本和劳动都可以创造价值,但是如果大家全都靠资本赚钱,后果会怎样?我是希望能够真正给社会创造一点价值,所以对资本投资不是很感兴趣。我觉得,未来社会需要通信业的发展,我们的事业的确能够给社会带来价值。而这个事业不能靠一个人完成,我们需要团队合作。在团队共同奋斗的过程中,就如在一起登山的过程中,看到沿途景色优美,我在团队中得到了极大的满足。

受访者:F

1. 您如何描述贵公司组织文化的现状?

答:总体上属于团队型。老总很关心员工,他自己说过,作为老总,要多用耳朵听,多用眼睛看。公司目前规模并不大,老总对每个下属都很了解和关心,关注个人的发展,有一种家庭的温馨。我感觉老总办这个公司不是为了个人利益,而是为了理想。他是个有理想的人。不过从2008年开始至今,公司进入飞速发展期,不断的招人,每次招人都有10名左右。我现在开始对一些新人都不太认识了,只熟悉与自己有工作关系的人。公司的活力型文化也很强。因为2008年以来电信运营商重组,开始上3G,移动也可以经营固话了。各地运营商对固话业务都有投资指标。如果我们不去抢这块市场,就被别人抢走了。所以目前必须要抢占市场。现在也很注重制定流程和规范。流程和规范可以让工作更加清晰,可以简化步骤,我很赞同做流程。我们正处于向第二轮高潮发展的过渡期,市场变化很快,过去的ISO2000体系跟不上市场的变化。现在完全没有按照ISO体系做。我们已经开始整理和修改流程和制度。总经理每年都参加年审的首次会议和末次会议。我被派到现在所在的部门,就是总经理希望找一个像我这样完全不懂技术的人,用一种旁观者的眼光,去观察部门的实际工作过程,并通过开会、讨论,把流程确定下来。以前那些懂技术的人,到了这个部门里都忙于工作,顾不上做流程。

2. 您觉得做流程这个过程需要多长时间才能完成?

答:各个部门都在做,别的部门我不知道,我所在的部门预计三个月后应该会有大的变化。比如说,以前我们的市场只限于广东,两三个售后服务人员就够了。现在市场扩展到全国,售后服务的方式就必须有很大的改变。以往主要是电话服务,比较被动,现在要探讨除了网络还有什么办法实现服务。

3. 这个改变需要一定的创造性啊,你们是如何设计新的流程的呢?

答:首先是总结自己遇到的问题,然后效仿其他公司的做法,从其他公司的网站上学习他们的服务方式。

4. 流程和制度设计出来以后,执行的过程会不会有问题?

答:问题肯定会有,也不必完全按照流程做,还是要根据实际情况变通。不过公司已经决定,每个月对每个部门都要进行一次检查,检查流程的执行情况,以后 ISO 体系可以"当饭吃"了。

5. 如果你们是按照自己设计的流程操作,如何应付 ISO 的年审呢?

答:这个没有问题。ISO 只是规定一些要点,它的核心目标是要满足客户需求,提高产品质量。至于每个公司具体怎么做,怎么实现这些目标,完全可以由公司根据实际情况自己决定。年审的时候不一定非要提供纸质文档。比如我们要使用一个在线研发系统,所有的工作记录都体现在系统中,到时候给他们看这个系统就行了。

6. 您理想中的组织文化是怎样的,为什么?

答:期望未来市场型文化能够加强,让考核更加公平。现在年底也会做绩效考核,但是只是部门经理凭个人印象判断,并不能完全体现一个员工一年的工作情况。尤其是对行政、后勤部门来说,很难确定量化的指标。虽然严格的绩效指标会带来压力,但是没有压力也不利于个人的发展。我觉得再这样过两年,我会懒惰下去,没有了前进的激情。市场型文化可以刺激个人的努力。

受访者:H

1. 您如何描述贵公司组织文化的现状?

答:各个部门不太一样。像市场部,应该是以活力型为主。研发部目前是以团队合作为主。

2. 研发工作现在主要是各自单干还是团队合作?

答:是团队合作,不是单干。一个人完成不了整个项目,要有分工、协调。小的项目也要三四个人,有项目经理、研发、测试人员、对外培训等。大项目的话,光研发就要五六个人,测试也要一两个。

3. 研发工作以前也是这样团队合作的吗?

答:以前不是。我刚来时没有规矩、没有制度,流程主要靠人,没了领导就一片混乱。今年年初开始整理项目流程和配套模板,现在已经走上轨道了。

4. 高科技企业本应重视创新能力,但是高科技企业的创新能力普遍不强,活力型文化不强,您觉得是什么原因导致的呢?

答:要看什么行业。如果搞动漫行业,可能会强调创造性。而我们公司属于传统的通信行业,对创新能力的要求并不强。只要把工作做完美就行了。我们不是靠灵感或创新发展的。市场需要什么,我们就马上推出应用。我们实际上是要用成熟的技术做出稳定的产品。比如,从上游供应商那里买到芯片,供应商也可能给一些方案,然后我们做应用。当然我们也有软件部,软件研发是靠自己,也需要一定的创造性,但是要求并不高。至于研发部门的创新能力不强,一方面是能力的原因,另一方面也缺乏绩效考核指标。

5. 您觉得应该如何设计研发部门的绩效考核指标?

答:现在看来比较困难。很多东西不可量化。要设计一套合理的绩效考核指标,目前还做不到,可能需要未来一两年时间吧。设计指标要考虑研发的难度,考察研发的效率,而不是光看结果。一定要把研发过程考虑进去,要综合考察。当然这个很难,所以现在都是靠领导拍脑袋评价员工的绩效。

6. 现在的工作流程和制度完善吗?

答:现在制度还不完善,还有"领导效应"。比如某个工作要按照流程做的话要填一张表,但老板一拍板就通过了,不用填表了。所以不但要有流程,还得有制度配合,要求你必须得填这张表,不填就要承担责任。今年这种老板拍板的情况已经开始改变,开始减少了。

7. 这么说您是赞同做制度和流程的?那为什么您在问卷中填的结果是希望减少层级型文化呢?

答:哦……我觉得填问卷时是这个"层级型"的字眼给了我误导,让我以为是指等级森严、领导说了算的文化。我当然是赞成做制度和流程的,应该继续加强层级型文化。但我希望流程的制定应该合理,目的是提高工作效率,不是为了做制度而做制度。

8. 您对公司未来组织文化的发展还有什么建议吗?

答:我觉得团队型文化很重要,团队合作对流程和制度有补充作用。流程对一些细节不可能全都很明确,或者顾及不到实际情况的变化。现在研发部内部团队合作很强,按照流程做没有问题。但是当涉及跨部门合作时,很多事情就比较困难。所以跨部门的协作要加强。一项工作的完成要么靠流程,要么靠团队,未来团队型文化不可或缺,

9. 您觉得未来活力型文化需要加强吗？

答：目前公司面临市场扩张阶段，开拓市场绝对是我们工作的重中之重。以前研发部跟市场脱节，可能领导觉得会产生问题，不得不建立市场部，加强研发与市场之间的联系。

10. 那么您觉得当前加强哪一种文化是最紧迫的？

答：市场型还不是很紧迫。层级型和活力型最紧迫，尤其是活力型。因为外部市场的变化，电信运营商"全业务运行"，这是市场的机会，绝不能错过。

11. 您访谈中表达的观点跟您填的问卷结果不是很一致。

答：那个问卷我填的时候比较随意，还是以访谈内容为准吧。

受访者：I

1. 您如何描述贵公司组织文化的现状？

答：规模很小的时候，用层级型行不通。规模很大的时候，比如500人以上，用团队型也有困难。现在我们团队型文化很明显。时间很长了，差不多有10年以上都是团队型。一开始吃饭就是一桌人。后来要二桌、三桌、四桌，最后要包整个餐馆吃饭。这两年层级型开始起步，开始做规矩，要加强层级型文化，现在有这个念头，也有实施。但还不是特别到位。

2. 您理想中的组织文化是怎样的，为什么？

答：我更希望未来要偏向市场型。因为企业不是慈善机构，如果大家老是抱在一起，日子越过越穷，那是很悲惨的。当然团队型文化也不能丢。但是外部竞争那么激烈，内部很安静的话会很危险。以前我们还不能做到居安思危，在里面感受不到市场的压力。现在意识到，如果内部没动起来，只顾着开拓外部市场，试图提高活力型文化，也是很困难的。2001年到2002年期间，公司进了很多大学生，带来了新的气息,让我感到了前进的动力。2003年以后一直到2007、2008年,公司规模一直在萎缩,整天看的都是老面孔,找不到动力。2009年又进了很多新人。我有个同事从格力来的,我发现他有很多新办法,让我学到了不少东西。所以我觉得,内部太稳定,创造不出活力来。要有人员流动,要有新同事,还要有优胜劣汰。而团队型是要靠历史积淀、靠老员工维持的。企业到了很大规模,如果还保持团队型为主的文化,怎么说呢,那叫对得起员工就对不起企业了。而且,没有绩效考核的话,员工也会有怨言的,也不利于团队合作。所以我期望的文化应该既有竞争又有合作,团队型和市场型相辅相成。我也觉得公司的团队型是很好的,但是到了某种程度时,如果不转变,反而会成为企业的绊脚石。我现在特别希望变革。我们的良性竞争太不明显了,当然也几乎没有恶性竞争。没有竞争就不能激发员工的潜能,很多时候大家过于谦让,没有主动地争取。

3. 我感到老总也希望员工们能够更独当一面,希望培养继任者。是这样吗?

答:是的,但是目前中层经理的梯队没有形成。我觉得经理们的能力也有待提高。我们的干部几乎都是自己培养的,很少有从外部直接吸收的干部。中层经理们长期忙于做一线工作,近年来企业收缩期也很少对经理进行管理培训,中层管理者的能力缺乏提升。另外,企业刚成立时,对员工的文化水平要求不高,所以现在的中层经理们文化水平也不高。我倒不是唯文凭论,但是我觉得一个人的受教育程度确实对管理水平有影响。还有就是人才储备少,挪动不开。如果要提拔一个中层,他原来做的工作就没有人代理了。没有可以轮岗的。所以要么应该招人,要么应该建立梯队。

不过这种情况现在已经开始有所好转。老总也在着力培养新人。

去年我们招了两个北理工刚毕业的大学生,今年他们就已经被任命为分公司的销售总监,要与一个省的电信运营商和所有企业客户打交道。去年也有两个同事,入职还不到一年,就被任命为分公司的总经理。我想这对老员工也是好事,不要老是一潭死水。还有一件事我觉得是老总的一个创举。原来我们有个同事,后来去了伟创力,现在又从伟创力出来了。他对制造和品质这块很有经验,我们老总是研发出身,对制造这块并不精通,而且也忙不过来,所以今年我们把制造部品质部放出去,跟那个同事合伙成立了一个新公司,为我们公司提供材料和产品的进出和检验。我觉得这对我们公司来说是挺大的一个变化。

4. 我感到老总的经营战略好像比较保守,喜欢循序渐进,很少采取突破性的改革,您认为这是不是公司规模一直没有做大的原因呢?

答:我理解老总的"保守"是"量力而行"。我们的成本控制得很好,所以公司能够存在 15 年。至于为何规模上不去,我想是保守的度的问题。我感到某些时候,还是有些保守了。比如,今年开拓了很多新市场,但市场不会等我们,应该提前准备,先得有人才储备。这方面我觉得公司保守了点。现在发现外面一个市场起来以后,内部很多地方都告急。货物供给每年都是前面催后面赶。

5. 我在《员工手册》上看到,公司 2000 年建立市场部,2003 年取消市场部;2006 年重建市场部,2007 年又取消市场部。2009 年又重建市场部。这是为什么?

答:以前市场都是老总一个人做。2000 年公司只有二十来个人,市场部只有两三个人,只负责拿单。2003 年市场变大了以后,开始分区域设立办事处,让各个办事处自己负责拿单和工程安装,所以取消了总公司的市场部。2006 年重建市场部,与各区域市场部并存,总公司的市场部负责开拓市场、宣传、建立报价体系等。2007 年为什么取消了我想不起来了。今年又重建市场部,可能是因为老总觉得,只靠自己一个人做市场做不大吧,需要有人分工。

6. 许多受访者认为,公司目前制度和流程还不完善,您是ISO管理者代表,对此有何看法?

答:1999年到2002年公司处在高峰期的时候,ISO体系已经很完善。当时我们特别请了咨询公司来做流程,花了很多钱。设立了专职的管代和专职的文控员(文件控制员——作者注)。后来公司规模收缩,管代一职就改为人力资源部兼任。后来是我兼任。我在采购部的工作很多,很多时候顾不上去做流程。今年采购部有人跟了,我有了一点时间,也有文控员帮忙,情况会好一些。但是文控员经验不足,没我指导不行。我有一个很大的感受,就是我在公司12年了,太多方面都知道后,老总有什么事情自然而然就想到我,让我去做,我要做很多事情,结果ISO就做不专。现在公司业务发展跟ISO有冲突,ISO跟不上市场变化,更多要倾向市场,所以大家感到ISO形同虚设。这也是一个矛盾:业务量大涨的时候,就像现在,很多人都特别忙,根本顾不上做流程;可是业务萎缩的时候,做流程又意义不大,做了也白做。

7. 那么您觉得开拓市场和做制度哪一样是目前最迫切的呢?也就是活力型和层级型哪一种文化需要首先加强呢?

答:肯定要先加强活力型。市场丢了就没了,机遇不等人。而制度建设不是立竿见影的,需要时间。我希望等这一波市场机会过去以后,再做制度。这一波机会先是在发达地区,以后还有不发达地区,大概最迟一年以后,可以完成市场开拓。我很希望你能向老总转达我的建议:现在制度流程方面暂时乱就乱一点,先做"暴发户",一年以后再加强制度建设。而且一年后不管公司规模够不够大,都要加强层级型和市场型文化。

附录 4-2　H 公司实地调研观察笔记

作者有几次早晨到 H 公司调研时,碰到老总和员工上班。作者看到,在公司大楼外、电梯内、走廊里,老总都会与碰到的每个员工微笑着互道早安。老总是北方人,但用粤语向本地员工道早安,声音浑厚有力,让人感觉平等而亲切。看来这种互道早安的做法似乎已经成为他们的习惯。作者第二次到 H 公司实地调研时,走进公司的电子门,迎面液晶大屏幕显示两行大字:"祝×××、×××生日快乐!"原来当天是两名员工的生日。公司的内部陈设也体现了以人为本的理念。大厅中央是休息区,设有几组圆桌方椅,可供员工和客户休息。桌椅旁有吧台,设有咖啡机和冰箱。冰箱里面装满各种小食品。员工介绍说,食品经常更新,员工可随意自取,每次只需在吧台签字登记,月底结账。登记簿记录较多,可见这些设施的使用比较频繁。作者还获知,H 公司每年都组织员工旅游,增进团队沟通。作者在 2009 年 11 月进行实地调研期间,恰逢公司组织约 50 名员工去外地旅游,为期五天。据说这已是当年第二批去该地旅游的员工。

附录 4-3　作者与 H 公司总经理 A 的部分 email 通信记录

作者致 A

日期:2009 年 11 月 4 日 下午 11:31

……我今天的一个疑惑,是关于您的访谈数据和问卷数据的一个矛盾。

今天您谈到,H公司企业文化现状是侧重外部竞争和结构稳定,您期望未来的结构更加灵活,提高对市场的反应速度,加强团队中的新人培养。我于是总结说,H公司企业文化现状是以市场型为主,而您期望的企业文化是以团队型为主。您当时予以肯定,并说如与问卷结果不符,则以访谈内容为准。

而您的问卷结果显示,H公司目前团队型文化已经很强(38分),市场型文化较弱(20分),所以是以团队型为主的文化,而非以市场型为主的文化。而您期望的文化并不是要提高团队型的强度(仍为38分),而是要大力提高活力型文化的强度(从17分增加到25分),同时还要稍稍减少市场型文化强度(从20分减少到17分)。

因此我推测:首先,H公司目前的企业文化的确是以团队型为主。这一点从其他7份问卷中可以实现互证。第二,您所说的目前在时间和精力上侧重外部竞争和结构稳定,并不是指目前以市场型文化为主,而是指在市场型文化上花费的时间和精力有些过高了,需要适当减少。第三,您期望未来结构更加灵活,提高对市场的反应速度,加强团队中的新人培养,并不是指要提高团队型文化(重视内部团结),而是指要提高活力型文化(重视外部市场需求)。

以上推测是否属实,希望您能予以解答,帮助我解开这个疑惑,因为我必须认真对待每一个数据,数据出现矛盾时更需谨慎处理。

A 致作者

日期:2009年11月8日 下午4:52

必须说明面谈时由于时间问题我并非十分清楚市场型、团队型等不同文化之间的细微差别,但是问卷上的问题比较具体而且填写时时间充裕,因此我想问卷结果应更反映我的真实想法。

是的,提高团队对市场的敏感度,以及更加灵活地加以应对,应该是我们努力的方向,也就是活力型文化。

作者致 A

日期:2009 年 11 月 9 日 上午 11:17

感谢您百忙之中给我回复。您的回信也确定了我的推测,有助于我更准确地处理数据和顺利完成报告。您说得很对,问卷结果比较可信。实际上这份问卷的信度和效度是经过国内外无数次调查结果检验过的,看来这份问卷的确比较靠得住。

其实,您的访谈数据和问卷数据这个矛盾的产生,是由于我当时没有向您解释清楚市场型和活力型的区别(因为当时我自己也没想清楚),后来在与其他员工的访谈中出现了与您同样的问题,我才发现是我的原因。所以这里还是想向您再解释一下两者的含义。市场型虽然名为"市场",但它指的是企业内部的"市场",也就是用严格的绩效考核指标来控制员工,企业内部员工和老板的关系就像市场上简单交易的关系(你出钱我干活),绩效好的员工报酬就高,反之就低。这种内部的简单市场关系非常结果导向,员工压力大,满意度较低,通常适合用于控制比较大的企业(小企业通常更倾向于用团队型文化也就是用情感、忠诚和责任感来实现对员工的控制)。而活力型文化则是指努力开拓外部市场、开发新产品、获取更多外部资源,灵活应对外部市场的需求,靠创新意识和进取心来凝聚员工,实现控制。

附录 4-4　H 公司部分文件数据

H 公司《员工手册》内容节选

"2002 年,公司开始推行员工优先股计划,以表彰做出突出贡献的优秀员工;对全体员工进行成功学和绩优团队的培训;同年开始发行内刊。2003年,公司人力资源部进行员工满意度调查,满意度为71.26%,根据员工的意见对部分制度进行了修改。"

"2005年3月,公司推出了新产品系列,同年5月至8月,公司又陆续推出三项新产品;2005年,公司为部门经理、销售总监提供购车专项无息贷款,并对全体员工实行笔记本电脑专项补贴。"

"2002年,公司聘请某管理顾问公司,对企业业务流程、组织架构进行优化";"2003年,任命新一届部门经理,其中六个部门经理是首次担当其职务";同年,"明确企业宗旨中'最优秀'的含义为'最具成本优势',为公司的基本战略方针。"

《员工手册》还提到,公司早在2000年1月就开始按ISO9001标准建立质量保证体系,同年"12月通过挪威船级社ISO9001质量保证体系认证"。

公司现有十余个部门,部门职责明确。公司早在2000年就已通过挪威船级社ISO9001质量保证体系认证。其中特别设置"管理者代表"一职,下设ISO推动小组,直接向总经理负责,其职责是"确保ISO9001质量体系正常运作、监控产品质量。"

《员工手册》记载,2007年,公司也曾分批组织员工到多处风景名胜旅游。

H公司电子内刊内容节选

2008年的公司电子内刊上见到一名员工这样写道:"感谢公司提供年度旅行活动。在全球经济环境这么恶劣的情况下,公司能为员工提供这么好的旅行机会,来之不易。我会珍惜这次活动经验,更会珍惜这份工作,在公司展开我人生中最美的画卷"。

在公司每期的电子内刊上,总能看到当月过生日的员工名单以及亲切的祝福语,老总的名字也曾与普通员工并列其中。电子内刊上还常常登载员工子女的照片,表达公司对这些员工及其家庭的关心和祝福。

附录 5

Y 公司案例研究数据库

附录 5-1　Y 公司访谈记录（节选）

受访者 E

1. 请您描述一下,公司目前是以哪一种或哪两种文化为主？

答:在许多方面我们比较强调灵活、适应的活力型文化,没有那么多条条框框,相对简单一些,这也符合我们公司平等尊重的思路。平等尊重跟层级型是有背离的。如果许多小事也要找我汇报啊、请示啊,我们是很烦的,我就说,能决定的你自己决定吧。但是灵活的背后我们是有原则的。原则可以叫"层级型"吗？好像是不准确的。反正你在原则范围内可以,突破这个原则绝对不行。在关键的事情上我们很严。比如合同的管理,我们就很严,你可以说是层级型。但是我也给他很大的权力,几个原则、指标定下来后你自己去看,如果都通过,财务一看,马上盖章,就签了。如果不行,那对不起,这个审批是很刚性的,到我这儿批,我就是不批,再找我也没用。合同很重要,涉及客户关系,出问题就完了。再比如招聘也是,人要进来,是源头的事情,面试要看他的价值观,核心素质是否达到要求,达不到就不行,达到了你就自己决定吧,录不录用就不用找我审批了。再比如战略规划,像 BSC 是战略规划问题,这个也很刚性,我们要层层评审,要确保这块绝对不能出问题,一旦出问题,影响是很深远的,那我们就相对僵化。比如我们每个季度有战略回顾会议,全国的(分公司经理)叫回来,有很多业务档案要填,还是比较严密的。虽然我们现在内部很多流程也要做,但是我们还是要把关键性的问题很严密地去管理,像员工请个假这样的小问题,就简单一些,不会搞得很严。我们各级管理者不想在审批上花很多时间。我们的制度也不是很多。我们现在在制度建设上还相对薄弱,但也没觉得是个很大的问题。我们还是一个快速发展的企业,而且外部局面在变化,流程我定了以后,没过半年,外部情况变了,我又要去调,调完了又变了,大家都不知道该走哪个流程了,乱了。所以可能要到一定阶段比较稳定了,有很多数据的积累,那才是层级型。比如合同的审批我们很重视,我们去沉淀这些数据,签之前我们就要算合同的利润,要花时间一个指标一个指标的分析,全部算出来,形成一个模型;财务根据这个模型就可以马上算出来一个合同的利润,达到标准,马上盖章;达不到就不盖章。在关键问题上,比如合同的审批,我们已经这样执行了。但是内外环境来看,我们还没到成熟稳定的阶段,没有必要把一切都搞得很严格。比如报销的制度,我签字就表示"知道"这个钱花出去了而不是"审批",很多时候我签字时钱都发出去了。

2. 您觉得我们离成熟稳定的阶段还有多长时间?

答:很难说。可能三年五年,也可能更长。不过软件行业,第一,内部的技术在变化;第二,我们的客户,就是房地产公司,也不是很成熟,它们的管理在创新,我们的软件要跟管理匹配。内外都在变化,我们没法稳定。我们要去适应,一旦发现一个重要的趋势,我们的调整能力非常快。我们是两年前吃个饭就决定在武汉建立研发中心，下午我们就开始筹备建立武汉研发基地了，没过几天就去武汉找场地了，当然我们是在战略上想清楚了，我们就这么办。

3. 为何企业进入正式化阶段所花费的时间相比西方企业要长呢？

答：因为整个市场的环境是多变的，包括我们软件行业不是很成熟，行业本身的管理体系也不成熟，现在我们都是学国外的，BSC呀，是我原来在哈佛商学院学习时学的国外的东西，不是我们自己总结出来的。国内就没有（能向它学到东西的企业），跟金蝶、用友我们都很熟，但是跟它们学不到东西，只是宏观的（交流），很少能学到真正管理上的东西。那只能我们自己去探索。但是我觉得我们在关键的问题上都有成熟的体系。比如我们的战略规划执行体系，3P体系。原来我们的考核没有很严格，大锅饭，两三年前我们请咨询公司帮我们梳理，花了很多钱，现在我们严格执行这套绩效管理体系，层层审批，每个月必须有绩效的跟进、沟通、记录、评价，有非常正式的面谈。再比如我们的质量体系，CMMI，我们拿到这个证书两年了，但我们不仅仅是拿证，关键是执行很严。再比如我们项目的实施，现在很复杂了。原来都是几十万的项目，差不多就行了，定期有个简单的报告就可以了。现在动辄几百万，（像以前那样）那不行。现在我们有一套系统，做项目必须得写东西，每次要汇报进展。要把这个做到系统里面去。所以，我的工作一直是在识别，哪些是最关键的东西。找到一个成熟的体系，一个科学的流程，背后有一套思想的东西，就把它固化下来。现在我们一直在做。

4. 虽然公司的层级型文化做得已经很不错，但从问卷结果看，目前还是以团队型为主。

答:这个很正常。我们更倾向于灵活性和适应性,在最关键的问题上我们控制得很严,但非关键的问题不会控制。

5. 会不会未来公司规模扩大以后,团队型文化已经控制不了,不得不设置更多的规章制度和流程?

答:这可能是方向,每一年都会有更多的东西固化下来。但我希望要识别什么东西是确实需要严密控制的。这是一个循序渐进的过程,不是说有一个点,(过了这个点就)什么东西都上(制度流程)。我们最怕的就是这个东西不关键,但我们非要把它固化下来。我们也犯过这种错误,那就很灾难了。

6. 您觉得未来一段时间我们会以哪一种或哪两种文化为主?

答:四个方面应该都有,总体上说,灵活性和适应性一定是大于稳定和控制。当然我们也在变化,以前我们就是太温情了,家庭的感觉偏重,所有2004年以前入职的员工,只要今天还在公司,一定有公司的股份。当时只要满一年就肯定有股份,后来我们要求还要有一定的贡献和级别(部门经理)才可以。现在我们面临的市场挑战越来越大,外部的竞争对手越来越强了,内部太温情了,外部就成小绵羊了,就任人宰割了。两年前我们就在战略上明确提出要建立高绩效,再其乐融融的,我们公司就快倒闭了。所以我们更严格,更结果导向一些,近三年我们每年年初都要做人才盘点,每年有5%到10%的员工肯定是离职的,有刚性的标准,两个维度:业绩和态度,如果两个都不行,就要免职。所以我们逐步在往外部导向、稳定和控制的方向走,但也不能走太远。

7. 您觉得高科技企业设计对复杂劳动的绩效考核指标是否很困难?

答:这个问题我们已经基本解决了。虽然还不是很完善,但已经尝到甜头了。我们已经搞了两三年了,已经明显感觉到绩效考核的价值了。绩效考核已经是公司一个非常重要的管理工具。一个部门经理,如果绩效考核不过关,直接 pass,根本没有余地。绩效考核是人力资源的核心,人力资源是企业管理的核心。我们把绩效考核升到很高的高度来看。当然一些指标设计还没有到达理想的水平,但是比以前肯定是好多了。研发(考核)可能更难一些吧,但是也一定要考。我们首先要坚定:考核是必须做的,当然怎么考是一个技术性问题。随着我们管理的精细化水平比如 CMMI 的逐步提升,一些原本无法量化的指标就可以量化。

8. 问卷结果显示,公司未来的文化以团队型和活力型为主。您怎么看?

答:一些关键的问题要建立刚性的制度,其他问题在没有成为关键问题之前都可以灵活。比如以前规模小的时候,产品计划老是调,当时是优点;规模扩大以后,再经常调的话对公司的影响是很大的,你就要控制得很稳定,一旦确定下来绝对不能再调。关键的流程我们一定要做,比如今年要把合同的流程全部做到系统里面去。这些方面我们还是比较执著的。比如绩效考核的表格,去年我们发现一些地区的表格变动了一点,今年我们要求绝对不允许改一个字。小的时候我们考虑的是生存问题,大了以后我们要考虑控制各种风险,比如合同的法律风险。比如说要给回扣,对不起,谈都别谈。国企要给回扣,那就算了,不做这个单我们也无所谓。

9. 国企客户对我们的影响如何?

答:国企客户比较少。而且房地产业的国企跟其他垄断行业的国企不太一样,相对比较市场化,跟民企没有本质的区别。你说万科是什么企业?它第一大股东是国企,可以控制它。很多企业说不清楚。我们没有特别区别对待。只不过我们的销售在做国企时是比较圆滑的，处事要比较周全，光是专业是不行的。民企就只看专业，只要给老板创造价值就行。给国企做项目还得看看政治地图是怎样的，搞清派系，A支持你，跟他不是一派的B就必然反对你。

  什么叫关系？那又不是亲戚，关系的背后就是利益，是金钱。早期创业的时我们也有给国企回扣。后来我们想明白了，就不给了。我给，我下水了，这就是对我的影响；现在坚决不给，也有影响，影响有利有弊；弊就是这个项目我们可能就丢了。我们也有这样的，最后客户都来找我了，说，××（另一家公司）给了我多少钱，你也得给我多少钱，你钱跟他差不多我就选你。那（回扣）比例很高了，我说我肯定不行，那没办法。我们就出局了。对我们有利的影响就是专业上我们要过关。凭什么人家拿钱就能赢你呢？我们竞争对手都是这么干的。用友不刚冒出来"行贿门"嘛，清单都出来了，我一看我就明白了，那不可能是假的，因为太多了，他们要用一个流程去管理行贿的记录、审批，在系统里都记录了。外资企业是通过第三方走，找代理公司行贿，自己很干净，或者变相请你去旅游一下。总之，逼着我们走正道，就要在专业上下工夫。所以这么多年我们的发展也不是很快，但是比较持续。因为我们一直坚持走正道，而且越来越坚持走正道。现在我们要过上市这一关，发现走正道走对了。我们的财务、纳税，干干净净，没有任何问题，税我全缴了，不需要补税。

  10. 你全缴了，还能有利润赚吗？

  答：那怎么没有？那就逼着你改善运营了。我们税后净利润能达到20%呢。税负重有什么办法呢？你不缴税有风险啊，人家一查一个准啊。我们还是追求可持续的发展，财务上不追求暴利，追求合理的回报。早期我们也有税收的优惠，征税有返还，所得税有"三免两减"。现在我们已经没有了,高新技术企业也要缴15%的所得税。每年分红要交20%的个人所得税。是直接扣的,只发给你一张纳税证明。我们就认了,这个没办法。这方面我们讲究稳定和控制,这是法律的风险。

11. 实际上中国民营企业是靠跟政府的关系来抵御风险的。

答:这个是最危险的。它(政府官员)人变了,换个人,照样搞你,你就没办法了。所以我们就正常缴税吧,我没什么问题,跟它保持正常关系就行。要是有问题就被它拿住了。所以我们产品要涨价嘛,每年都跟客户涨价。我们跟客户平起平坐,我给它带来价值。你花500万在我这儿,我给你带来更高的价值就行了。

12. 我们的核心竞争力是什么?

答:中国没有一个软件公司,能有我们这么大的一个团队,对房地产行业有这么深刻的理解。我们有这么多客户嘛,我们跟万科合作11年了。最初我们也不懂,有了项目就做,做了就懂一点,一点一点慢慢积累。像金蝶、用友是通用软件,像我们这样坚持只做房地产行业软件的,在中国规模不到我们1/10的企业都没有了。我们是(同行排名)第二的十倍以上的规模,(同行)没有过千万级的,也就是几百万的。我们是比较专注,专注的培养起这么大一个团队。我们400来人,起码有超过300人是很懂房地产行业的,不管是销售的、开发的、服务的、实施的,都很懂。

13. 所以我们跟政府的关系是一种正常的法制的关系?

答:我一年都不会请政府吃一次饭的,税务局我根本不见。我没有参加政协之类的组织,我对政治敬而远之,完全没兴趣。我就是不违法(就行了)。

14. 我原本对政治也没兴趣,但是发现会受到它的损害。

答:我觉得深圳还好,还是比较正常。过年过节也就是给税务局送点礼物吧,购物卡什么的,就行了,因为他们也要给我们退税嘛。缴税现在很简单,每个月3号5号,钱几十万甚至上百万,"咔"就账上直接给我划走啦,没什么可讲的。政府部门跟我们打交道很少。再就是我们申请一些政府的项目资助吧。

15. 去年开始央企大举进入房地产,会对我们产生什么影响?

答:影响不大,当然我们现在会比较重视央企,以前我们不太重视。现在也在积累央企项目经验。央企我们也有很多客户,比如中海、招商地产,我们合作得也很好。我们还是把专业做深做透,如果它不认我的专业,那就算了嘛。

16. 您觉得地产央企的文化是怎样的?

答:地产央企的市场化程度还比较高,特别是深圳的。北京的可能更复杂一些吧。央企信息化有两个诉求,一是官员自身追求政绩,二是业务需要。因为它比较大,容易失控,比如有人贪污卷款逃了,老总有责任啊。所以两方面诉求都有。

17. 用规范、透明、快捷、协同的标准衡量,您给公司的制度化水平打多少分?

答:65到70分吧。应该还是及格。因为关键的问题还是比较制度化的。微观的流程是比较弱的、不健全的;具体业务、岗位上下游的衔接还没有明确流程,因为我们总在变嘛。但整个公司关键的流程是比较清晰的。比如招聘和辞退一个人,要周期性的评估,跟人相关的流程是比较严格的。

18. 未来当公司规模扩大到一定程度,会不会以层级型文化为主?

答:现在很难做太长期的判断。五年内我觉得应该不会。再长期就很难说,比如我们将来上市以后,外界对你的要求就不太一样,会要求我们随时可以披露对未来的预测,要拿数据说话,那就要有更多制度。我们现在已经启动了创业板上市准备工作。顺利的话明年就可以上市,或者后年,当然也取决于资本市场。我们硬件都没有问题,只是需要跟资本市场有个对接。我们有50多个持股员工,要给他们回报嘛。上市不是目标,而是发展中的一个重要手段,可以帮助扩大品牌和市场,但是风险也会增加,钱多了可能就乱来了,但我觉得我们应该问题不大。

19. 据我所知,许多中国的上市公司仍然没有实现制度化,监事会、董事会等制度形同虚设。

答:那肯定是有的,你要跟它博弈,那是一种思路了。但我这个人比较简单,不愿跟人家博弈。我们的业绩是刚性的。你看我好,你愿意投,就来找我,不愿意,就算了,我根本不求他。你让我做商业企划书,对不起,我没那么多时间,我也不做。关键的问题,战略,我跟你说清楚,财务报表你拿去看,想访谈高层也可以,谈完告诉我结论就行。我不想做什么工作去说服他,绝不请他吃饭。他要请我吃饭,我还不愿意去呢。

20. 未来五年预期可以扩张到多大的水平?

答:我们现在每年有30%到40%的增长。五年应该能做到五个亿吧,还是有机会的。人员规模估计要上千人吧,不包括合作伙伴。要包括合作伙伴,现在我们就700人了。我们肯定要进入更多的区域。去年我们进入了福建市场,今年进入了湖南市场,自己直属的公司。武汉研发基地肯定也要有大幅度的扩充。

21. 如果达到千人的规模、五亿的水平,您觉得公司还是以团队型和活力型为主吗?

答：这个我觉得不会有本质的变化。你这个模型我觉得不是非此即彼吧，我们的文化还是要整体均衡，但要有自己的特点。我们公司的风格还是讲究平等、透明、简单。流程和知识管理是未来两三年重点要强化的，我们有专门的 IT 部门，专门做这个事。随着价值链的复杂以后，流程管理反而效率高了。价值链很简单的时候，就我们俩，搞什么流程啊？现在有八个人，岗位细分了，那就得搞流程了。

22. 那为什么问卷结果显示，未来公司仍然不是以层级型为主呢？

答：这个有点问题。好像有点误解。别人我不知道，从我这个角度，流程是我们现在正在做的重点，还不用说未来。去年我们就想做，但是没做好，用错人了，今年我们就换人了。但是这个要下不少工夫，它比较慢，不是一下就能见效。今年就是我们的重点。只是这个"层级型"，我不知道你那个问卷是通过什么来判断的……（根据研究者提示，浏览问卷描述层级型文化的 D 选项）你这个 D 选项里面流程的概念不突出，你这个表述不确切，跟流程、知识管理比较难结合，你说 D 就代表着流程、制度？我觉得在描述上还是有点偏差，D 好像搞得挺官僚的那种感觉……（沉吟）这个（层级型）反正现在是我们的短板。我正在抓这块。这样看我们现在还是要从团队型往层级型这个方面提升。这个问卷可能理解上有点（问题）。D 选项只体现了规范，没有体现出效率。我们关键是要通过流程来提高效率，而不能仅仅是规范。知识管理的背后就是要共享，流程的背后是高效，所以我们现在行政很小，这么大的公司，只有两个人做行政，都没有部门，只有岗位，叫财务监管，挂在财务部。

23. 那么未来到底是以团队型和层级型为主还是像问卷结果体现的那样以团队型和活力型为主呢？

答:这么多年我的管理就是平衡,不走极端,内外要兼顾。《基业长青》里面讲,要保留核心,刺激进步。我流程再怎么做,我不会说是不平等,不会违反我基本的价值观。外面再怎么变,我的核心不会改变。问卷平均结果认为目前层级型有 22 分,我认为没这么高,应该低于 20 分,我看现在可能是 17、18 分。我感觉现在这块是比较弱的。但是问卷结果认为未来还要进一步弱化,我觉得对这个问卷可能理解上还是有偏差的。我们一看到层级型就想到封建等级、按部就班,有点僵化。我们现在确实要消除一些僵化的问题,比如有些事情不该严格,它非要严格,请个假还要请半天,都休完假回来了还没请完。但是有些事就要严格,比如会议室的使用,原来不用订,现在人多了,所有会议室都要在网上预订,有个预订系统,否则就撞车了。我觉得未来要有个平衡,层级型不能成为我们的短板,得有 25 分左右吧,但也不必特别强,很多东西还是要灵活。

24. 您为什么不给自己一个独立的办公室?

答:这跟我们平等尊重的文化有关吧。早期我是有的。后来我们是向惠普学习吧,我就搬出来了,我原来的办公室挺大的,就改为(员工)休闲(场所)了。现在已经习惯了,很多年了,觉得挺好的。他要找我,一看我在就在,不在就拉倒了。原来我还忌讳我在那儿坐着(离员工太近),对他们形成一些负面影响,现在看我周边的人都是比较专业的业务,他们都不向我汇报,没什么问题,(关系)很简单。公司现有十多个部门,都没有独立办公室。

25. 假如您不在公司工作了,公司是否会一片混乱?

答:那不会的。从去年年底到今年年初,我至少一个月没在公司。我家小孩出生,我爸又做个大手术,我整个一月份都不在公司。现在日常运营上完全不依赖于我。项目竞标啊,报价啊,要优惠多少钱啊,我根本不管,也没什么人找我。(即使)我不在一年,公司也应该问题不大。我还是管人和战略。每个季度我们有个战略回顾会议,应该是我最紧张的两天,我一定要把这个事情搞清楚。再就是日常的人。我昨天去武汉,最重要的工作,是与武汉已经入职的十几个新员工交流,我为此专门去一趟武汉。要是说北京有个客户让我去见,我就不愿去见。不然我们全国这么多项目,都让我去,那我不是累死吗?

26. 您觉得公司目前是以人治为主还是以法治为主呢?

答:我觉得现在日常运营还是以法治为主,都有章可循,不是我说了算,不需要我干预。但是在某些方面,比如战略和用人,可能还是有点人治的成分。比如一个人做不好,那我们确实想清楚了,就把他换了。我们在任用提拔上没有任何裙带关系。所以也不存在任何顾忌。去年我们那个 IT 部做得就不好,我想清楚了以后就跟他谈,当场就办手续,反正充分的沟通嘛,给优厚的补偿嘛,那没办法。第二天我们就换一个人了。这方面可能就是人治,因为我们没有经过很系统的(审批流程),我们要很快速的(执行)。比如一个区域的负责人确实不行,那就罢免。在这样的问题上我们不太讲法治,我们几个核心的人沟通一下,就很快速的(决定),也可能有不近人情的地方。在一些重大问题上我们还不是特别民主,这也没法民主。

27. 有学者认为,民企跟民企交易是契约治理,民企跟国企交易是关系治理,您觉得在签合同的时候,国企客户和民企客户存在这种区别吗?

答:我们不明显。我们有的国企客户还是很讲究契约精神的。有的民企老板还很不讲理呢。国企和民企在契约精神上差别不明显。房地产企业普遍还是不太注重契约精神的。这个行业的规范程度低。我们要做的事就是帮助它走向规范。我们的使命就是推动整个行业的管理水平。当然很难了。要是容易做,谁都能做成,没我们什么事儿了。因为它比较难,我们坚持做下来了,所以在这个领域我们独占鳌头了。这几年好很多了,转变比较快。但是跟竞争更充分的行业,比如零售行业,精细化程度比较高的行业,(规范化程度)还差很远很远。

28. 一般企业不依靠政府很难做大的,贵公司怎么就能做大呢?我感觉公司还是比较幸运的,所处的行业政府干预不是很深。

答:政府就是这样,你要老往人家身上贴,他就关注你了,就给你制造麻烦了。我们就离它远远的嘛,不往上贴嘛。原来我们也找过深圳政府房地产部门帮我们推广系统什么的,后来发现效果也不好,我们也很烦这个事情,我也不爱跟政府这些人混,这跟我们做事的基本原则有关系。我们就不做这个事了。我们基本没有政府的朋友。(上次)区长来了,区长是我的同学,那没问题啊,我们都无所谓,穿得很随便,聊一聊,把几个局长叫来,说关照一下,我也不能太(不近人情),这都比较简单嘛。

29. 能否告知公司历史上每年的销售额和人员规模数据?公司发展有没有经过起落?

答:我们没有什么起落,一直在增长。早期增长速度较快,因为基数小;2002年销售额过1,000万以后,平均每年以30%到40%的速度增长。行业在快速发展,估计未来会保持这个速度。历年销售额数据不便告知,因为目前在上市筹备过程中,一些数据比较敏感。人员规模近五六年的数据人力资源肯定有,更早的数据只能是估计了,因为那时还没有人力资源部门。公司最初建立时是三个人。现在我们比较重视这个数了,每年都有准确统计,因为要算人均产值。

年初、年末、平均、每个月多少人的数据都有。最近三四年做BSC,必须要看这个数据。

我们希望今年(销售额增长率)做到30%—40%,也能确保明年达到30%—40%。每一年从产品、团队各方面都为下一年打好基础,越来越自如。我短期内并没有特别远大的抱负。在深圳我每天都回家吃饭,很少应酬客户,除非全国同事回来集训呀我跟他们吃个饭。

30. 您的"抓大放小"的思想似乎比较符合中国道家文化的"模糊"思想。

答:我对中国文化没有任何研究。我是在管理上比较西化的。使用的工具比较西式。国内更权谋一些吧,西方更开放透明简单一些,比较符合我们的原则。我们整个管理理念、体系、思路基本都是借鉴西方的。国内的管理书我原则上不看,除非是案例。西方的管理方式要落实比较难,与中国的传统权谋文化有比较大的背离。中国文化讲关系嘛,西方不太讲究这个东西。所以我们从很小就把这个种子种下了。现在我要是去一个别人的公司,让我当一把手,那我就很难(落实西方管理理念)了。万科也曾经提出过"不叫总"嘛,就是不要叫"王总"啊、"陈总"啊什么的,搞了一段时间,做不下去嘛。我们就"不叫总",现在都很习惯了,从小就种下了这个基因了。我们几个搭档也是这个风格的,就能长期合作。我们也有跟我们不是一个风格的(同事),就跟他拜拜了。我们核心就五个人,我们定了的东西一定推得下去。我们没有什么勾心斗角,吵还是偶尔会吵一吵,吵完了达成共识就完了嘛,就比较简单。我觉得深圳的社会环境对我们这种西化的方式阻力不大,深圳相对比较市场化。我们在达到100人的规模之前,(政府部门)根本没有来找过我。现在我们很多内地的合作伙伴,它(一个合作伙伴公司)十个人都不到,才多少钱哪?税务局到他们公司来找茬,他应酬了一天税务局。深圳比较富有吧,税源比较多吧,你小的时候它根本不管你。我昨晚跟武汉的一个合作伙伴聊,他说税务局都盯着它,他觉得很烦,公司挣点钱也不容易,一共才二十多万的利润,缴税缴十几万,他觉得很心疼。我们现在一年缴税都上千万了,这块刚性的成本是无法改变的,没办法,想清楚了就缴吧。就想着怎么创收吧,涨价也好,扩大市场规模也好,就不在这方面(政府关系)下功夫了。

31. 目前公司可能面临的什么风险是什么?

答:房地产行业我们比较熟了,团队也比较成熟,进入了良性循环,骨干的流失非常少。目前最大的风险还是在技术上,技术还比较弱。去年我就在公司提出来了,目前技术发展太快。我们的产品原来卖几十万,现在卖到上千万;技术相当于楼的地基,原来盖几十层的楼,现在客户要盖 200 层 300 层的楼,地基就需要换。我们要引入外部的高手来解决这个难题。

受访者 F

1. 请您描述一下,公司目前是以哪一种或哪两种文化为主?

答:整体上可能偏市场型一点。因为公司非常注重 3P、绩效。层级型方面 CMMI 流程也下了很大功夫。我们目前的 ERP 水平如果跟软件业民企相比,如果说他们刚及格,我们至少可以打上 80 分。从一个产品的需求调研、设计开发、到测试,有一套完整的流程和模板,中间要开几次项目需求分析会、评审、包括文档格式,都有严格的要求。CMMI(Capability Maturity Model Integrated)软件能力成熟度模型,是一套质量管理体系,注重过程规范。公司建立了专门的部门,相当于 PMO(项目管理办公室)的角色,会有专员参与到项目开发过程中,监控各种文档、步骤。

2. 请您谈谈公司知识管理方面的一些工作。

知识管理方面我们刚起步,因为公司看到这块确实需要改善。我们两年前自己开发了一个 EKP 系统,最初是为了满足外部客户的需求,在开发过程中,公司高层接受了一些培训,觉得内部也有必要把它用起来。两年前我们内部的矛盾并不是很凸显,但是经过 3P 的梳理,在做内部绩效考评时,大家都会固守在自己的圈圈里,把自己要完成的事情放在第一位,要不然薪酬可能就受损失,不太愿意往外面迈出这一步(对其他部门的支持),造成部门的自我封闭。在这种情况下 E 认为有必要实施这样一个知识分享的系统,这样别人不会占用你的时间,也能获得必要的支持。去年开始正式在内部推 EKP。它分为两部分,一部分是系统的构建,一部分是知识的梳理。系统的构建已经有两年了,现在内部已经上线了。知识的梳理也是从两年前就开始了,各个专业线的产品经理,去做各自专业的梳理,然后传递给下游,各个专业线把梳理的成果挂到 EKP 系统中。EKP 会提供一个知识地图,你需要掌握什么东西,有一个表格,你只要按照对应的表格指引,找到你需要的东西下载就可以了。比如你要做一个成本(估算),它会有客户的具体的调研报告、客户访谈的会议纪要、梳理的成果的 PPT 模型、开发过程中需要的文档等等。2003 年来公司时,公司有每周五的分享会,那时公司在深圳只有 60 到 80 人左右,全国也就 100 个人。分享会的主题并不限制,很多专业以外的东西也可以拿来分享。很多老员工对此记忆深刻,觉得那种形式很好。正好 2008 年借着公司高层的(知识管理)这种想法,HR 这边的人也多招了一些,有专门负责培训的,就开始搞每周的大讲堂,一般是每周的星期三下午 4:30 到 6:30。主讲人以自己内部员工居多,也有请外部的。既有一般员工也有部门经理,只要他是专家就可以讲。一般是培训部提前一个月确定一个主题,然后(员工)自己提交申请,由培训部安排。内容现在更多的是围绕各个部门的专业,比如员工福利、财务报表都有,促进各部门之间的了解。去年一年来,基本上每期都不落,我觉得做培训的同事付出了很大心血。

3. 公司开始重视知识管理,跟企业规模的扩大有关系吗?

答:是的。2008年公司搬到现在的写字楼,主要就是因为人员规模扩大,原来的写字楼坐不下了,同时这边的地段、配套环境、租金等条件都要好一些。我印象比较深的是武汉,2008年时只有1个人过去成立公司,现在发展成100多人的团队。

4. 公司的团队型文化如何?

答:我在填答问卷时,考虑的是公司最高层的领导者。我直接部门的领导可能对我更关怀,但公司的总经理不可能做到对每个人都很关怀,这是个很现实的问题,因为人太多了。他能够做到很平等,把各个部门协调好,我觉得这是他目前扮演的角色。所以我对A选项的赋分较低,D选项的赋分较高。上上个星期公司有一个新经理培训,当时提到一个文化稀释的问题,就是亲如一家的感觉稀释掉了。我就举了个例子,有个同事说对我印象最深的就是他刚来深圳时,是我帮他找到房子。我对他说,其实因为我刚来的时候也会有其他同事帮我找房子。那么我想对于企业(团队型)文化的传承,关键是到你这里能不能传下去,你会不会去帮助别人。老员工能不能以当初领导关怀自己的心态去关怀你下面的员工呢?如果每个中层经理不能把这个工作做下去的话,下面肯定感到一种文化的稀释。我觉得(团队型文化)某些部门做得好,某些部门没有做好。中层经理的个性、素质都不一样,有些经理更关心人,有些经理从技术上提拔上来的,更关注事。我觉得公司目前整体上在往稳定和控制的方向走,未来规模扩大,那更加需要稳定和控制,不能完全靠亲密感来控制,那样对人才够公平。因为这些东西(制度和指标)是量的控制,亲密度是不可靠的。所以我觉得公司整体上来说应该以层级型和市场型为主,但是从对中层经理个人素质的要求来说,应该强调以团队型为主。

5. 您为什么在问卷中对活力型文化的赋分偏低?

答:这可能跟我个人经历有关系。当公司小的时候,活力型没问题。当公司大了以后,活力型往往会埋下很多隐患。我以前在铁路部门工作,铁路是很严谨的一个大部门。以前也有过一些小小的创新,这些创新如果没有经过长时间的考验,就直接拿到铁路上去用,后果是不堪设想的。以前有过一个很小的二极管改造的创新,导致了湖南某火车站两辆列车相撞,死了300多人。所以说创新是有代价的。当公司规模大了以后,可能更多的是在公司前沿部门内部有活力,但不可能整个公司都有活力。销售背后反映的应该是公司整体的支撑能力。现在客户没那么好忽悠了,你销售出去一个产品,只能收回很小一部分款,你要能够不断在实施过程中让它完全能够上线,满足它的内部要求;现在都是做服务,要形成一个口碑,不是你销售一个环节能够完成的事情。

6. 问卷的平均结果显示,大家普遍希望提高活力型文化,这是否因为目前公司产品的技术方面还没有特别领先,所以短期内需要提高技术水平?

答:我是做技术出身的,我比较了解这方面,技术水平肯定不是短期内能够突破的。从中长期来看,企业肯定面临一些以前技术留下来的历史问题。这应该是一个循序渐进的过程,一个台阶一个台阶慢慢地上去。如果引入外部其他行业的技术支持,可能短期内在局部上会有一些提升,但是在整体上看还是有缺陷。因为现在技术的发展不依赖于一两个研发人员的专业能力,而是一个研发团队整体上要有支撑,才能把技术架构提升上去,这肯定不是一个短期的事情。

7. 在建立层级型和市场型文化的过程中,会遇到哪些阻碍?

答:流程的目的是为了提高效率,但是从实际情况来看,要形成适合公司自己的流程还需要一个阶段,在初期会造成一些效率下降的问题。要改变一些同事的工作习惯也会产生一定阻力。但我想这一块会越走越顺畅。从外部环境来说,法治环境在不断完善,比如企业知识管理框架的国标正在制定中,应该对公司内部流程的建立有所促进,而不是有所阻碍。

8. 国有企业客户跟民营企业客户有什么不同?

答:从流程上来看,国有企业,比如铁路,它的流程是最完善的,完善到无以复加的地步。民营企业现在正在往流程规范的方向去走。但是为什么这两种企业的效率会产生这么大的差别?关键还是在人的付出与回报上面。我打个比喻吧。比如说一个好的流程,可能是 $1×1×1×1×1=1$,这是一个标准的流程,我们希望结果是1。如果说同样的流程,对于国有企业,我可能做到0.9就行了,你不可能开除我。每个人都做 $0.9,0.9×0.9×0.9×0.9×0.9=?$ 我得到的结果可能比0.5还少。而对于民营企业,如果我觉得可能得到比较好的回报,我做个1.1,你做个1.2,他做个1.3,那得到的结果可能大于2呢。就是说国有企业的分配制度不合理,一个劳动者更多的付出得不到回报,它流程的每个环节就没有做到位。E讲得最多的就是,员工分为三类,一类叫贡献者,一类叫偷懒者,还一类就是拿多少做多少的。当贡献者没有得到足够回报时,他就会变成身边拿多少做多少的,如果他看到身边还有偷懒的,也能够拿这么多钱,那他也变成偷懒者了。企业的中层管理者就是要识别这三种人。

9. 我看到公司会议室的名称是"哈佛"、"耶鲁"、"剑桥"、"斯坦福",是谁起的名字啊?

答:这是 E 的想法,然后人力资源部做了一个调查,发动员工的集体智慧起的名字。我觉得它反映了公司一种企业文化,不是很刻板,而且对人产生一种正向的引导。但另一方面它会让人找会议室找不着(笑)。不像第一会议室第二会议室那样按顺序排下来就找到了。我们有十个会议室,这块(人力资源等部门)的会议室就以大学命名,研发部那边的会议室就以"硅谷"、"班加罗尔"、"西雅图"、"沃尔多夫"(竞争对手德国 SAP 的总部)这种有名的软件基地命名,市场部那两个会议室就叫"平津"、"淮海",因为他们经常要跟客户作战嘛。大会议室就叫"翰林院",中会议室就叫"博客轩"。

10. 听说 E 在哈佛读过书?公司受西方管理影响似乎挺大的。

答:E 在读 MBA 的时候,好像是在中欧,他们去哈佛听大师讲道,听了一周的课。我个人对西方管理思想也比较认同,我的同事们也都比较认同。我觉得 E 在学习方面还是挺下工夫的。看到领导人这样努力,觉得自己也得努力学习。这是榜样的作用。

11. 您对公司的发展有何建议?

答:公司中层干部的素质和能力还需要提升。现在公司在这方面也确实有发力。人力资源要求每个同事都要做个人成长计划,根据公司的战略规划和自己岗位的要求,每个季度要学什么东西要确定下来,我觉得是非常好的。

12. 这种个人学习计划是否要根据公司大的战略规划来做?

答:是的,我们有。2008年年初,公司引入了国外卡普兰教授的战略地图。战略地图把一个公司整体的目标分为几个层次,包括财务、客户、产品跟个人成长四个维度,然后在不同的维度确定不同的KPI指标。我觉得这对一个公司的成长是一个非常好的东西。对于美国公司来说,战略目标就是股东利益最大化,我们公司做第一版战略地图的时候也是这个目标,但是后来发现这个目标不能凝聚公司大部分人,因为我们的股东毕竟是少数人。后来公司把战略目标改了,叫做长期、稳定、健康、持续发展。这其实是日本企业流行的战略目标。然后高层和中层一起制定各个层次的目标。第一个层次就是财务,财务要定几个目标,比如一个降低成本、另外要提高销售额等。财务是靠客户满意度支撑的,我需要提供什么样的产品,才能达到提高销售额的目的,需要改进什么样的价值链,才能把成本降下来。所有的产品是靠每个人的成长才能提升的。我的专业能力提高了,我的产品才能提高。不同的部门在这四个维度就要进行一些分解,然后把关键的公司级的KPI制定下来,然后就变成各部门首要的KPI。各部门再根据首要的KPI再进行分解,制定若干小目标,然后再分解到个人层面,个人的成长计划就要全部列到里面。个人的KPI一般是由上级跟下级谈,每个季度领导都会告诉你大的目标是什么,是上下级共同制定的目标。有了这个东西,就保证了对上层目标的支撑。卡普兰有三本书,第一本就是这个战略地图;第二本就是平衡计分卡,其实平衡计分卡就是根据KPI制定我需要考量的东西。第三本就是学习型组织。

受访者 G

1. 请您描述一下,公司目前是以哪一种或哪两种文化为主?

答:我们现在是在从团队型往层级型和市场型转变的过程中。

这两年特别强调绩效导向,原来人少的时候我们每一个员工我都可以管得到位,现在不可能了,我们要定些规则。我们自己的信息化、规范化的建设还有蛮大空间,还不是非常到位。

2. 未来五年,您理想中的文化是什么样子?

答:我的理想应该是在中间形成一个圈,我有信心可以接近这个目标。我们文化最基本的底蕴是在团队型。我们跟一般的民营企业有点不太一样,关注员工、人性化、平等这些东西都融到我们骨子里了,轻易不会丢掉。另一方面,确实规模大了,我们要加强制度化、规范化管理。我们好比是一部机器,原来的零件和齿轮之间不是特别有规则,但很润滑,承载比较小,问题不大;但现在要承载很大的马力了,我们要把一个个齿轮做得更加到位。我相信润滑程度没有问题,因为已经进入机器每一个部件里了。

3. 问卷平均结果显示,大家期望未来层级型更弱,从现在的22分变成20分。可能是层级型的理解有点问题?

答:没错,问卷上有些误导。我打分的时候就这么想的。我们一看到"等级"就很反感,我们都这么理解的。

4. 按问卷结果,未来的主导性文化是团队型和活力型,而非团队型和层级型,您的看法呢?

答:层级型是往内看的,活力型是往外看的。现在我们在活力型上偏弱。但市场是我们存在的前提,其他都是支撑。所以活力型不能弱。这个框架会不会有问题啊,它是把它们(四种文化类型)完全对立矛盾起来。如果一定要我排序,团队型第一,活力型第二,层级型第三,市场型第四。跟你这个调查结果有点像。

5. 活力型为何比层级型更重要呢?

答:如果我有一个很规范的管理,我团队的氛围很好,但是我对外部市场不敏感,基本上内部这些就没什么意义了。为何我把团队型排在前面呢?因为我们一直倡导先人后事,因为有团队,才可能有市场。假设我团队和活力做得很强,规矩制度稍微弱一点,问题不会太大。

6. 是否因为外部社会环境变化快,制度没有稳定下来,所以企业内部也不可能建立稳定的制度呢?

答:我倒没有考虑这么多,但不一定是外部的问题。外部不规范,我们该规范还是要规范。我们现在也在做这个规范,花的力度是比较大的。

7. 是否因为目前公司规模还不够大,制度还够用,还没有形成瓶颈?

答:也不够用,要不我们怎么会做呢。今天刚刚听了一堂课,也在引进制度化的东西。但是不能因为规则,而把客户给忘记了。这是我们不能容忍的。

8. 即使公司变成1,000人的规模、五亿的销售额,您仍然认为应该以团队型和活力型为主吗?

答:我觉得是的。我看跟规模没有太大关系,不会受规模的影响。规模大了,我肯定要在层级型上做强,这是毋庸置疑的。而且制度和规范是规模越大越容易做强。活力型是规模越大越容易弱化,推动的难度越大。所以规模越大,我越要推动活力型加强。我所推动和推崇的文化,肯定是团队型和活力型。也就是当制度和客户发生冲突的时候,我会优先考虑客户的问题。我相信可以做到以团队型和活力型为主。

9. 我的受访者中,一部分人与您观点一致,另一部分人则认为随着公司规模扩大,应以团队型和层级型为主。

答：这个很正常。持前一种观点的人可能主要是内勤的同志，持后一种观点的是接触客户比较多的，他已经深刻地感觉到我们的客户导向太弱。规范化制度化是永无止境的，但是如果太拘泥于此，企业会有问题。如果真的是以客户为导向，就不会有太大问题。当然我们不是不做制度，我们现在实际上也在发力去做这个事情。

10. 西方成熟大企业通常以层级型和市场型为主。中国企业有何不同呢？

答：一定是一个综合。拿 100 分来看，层级型一定不能低于 20 分。拿雷达图来画，团队型和活力型可能相对高一点。西方企业比如通用电气，到现在为止，它的市场导向也是很强的。东西方文化有巨大差异。用方与圆来讲，东方文化圆的东西会多一点，方的东西少一点；西方文化以方为主，圆比较少，甚至少得可怜。背后大家瞎聊时，会觉得英国人很笨，他太不懂变通。所以在那种文化下，制度和流程一定要清楚，说往东 30 度，他就 30 度；你说 20 度，他就搞成 20 度了。一定要把这个度搞得很清楚。他会非常精确，尤其德国人。但在中国，你说 30 度，他就不一定按照 30 度走，他就搞 15 度了。所以东方人，人性化的东西一定要稍微多一点。你硬是跟他很僵化，他觉得你没人情味，反而他不按制度干，你驾驭不了他。所以西方人要很清晰，到成熟期制度化要非常严谨。你要跟他讲柔性，他就不知道该怎么办，所以要刚性。而东方人需要柔性化一点。中西方的"神"是不一样的，"形"可能都在往一个方向走，都要走向规范化。但背后的"神"可能各有侧重。

11. 但我又发现公司从 E 开始，所有的人都很认同西方的管理模式，学习了很多西方的管理经验。

答：就跟我起先举的那个例子一样，我们需要把这个机器结构化,这是一定要做的。但并不代表我就完全把它僵化。这不矛盾。为什么我们认同西方的东西?因为中国传统的管理这块太弱太柔性了,已经过(分)了;它把所有的东西都变成一种艺术,而不是科学。而我们认为有很多东西是可以科学化的。所以(我要加强层级型是因为)它太弱了,(但)并不代表我要把这块变成百分之百。管理需要制度化流程化,但是遇到人的问题,就要考虑柔性,要妥协。我现在在推动制度化,但并不等于我的终极目标是要把它绝对放大。拿木桶原理来讲,层级型这块板是最短的,我最长的是在团队型。我把层级型补上来以后,它(层级型)相对还是要短一点。

12. 您怎么看待知识管理问题?

答:知识管理属于层级型的内涵。知识管理现在在中国最大的问题就是缺乏分享、创新的文化来支撑,而不是工具的问题。不是搭建了平台、建立了流程,就能解决的问题。这是上次我们有一个中国最优秀的CIO聚会时大家的观点。所以要加强层级型,实现知识管理,必须靠团队型和活力型来支撑。比如海尔发明了洗番薯的机器,它为什么能创新,原因是它时时刻刻在想着客户的需求,所以它有这么一种动力。闭门造车的创新是没有价值的。或者公司说大家必须提一条什么点子出来,提一条奖励十块钱,提不出来就开除,这就是制度和奖惩明确是吧,但是提出来的东西未必有价值。所以创新的背后要有牵引,牵引来自市场。

13. 问卷对期望状态的平均结果分值是团队型29分、活力型28分、市场型24分、层级型20分。您认同吗?

答:层级型可能偏低了一点,我觉得可以到22分、23分。我自己的问卷填的就是22分。虽然填问卷时对层级型理解有点偏差,但跟我实际想法差不太多。

14. 贵公司找准了自己的行业,受国企和政府的影响不大,可以专注于效率提高,不被垄断的力量所扭曲。您认为这在中国是否是特殊情况?

答:不,别的行业也有(我们这样的企业),比如酒店行业、矿山行业、超市、商业物流、建筑行业。其实各行业都有我们这样的企业。也就是说,不一定非要跟政府做生意。跟政府做生意的又是一个群体。我们属于跟政府互动比较少的。我们希望将来整个环境能够比较清澈和干净,确实只有这样才能发展。因为官商勾结最终事情肯定做不好,老把精力放在对方关键的那个头儿身上,GDP 是虚假的,社会价值没有上去;不如把精力放在创新上,做好产品和服务。

15. 公司高层在未来以何种文化为主的问题上是否达成了共识呢?

答:这个没有讨论过。但是我估计应该差不太多吧。你可以看看 E 的评分。我们应该基本会一致吧。纯内部的同事可能在制度化上看得很重,但高层是看整体的。

受访者 I

1. 请您描述一下,公司目前是以哪一种或哪两种文化为主?

答:我感觉公司根本的核心竞争力就在于(团队型)文化。我们也有层级,但阶层感是没有的,所谓层级更多是行政上的。我们也有市场型,有清晰的绩效导向。但随着团队扩大,团队型文化在稀释,这可能是我们需要关注的事情。我们今天在开战略总结会的时候,就感觉存在比较大的挑战,就是这个稀释的问题。我们现在可能处于向层级型过渡的阶段,我个人不是太(喜欢)……可能我不太理解吧:这种层级会给我们公司带来什么样的好处。就拿晚上下班来讲,像我们老员工有时候加班加得比较晚,一些新员工或普通员工走的时候,他那个区域的灯自己不关。我们所有的 KPI 绩效指标不可能细致到要求你走的时候把灯关掉。E 对我们公司的理解,首先是一个有理想的公司,做国内地界的最佳合作伙伴;第二我们公司有道德底线,比如说我们不行贿,不靠桌子底下的事情赢得一些单。他跟我们的沟通也是没有这种(等级),比如拍照时别的公司老总都是坐中间,但他可能站在一个角落里面。大家都是实实在在的做事,不会去说跟老板关系怎么样,公司里没有 E 的任何亲戚。这就是我们公司的文化。我当初还蛮期待通过这次调研,可以把我们这种文化更好的传承下去,让每个员工都了解这是一个比较公正的环境,只要你有能力发挥。我不想把公司的文化固定到某一个框架上,每个人都是单独的个体,这个公司有这个公司的血型,你偏要把它拉到一个万能的血型上,可能也不太适合,我(说话)是比较直接的。我感觉应当把我们原来做的成功的经验更扩大一些,因为现在新员工确实很多,包括 80 后、90 后。如何让新老员工在互动中把原来的成功经验有效地继承下去,是一个挺大的挑战。如果你要把它归成某一种类型的话,我个人不是太赞同。可能跟我的知识面有关,我可能不太理解吧。

2. 我是从理论到实践,你是从实践提出问题要求解决。

答:任正非在提"灰色管理",思科也要做中国特色的东西,我认为最好是西方的加东方的。我们不能拿一个西方的东西生套。

3. 我感觉公司的团队型文化还要继续保持,但层级型文化需要加强,比如知识管理和流程的梳理。不知您是否认同?

答:知识管理我是认同的。流程我也认同,但是流程的深浅度怎么去把握?原来我们做一个审批,没有流程,可能开始很容易,到后来就乱了。但是现在是否要把所有事情都搞成流程呢?你的管理成本大于你的收益。有一次我在机场碰到中国企业教父柳传志,我胆儿比较大,跟他聊了一下。他有一句话说得很好,"要理想,但是不要理想化"。流程很好,但是要结合实际。所以在关键环节上要把流程固定。比如签合同,还有与日常工作结合比较紧密的。但是与日常工作没多大关联的、短期看不到效果的,没必要去做。还有关键知识也要固定下来。刚才跟一个地产企业在谈知识管理。知识管理如果搞成运动,是没有意义的。

4. 您觉得什么样才叫知识管理?

答:比如龙湖(地产公司),要做一个外墙抹砖的工程,我们会提供一个清晰的流程,告诉你该怎么去做。再比如我这边还有一些跟案例有关的东西。我认为员工在用知识的时候,一定不会像百度和Google一样。如果我们在公司内部再做一个百度和Google,没什么意义。关键是这个数据库能起到什么效果,这才是有意义的。你这个知识像码书柜一样码在那个地方,让员工自己去找,没什么意义。万科去年搞了一次,到最后还是无疾而终。开始大家没有业务的时候会去找,有业务忙的时候,工作量非常大,没人会去找这些东西。所以我很赞同老板的一个态度:知识管理肯定是(靠)培训。我认为我们公司培训太少。这种培训一个是知识上的培训,比如专业业务上的,包括技能上的,比如沟通、演讲这些培训。其实我认为现阶段可以搞知识管理,但是不要搞太大,因为我们知识太大了,放在那个地方(不容易找到),还是要通过培训传递知识。举个例子,我在公司属于那种他们都会管我要资源的人,因为我负责我们公司最核心的几个客户。他要完之后会问我,你这个总结的文档是什么意思。所以我觉得公司的知识不应该是挂到网上,而应该是培训。因为我们这个行业决定了,你是专业的,不是通用的。专业的知识如果没有经过我们这种老人或研究院专家的专业讲解,员工自己看是看不懂的。培训完了还要考核。当然我们也要结合实际调整。今年我们可能就适合培训的方式,再到一定程度我们可能需要积累,可以采取网上视频课程等。现在我接触太多地产公司了,他们还是培训加上网络课程居多,都是大家喜闻乐见的。

5. 但是西方理论认为,知识如果没有编码,无法适应高流动性和大规模交易的组织。如果只靠培训口传心授,不把知识形成文字进入系统里,那么随着企业规模的扩大和员工流动性的提高,培训的成本和收益可能会不成比例。

答:咱俩谈的不冲突,编码没问题,我认同。但您说的是长期重要的工作,我说的是眼前紧急的工作。而且您随便在我们公司转一下,拉起一个人,一般都是两到三年以上,团队是比较稳定的。所以咱俩说的不冲突,只是先走哪步、后走哪步的问题,就是说要先解决温饱问题、再解决娱乐问题。现阶段的任务就是培训。我是当兵出身的,部队为什么战斗力这么强?年复一年的培训。当你的肌肉有了记忆之后,你做的动作都是一样的。

6. 您现在为什么有这么强的紧迫感,觉得特别需要做培训呢?

答:地产行业竞争比较激烈,总部的信息传递到全国各地不是很对称。造出很好的武器,就在一两个人手里,没有在全国进行推广。要想保持高绩效,应该把公司最优势的知识用培训的方式快速地推广。

7. 但您的同事认为,公司面临的竞争不是很激烈,已经渡过生存期了。

答:生存期、温饱期是过了。但是我看了受访者名单,(手指名单)这个人(受访者G)会认为我们的竞争还是很激烈的;这个是财务出身的,这个是服务的、没做过一线销售的,这几个都是做研发的,这是做实施的,这是做 HR 的,几乎都没有接触一线客户,他凭什么说不激烈呢?他可能还感觉不到炮火。销售部门的会议室名称叫"平津"和"淮海",是 G 同志起的,G 也是一线出来的。

8. E 告诉我,现在同行排名第二的企业都不到我们的 1/10,已经谈不上是对手了。

答:我所谓的紧迫感并不是说我们马上面临生死存亡。我所谓的竞争主要是指我们现在跟客户的胶着。我们每单必碰到一些竞争对手,比如金蝶、用友、ORACLE、SAP 等大的公司,每天都在跟他们打仗。在面对他们的时候,我们每个团队的力量是不一样的。我们几个优秀的分公司,广州,还有成渝,抓得是最好的。我最终目的不是为了竞争,因为通过培训提升全员的水平,竞争只是一方面,更多的是能够为客户更好的创造价值。你的问卷上有一条"以市场为导向",我感觉改成"以客户为导向"更恰当。因为通过培训之后,你真正能为客户做些事情,这是根本目的。我们不可能为竞争而活着。因为企业存在的价值就是满足客户的需要。

9. 您觉得我们什么地方还不能满足客户的需要?

答:全国各个区域参差不齐。有些区域做得很好,有些区域比较简单一些。比如成渝的一些解决方案、给客户创造的一些业务价值、我们研究院的一些成果,没有及时地传递到一线。如果传递到了,我们可能比现在会做得更好、更健康。因为这是最能在短期内见效果的。就像做项目一样,如果这个项目你做了很久,没有见到成效,大家会没有热情。人都是短视的。

10. 我知道公司一直在搞每周的大讲堂。

答:那个还远远不够。我很坦然的说,大讲堂还是我推动起来的。在去年开年会的时候,我强烈要求的。因为我们公司很认同分享的文化。大讲堂是 2009 年下半年开始的。知识面太小，很多做的是公司政策、战略导向的宣传。我讲的培训还应包括业务知识，竞争知识、销售知识、可以快速复制的能力等。我有很多朋友发现，优秀的公司，培训都做得很好。像思科，世界五百强的前十强之一，他们的培训几乎每周都有几次。我们公司还只是每周一次嘛。比如昨天大讲堂讲的是理解公司服务战略，但是在技能层面的培训呢？还很少。

11. 您觉得业务层面的知识有必要让全体员工了解吗？

答：没有必要，还是专业对专业。

12. 您的这个想法与高层沟通过吗？

答：沟通过。我们经常沟通，没障碍的。现在也在做，只是推动的相对比较慢一点。E 现在也是这种态度。我们前段时间总结了一个给客户讲标时用的文档，那天吃早餐的时候，E 说要把这个快速复制给全国。我就把这个 PPT 发给全国去看了，但是……我们今年也在做，但是力度还不够。我们今年也出了一个培训的东西，但是可能落地上会有些挑战。

13. 在实施知识管理的过程中有什么具体的阻碍吗？

答：E 是很重视，G 也很重视，但是有时候做起来这种衰减还是挺大的。员工和中层没有贯彻下去。应该是由于意识问题，还有风气、学习氛围、学习型组织的文化。某区域某部门的学习氛围可能较强，但整个公司的学习氛围还偏弱。我可以很坦然的说，我们公司还是很不错的，跟其他公司比已经很强了，但是我还希望它更好。

14. 您觉得我们到了加强知识管理的阶段吗？

答：我认同知识管理，但什么样的方式很重要。我不太认同马上移植一个方式过来，一定是因地制宜。

15. 就像我们给客户提供的那套 ERP 系统,您觉得是否适合在我们公司运用?

答:这个我们公司喊了很多年了,到现在没动静,我已经对它绝望了。包括公司内部的客户信息资料,到现在也没统一起来。这是一个很大的弊端。从经营客户的角度讲,我认为这是一个很大的问题。我查客户的资料,四分五裂的。

16. 我们既然是给客户提供 ERP 服务的,为何 ERP 至今没有在公司内部得到应用?

答:可能这个问题还没暴露得太厉害。现在这种情况也能支持我们正常的业务发展。我们现在有几个系统:一个是销售系统,有客户资料;第二个是服务的平台,做得很好,客户提出需求,交研发那边修改。可能上层认为 ERP 还不是现阶段的重点任务吧,我们现阶段还有很多着急的任务,比如产品的质量、对外的合作、这两年登陆资本市场的工作等等。我认为做 ERP 是有必要的,但是我们强调整体规划、分步实施。如果整体规划整体上的话,那会死人的。要用最恰当的方法,实现最核心的目的。

17. 您认为未来五年内,最紧迫的,应该是加强哪一种文化呢?

答:以客户为导向,有比较合理的 KPI 指标也就是目标导向,有高效的内部流程。我认为这个不冲突。公司是有不同的部门。比如行政部门,它就是做公司内部员工关系的;销售部就是以客户为导向的。我们公司的战略就是健康持续增长。各方面都很重要。

18. (介绍问卷调查平均结果)您如何理解问卷调查的平均结果?

答:你要站在中国特色去分析这些数据。我们公司是有一种"家"文化的,极其反对"架子"。所有的领导没有架子,谁有架子马上把他干掉。原来我们有个领导,让员工去给他倒杯水,就被干掉了。所以我认同您问卷的结果,就是要以团队型为主,未来也是要保持和提升的。我跟你讲啊,这是我们公司的根本。如果这个没了,我们会沦为像用友和金蝶那种平庸的公司。我看到的客户,老板还坐在格子(独立办公室)里面。我们公司的 E 坐在外面——这很好,告诉员工:大家都是过来做事的。大家不期待等级森严,等级森严会使得我们丧失竞争力。我们现在缺少的是客户导向。我认同流程,但是流程有时候太僵化了。现在我们交付项目的质量说实话并不是很高,根本原因有几个:一是员工对业务知识的不了解,二是绩效指标定得不是很完整。比如客户打电话过来要求解决问题,你说"实在不好意思,我在开会"。你开会重要啊,还是客户重要啊?可能开会大家在探讨一个很无聊的东西,比如下个季度市场方案怎么做。反过来说你做市场方案是为客户,那现在客户打电话过来(被你拒绝),这个做得很差,真的很差。所以我对你问卷的结果高度认同,客户意识(活力型文化)需要加强,这是我们现在慢慢在丧失的东西。比如我们听到电话响起来,三四声没人接,我很气愤。在客户导向方面,我们需要通过培训引导、树立客户意识,当大家都这样去做的时候,我们公司才会从优秀到卓越。而不是现在上来就先做大的知识梳理、再分类什么的。这些东西是需要持续去推动,润物细无声型的,而不是说今天贴个标语搞知识管理。我们是实用主义的。让听见炮火的人决定它的方向。

19. 您的问卷结果显示,目前团队型只有 25 分,不占主导地位;层级型却是 28 分,是问卷有问题吗?

答:我很难选择,我最后就是在凑分。有几个问题都不是我想选的。可能我比较怪一些吧,我的思维不会固定在某一框架下束缚住。

这是我一个弱点。G说我思维跳跃性比较强。

20. 一部分受访者认为应该往层级型发展。您的看法呢？

答：这我严重不同意。我们还是要客户导向。因为你所有的来源都是客户，客户是你的根本点。虽然我们已经进入了"无竞争"这种状态，但我们永远不可以随便抛弃客户。现在大家好像分几个团队，像一线销售兄弟们，包括服务，天天跟客户打交道，客户意识比较强。原来我们有个销售经理，后来做行政管理以后，发现内部的行政沟通占的时间比跟客户沟通的时间还多。这是不正常的。

21. 一般认为，团队和活力型是人治，层级和市场型是法治。

答：不管什么人治法治，一定是有我们公司特色的。客户的感受一定要重视。就像张瑞敏说的，做什么事情永远要小心谨慎，如履薄冰。包括对客户。对客户永远要谦卑。像IPhone为什么会成功？它是以客户为导向，给客户最简单的方式（使用它的产品）。如果要分层级流程什么的，客户一个简单的要求过来，解决起来可能要十几天二十几天。

22. 国企客户会要求拿回扣吗？

答：我们不会理的。我们只要把自己的产品做好。

23. 您对公司发展有何建议？

答：我们公司的特色，第一是平等、做事，第二是专业知识型而非通用型的服务。这两个是我们的核心竞争力，需要坚持和推广。希望在现有基础上做得更好。

受访者J

1. 请您描述一下，公司目前是以哪一种或哪两种文化为主？

答：我个人感觉公司是在应对外部市场竞争的阶段，但是我们公司是比较重视内部管理的，又有点往层级型的方向走。所以很难说。

现在制度和流程是比较规范化的。我们已经过了团队型那个阶段了,我们是在用更规范的一些条条框框在约束了,从人性化转向正规化管理了。可能跟人员扩张有关系。从 2007 年 2008 年引入平衡积分卡、3P 绩效体系、梳理内部管理流程,都跟人数增加相关。2007 年基本上是 200 人的小团队,2008 年到 300 人,2009 年到 400 人。现在人多了,内部管理就需要精细化了。

2. 人员规模扩张后团队型文化可以维持下去吗?

答:我觉得公司始终是挺矛盾的。虽然我们在往层级型走,但我们又要营造一种平等尊重、融洽的企业文化,没有说要把原来的文化舍弃掉。最起码我们跟 E 是不喊"X 总"的。我们现在在核心环节上一定是要有严谨的制度,在某些次要环节上相对是比较人性化的。可能是处在转型期吧,很多地方是有点矛盾的。我们在薪酬绩效、战略总结会议等方面都是很刚性的,是一定要去落实推进的;其他行政层面的、财务层面的很多东西都是可以通融的。比如我们说 20 号要交报销单,你晚两天交也可以的。上班考勤的制度也不像制造业那么严格,你要有事只要打声招呼也都是可以通融的。我们是每个月迟到三次才做处罚,而且还可以用事假顶,两个小时以内的事假是不需要处罚的。包括我们的工作流、审批流其实也没有完全按照流程去做,这些方面相对弱一点。

3. 公司总经理没有自己的办公室,这个很少见。

答:所有人都没有办公室。财务也没有,只有出纳有,是为了保管现金和文档的。这样团队氛围的确会更融洽一点,不是一个小圈子一个小圈子的感觉。我觉得企业管理的很多事情的主推力量不应该是中层,而一定要老板有这个想法。一定是 E 有这个很坚决的想法,大家只是按照他的思路去执行。如果 E 给自己搞了个屋子,那他很难要求别人不坐在办公室里。

4. 您在公司的时间虽然不是特别长,但是对公司的了解很深刻。

答:公司给了我们一个开放的平台。我们经常会有战略讨论会、BSC 总结会、投融资的资料准备等,所以了解的东西会多一点。公司有什么事情都是敞开来的,大家都知道。公司有很多沟通的平台,QQ、邮件、电话、网上论坛(EKP)等。在网上论坛上发帖都是实名的。我来公司时是公司(2008 年)空降了两个,一个是我,一个是原来 IT 部的主管。空降我们的原因就是为了推行层级型文化。但是 IT 部的那个已经走了,他可能(在层级型管理上)走得激进了一点。我的个性是偏柔一点的,偏团队型多一点,他比我更强势,责任划分更清楚,有点不符合我们团队型的文化。他不能很好地融入到我们的团队中来,他自己的部门团队凝聚力要差一点,流动性很强,人几乎全换了。我性格比较柔,导向上是层级型的,是一个比较综合的角色。

5. 公司的知识管理、流程管理做得如何?

答:正在起步,谈不上做得很不错,我们最近在梳理(流程)还说了很多知识管理需要改进的地方。EKP 里有个人博客、公司公告、知识管理、文件等。但是还没有专门的平台去做意见反馈的,这是我们要改进的地方。每个员工进公司就给你一个博客空间。E 要求管理层要定期做一些知识传递的工作,写心得、写博客,当然也没有明文规定,是潜移默化的。E 自己经常更新博客,写很多东西,他是个很喜欢读书的人。我觉得这是个好事情。

6. 您给公司的 ERP 水平打多少分?

答:基本上公司就没有什么太多的流程管理。我们现在所有的申请都走的是邮件形式。我们现在想打造这个工作流，一环套一环很清晰的，现在我们不是特别清晰。比如某一种费用的报销或借款，我们更多的就是一个感觉：部门经理签了，区域负责人就可以做终审，如果大于1万，E一定要审。我们现在也没有足够的资源去做这个精细的工作流，因为IT部还有很多东西要去做，还没有因为这个（费用工作流）而产生问题，不是一个关键问题。但发工资这个事情就是很关键的，所以绩效考核就做得很细。

7. 您觉得未来五年内这方面还会继续完善细化吗？

答：未来肯定是要完善，尤其是规模大了。现在400人也已经有这种问题出现了。很多员工根本见不到你，必须要通过流程管理。未来层级型可能要超过25分。不过我认为团队型和层级型并不矛盾，我们要有条条框框，也要有人性化处理。团队型也要超过25分。现在公司外部竞争不算激烈了，即使没有新产品，即使某个区域出现亏损，但是对于公司整体的影响不大。更多的是要进行内部整合和流程梳理。我们现在对绩效考核还不是十分刚性，还是在引导员工内部整合意识，五年以后绩效考核会更加刚性。我们一直不是一个创新性很强的公司，现阶段更强调整合，等我们整合清楚了，条理清晰了，大家都按规矩走了，我们可以再做活力型的一些引导。

8. 为何您的问卷结果显示未来市场型和层级型文化不占主导地位呢？

答：填的过程中觉得很难拉开分数档次。活力型是我们的问题。刚才我也说过，公司一直在强调创新，但我们一直不是一个创新性很强的公司，这可能反映了我最终希望公司是一个团队型为主、很有活力的公司；我不希望我们成为一个很条条框框的公司。但是我们目前发展的态势，必然会走向层级型和市场型。或许会通过设计考核指标(市场型)来刺激技术创新(活力型)。

9. 对研发工作进行考核是否比较困难?

答:但是我们一直在强推这件事情。没有说你是研发人员就不落实 3P 体系了。一定要深究你的核心考核点是什么。财务设置一些指标,然后跟研发人员沟通,人力资源也会提供一些外部指标参考。3P 大架构是咨询公司帮我们做的,这两年我们自己也在不断摸索。不管多难,都一定要推下去。因为公司大了,不用这个(绩效考核体系)就根本没法掌控每个人的情况。我们会越来越刚性,不会往回走。整体上不会往活力型走的,因为活力型代表着纯粹凭关系去维护日常工作,那是不对的,公司大了以后根本做不到这个。

10. 目前大部分企业都以人治为主,贵公司为何可以向法治化发展?

答:这传递着管理层的意图,是 E 在做这方面的转变。他现在不做具体工作,只抓内部管理。什么是内部管理?就是各种流程、条条框框、评估、管理体系。管理首先要有东西去管,人治的情况下是没东西去管的,是凭着大家的关系在维持的,谈不上去管,你是管不到他的。我们为什么出钱请人来做 3P 体系、请人来做平衡计分卡?这都是要花钱的嘛,有些老板是不愿意花这个钱的,我们在这方面的投入都上百万了。E 是愿意花这个钱做管理的,他鼓励大家去读书、做心得分享等。是他愿意做这个事,导致整个公司都受老板影响。

11. 中国社会目前仍然缺乏完善的法治体系,公司为何认为内部采取法治化的管理模式可以成功?

答:因为首先公司本身受外部影响不大。我原来也在一个软件公司呆过。两家软件公司有着截然不同的做法。我原来那个公司销售的对象是部门经理级,它的交际费很大。但我可以坦白地说,我们公司没有什么交际费用。因为我们面对的对象都是总裁、董事长，公司就是他的，你不可能给他去做关系维护。所以你会发现我们的销售部很强调专业性传递，不强调关系维护。经常是客户说"我们请你们吃个饭"，不需要我们说"张总，我们请你们吃个饭、洗个脚、唱个歌"什么的，没有。这也使得我们目前招的这批人就不是以关系维护型为主的一群人。而且公司也非常重视内部培训，中层干部送出去读MBA，我们学到的那些东西也是要求我们做规范性管理的。公司从成立起就绝对不允许有内部结婚的。公司现在400人没有一个是有亲属关系的。谈恋爱可以，谈完之后（如果结婚）不管你是什么级别，总要走一个。这是潜规则，但很刚性。我们曾经因此区域总经理都走过。所以从最早我们就传递一个公平公开的平台，我们的团队型不是关系型的，而是指融洽的（合作伙伴）。

12. 我们对待国企客户也用不着搞关系维护吗？

答：最近几年我们管理上强调不追求高速增长，不追求高市场占有率。公司做到今天这个地位，我们更追求的是每一单合同的高回报。E说，公司是有打折权，但是我可以不批给你。我们的售价是比较刚性的，很少有回扣，宁可失去一些客户。

13. 我们的客户是国企多还是民企多？房地产业国进民退对我们有何影响？

答：房地产商国企不多的，主要还是民企。中国房地产商有两万家吧，国进民退可能只是市场份额上，但是在企业个数上，始终是以民企居多。我们其实不会因为它市场份额大了，卖的东西就多；不会因为你这一家占了市场份额的10%，所以卖给你的售价就会比别人高很多、就会在我们这儿占很大的比例。我们还是以企业个数（决定销售量），你有两万家，所以我们卖两万套，是这么个概念。这两万家房地产公司全都是我们的潜在客户。所以你去看我们的预售款比例,没有一家(占很大比例),即使万科这样跟我们合作了十年的,占我们的销售额都不到5%。所以这一单国企客户丢了就丢了,无所谓。因为再小的房地产公司,都买得起我们的软件。一个房地产公司如果连百万级的产品都买不起,它早就垮了。它光开工资都不止百万级,它光是做它那个市场维护都不止百万级了。所以我觉得我们当初选产品切入点选得很好,我们选的是房地产这个行业,我们不是选制造业。今年趋势很明显,随着二三线城市化进程的加快,今年很多县级市的(房地产公司),它过来给你买两百万。它也就做两三个亿的规模,但两百万也就是它百分之一而已,它无所谓的。所以其实还是属于行业切入的比较准。我承认,公司能够发展到今天这个规模,行业是很根本的原因。很少有软件公司像我们这么幸运地选择了这么一个行业,比如它做联通移动啊,做金融啊,做电力啊,关系维护型会更重要一点。当初我们其实走过弯路的,我们起家是做物业管理软件的,做了两年就发现卖也卖不贵,回款也很难。因为物业公司本身没钱。所以我们做了两年马上就转型,定位定得很准。E的战略眼光是很厉害的。

14. 您觉得贵公司的情况有普遍性吗?还是特例?

答:我觉得可能是特例。做的大的软件公司本来就没几家,真正是凭产品优势做大的就更少,真的很少。我原来那家就是做电信移动的,它产品几年都没有做过更新了,但是它交际费用很大。所以我做财务就很头痛,它又没发票,我账上怎么走啊。来到现在的公司就觉得这是一个完全不同的氛围,财务没那么大压力了。做财务的就是一个规范性的压力,公司没有那些乱七八糟的事儿,我们就很轻松;回款又好,我又不需要到处求爷爷告奶奶地借钱。

15. 您对公司发展有何建议?

答:公司的每个人都是挺有活力的。我自己其实也没有想得特别清楚:企业到底是应该向层级型走,还是向团队型和活力型走。我觉得E可能也是在矛盾这个事情。我希望将来公司的发展方向是:内部管理上还是要规范,人还是要有活力的,有活力的企业才能做得好。

附录5-2　Y公司实地调研观察笔记

1. 公司有十个小型会议室,均有别致的名称,据说是总经理发动员工来取名的。其中,研发部四个会议室,分别名为"硅谷"、"班加罗尔"、"西雅图"、"沃尔多夫";销售部二个会议室,名为"平津"、"淮海";其余四个会议室名为"哈佛"、"耶鲁"、"剑桥"、"斯坦福"。此外,还有二个大会议室,名为"翰林院"和"博客轩"。

2. 公司有较强的学习氛围。走廊处凭窗设一开放式书吧,摆有数张桌椅和一面大书架。书架上贴有标识,按六大门类摆放书籍,分别是:综合管理类(企业管理、战略、经营、市场运作、基础管理)、专业类(销售、服务、市场、实施、研发、人力资源、财务)、房地产类(地产资讯、案例、业务、报告)、技术类(软件、技术应用)、教育培训类(培训工具书、自学光碟)、励志类(修养、成功、沟通、职场、人物传记、报告、案例)。书架上贴有图书借阅制度。制度规定:员工可以推荐图书,经部门负责人同意后,可采购报销。

3. Y公司受访者比较守时、遵守规章。除总经理、副总经理、客户部经理三人因故略微调整时间外,其余受访者均按预定时间准时到达"哈佛"小会议室接受访谈。所有受访者在结束访谈、离开会议室时,均按会议室墙上所贴规定自觉将椅子放归原位。

4. Y公司平等氛围比较浓厚。其他公司的总经理接受访谈的地点通常在总经理办公室。但Y公司总经理E没有独立办公室,他的座位与普通员工放在一起,无甚差别。E接受访谈的地点也是在"哈佛"小会议室,与其他受访者无异。而且,其他受访者在访谈中,谈到总经理E和副总经理G时,均直呼其名。

5. 公司家庭氛围浓厚。公司有部门"下午茶"制度。通常以部门为单位,使用部门活动经费,在部门办公区内自行安排,亦有其他部门同事"蹭饭"。研究者在访谈间隙,曾受邀参加人力资源部"下午茶",人力资源部的下午茶通常安排在每周一、三、五的下午四点。当日购买的是肯德基快餐外卖,亦有其他部门员工参加。研究者还注意到,人力资源部有一怀孕女员工,同事都对她关怀备至,处处体贴。

附录5-3 作者与Y公司受访者F的部分email通信记录

F致作者

日期 2010年4月14日 上午11:11

之前我们沟通过一些流程的事情,你们从学术的角度研究企业,我们从实践的角度研究企业,大家殊途同归,今后多一些有这样的碰撞非常好。以下是和其他朋友交流中对流程的一些思考,可以看做上次我们交流的一些补充。

看来流程都是大家关注的东西。以前在铁路干过,铁路上的流程是很严谨的,老梁以前发射卫星的流程应该更严谨。对于国企,流程以及组织的科层结构目的性是非常强的,主要是为了防止错误,避免事故。

然而正如老梁所说,现在很多企业(特别是开放后壮大的私营和民营企业)考虑流程时并没有考虑其目的性,一上马让其承载了太多目标,要同时解决效率、成本、监管、执行、标准、出错、权力争斗等诸多问题,仿佛找到一把瑞士军刀,结果反而是干啥啥都别扭。实施流程首先要考虑企业究竟要用流程解决那个主要问题,并把目的传递到位。后续每个阶段优化也要考虑这个阶段要解决什么问题才能决定如何优化。

流程的顺利实施不仅关于自身,还取决于执行的人。在某些人的眼里,流程看做是腊肠式的,做事就是锯箭法,这样再好的流程也难以起到好的效果。顺畅的流程应该是环环相扣的,环与环之间的交集需要执行的人更加主动。这也是最难的,发展期、规模小的企业好做,有规模,人多的大企业难做。

作者致 F

日期 2010 年 4 月 14 日 下午 12:12

非常感谢您给我提供的补充思考,对我很有帮助。我理解您的意思是:第一,流程的制定要分阶段、分步骤进行,不能一次性全线进攻;第二,流程的执行需要团队协作精神,所以企业未来的文化,应当是在层级型、制度化的基础上,发扬团队型和活力型文化,保持组织凝聚力和活力,而不能被条条框框锁住。我一定会把您的后续思考纳入研究报告。研究报告草稿完成后我会发一份给您,欢迎您继续提出宝贵的批评和建议,随时与我交流。谢谢!

作者致 F

日期 2010 年 5 月 6 日 下午 11:14

刚刚完成了企业文化案例研究报告初稿,并附上案例研究数据库（访谈记录和观察笔记），一并发给您，请您审阅。由于我掌握的资料和自身的研究能力都很有限，报告中做出的种种推测和结论很可能有许多不当之处；我自己也会不断思考和修改这份报告，会继续精练文字，也可能会进行较大改动。因此恳请您提出不同的意见或补充的证据，纠正报告中的错误，帮助我完善这项研究。非常感谢！祝您身体健康、工作愉快！

F 致作者

日期 2010 年 5 月 7 日 上午 11:39

上午仔细看了您的研究报告，您对我们公司的分析非常到位，我很认同。同时我也从您的研究资料中看到了来自不同岗位同事的想法，对我工作也很有帮助。"不识庐山真面目，只缘身在此山中"，您的工作帮助我从更广的视角了解整体的全貌，谢谢。

附录 6

D 公司案例研究数据库

附录 6-1　D 公司访谈记录（节选）

受访者 H

1. 请您描述一下，公司发展过程中经历的主导性组织文化。

答：公司在初创时期，这四个层级是并存的，虽然在一个发展时期，很难界定说这个时期就这个型，很难说这个时期就那个型。发展过程中是很多东西交叉的，交叉在一起，在往前走。公司在理念上来讲，我们老板讲过八个字，"创新、速度、质量、成本"。创新，是产品的创新功能的创新、外形的创新，包括服务的创新。那么速度就是要关注外部竞争，速度要跟得上，客人需要什么东西，我们以什么理念出来，然后马上做得出来。同时，我们老板又强调质量和成本，而质量的控制真的是需要一个标准化规范化的生产，严格程序来运作，可能又更倾向于稳定和控制型。包括成本为什么要控制，简单点就是说依赖高科技，整体上竞争时要硬，成本上没有优势，怎么去占领市场。从我们这种大公司来讲，实际是一种复合型，我觉得是符合这两位教授这个形状，开始是应该是活力型，比如说产品的创新、客户的满意、遇到事情的紧急处理，一开始都是这么做的。刚开始，公司刚开始创业的时候，应该说从管理的角度上，也是很不规范的，正因为这种不规范，或许活力型更适合下一步的发展，那么，前期应该是这样的。下一步，我比较赞同，就是向团队型发展，大家在一块合作，感觉氛围，合作很开心，遇到事情，先解决问题，后再找责任，也不互相埋怨，基本上就是属于团队型。

2. 有吗，有这样的时期吗？应该是哪一年到哪一年？

答：有，从时期上来讲，从1996年开始创业到1999年，我觉得是活力型和团队型这两种模式结合在一起逐步的。我们开始只做一种产品，从1996年的20万台到1999年的180万台，这是很快的增长，导致速度、创新跟不上。从1998年开始，公司就是从单一的产品向多品种产品发展，到2000年，工厂扩大，在中山又建了一个大厂。同时珠海的这个厂也是在扩大，这个时期就是一个迅速扩张的时期，迅速扩张的时期就出现了一些破绽。由于混乱，由于步调不一致，由于好多这样那样的问题，下一步就应该强调层级型，用法来治理这个公司。上市之前，基本上都是这样。但是到了上市公司之后，公司迅速扩张，有了资本之后，有了新的融资。老板对现有的管理做调整，管理人员调整之后招聘总裁，这个时候又出现一些混乱，像文化大革命，这段时间大概是从2006年到2008年。到了2008年以后就开始回归，但是也没有回归到位，这段时间管理团队基本上不存在。那么，到今年开始，又新聘总裁，那么这个高层管理，又处在了初步阶段。对公司来讲，整体发展就是大前提，可能在一段时间，几种型并存，互相交叉。就公司来讲，外面倒看不出大的波折，比如说财务报表上就没体现。

3. 之所以财务报表上没有体现出来，是不是属于上市公司的考虑,想把财务报表做得漂亮一点？实际的情况、绩效并没有那么好？

答:不是,因为财务报表上很正常,就是,这个绩效也并没有夸张的意思。基本上,因为我们中间是有一年是亏损,这个和市场方案、跟我做这个行业的市场基本是相适应的,小家电的这个产品,受到外来市场的挤压,压得越来越小,大体上就是这种状况。

4. 那感觉管理层的波折其实和绩效之间没有存在特别大的影响？

答:存在,就是如果这段时间,假如说管理正常,不管你是活力型、团队型还是层级型,如果很有秩序的进行管理的话,我想可能绩效会比较好,至少,按照常理来说,利润会增长。管理生产后,减少了很多浪费,减少了很多机会成本等,这些东西肯定会好一些。但是,你说要大幅度的提高利润,那是……

5. 在您看来,管理层之所以出现这种混乱和波折,原因是什么？这是不是所有民营企业的一种宿命,还是中国的企业都是这样？因为我也经历过这种混乱。

答:也不是,就是说,我觉得叫变革也好,叫改革也好,有成功的,有不成功的,或者说是介于成功和不成功之间的。作为老板,老板是希望企业越来越好,这是可以肯定的。但是变革之后,没有达到,造成混乱,在扭转混乱局面的时候又不是很得力,你就需要实践调查。假如说,2006 年开始乱,到了 2008 年,要是整顿及时、方法得当的话,2008、2009 年就应该扭转过来,不应该拖到十年。我觉得这个实际是一种变革的不成功造成的。

6. 这种变革主要是什么向什么的一种变革？

答:这种变革实际上是为了追求企业向更好的方向发展,那要怎么发展,靠人来实施,当你选择人不得当的时候,就产生了这些后遗症。当然,任何人、任何单位、任何企业都会犯错误,那犯错误,希望这个错误的影响能够越来越小,时间越短。按理说,从小家电行业的这个行业发展趋势,从利润空间比较大,一点点地走到利润比较薄时,这是正常的。

7. 所以我们现在开始转行搞 LED 了?

答:搞 LED 其实也是为了争取更好的利润空间,LED 从现在来讲,利润空间还是挺高的。而且如果技术上成功的话,将来,所有的民用品都替代了,如果每个家电都替代,那这个市场是很有前途的。

8. 那你怎么去跟这些企业相竞争呢,在国内照明市场?

答:现在就是从几种渠道上来讲,现在从 LED 来讲呢,也有高端,也有低端,切入之后呢,也是想利用成本的优势,来抢占这个市场。抢占早,利润高,任何一个企业应该都是这样。

9. 每一个产品都有生命周期,据我的了解呢,我们公司采取的战略好像是这样的,由于 LED 的市场呢,他也分为几个,一个说是路灯,比如说是政府采购,还有一块呢是商务客户,比如房地产商或者是专卖店之类的,还有一块呢,就是普通的老百姓的家用照明,目前我们对后两块呢,还是开展得不是很多,还是以政府采购路灯为主的。这一块呢,可能,怎么说呢,我听你们事业部的经理说,是采用 EMC 的这种办法,就是说我们先免费的提供路灯,然后政府在未来的十来内再给你不断地还款,这个是不利于企业的一种发展方式。

答:不管是 EMC 也好,还是整体的销售形式,EMC 的形式我们也逐步的淘汰这种形式,将来实际做时会按照合同的能源管理,就是说中间有一个合同能源的管理公司,他买走我的产品,对于我们来讲,就是销售。我就可以立刻得到现金回款。LED 这个产品,拿到市场去竞争的时候,没人买,为什么?因为你这个价格高。那为什么政府又要购买呢,国家在推动着低碳、绿色经济的发展。

10. 除了政府政策的支持以外,我们去跟政府沟通,是不是也要给他回扣啊,跟他搞好个人关系啊,官员之间的私人关系,不做的话,就根本接不到这么大的单,这种东西我觉得,我们企业肯定不愿意这么做,是不是? 这不是我们所希望的吧?

答:实际上,不这么做可能很难生存。政府给你补贴,这都是公开的、正常的。我们现在主要是依靠跟政府的关系,依靠政府给我们投资,向我们承诺买我们的路灯,给我们钱,这块是政府在推动绿色发展。另一块,商业照明现在是很有发展前途的,他的用电量很大,这个 LED 省电,对他来说是有利的。这个是完全市场在发挥作用,现在我们要花大力气抓住酒店、超市这种大卖场。

11. 在您看来,是以政府客户为主呢,还是商用客户和老百姓的家用为主呢?

答:最终的趋势,总体上,绝大部分是要以老百姓家用为主。商务客户是肯定要做的,到那个时候,这个灯全是你的这个灯,你商场想买别的灯肯定也买不了。

12. 那需要技术的进步,那为什么我们现在就一开始不去做这个,而是要去做政府呢?

答:做政府就是比较直接,就是很快,能够尽快地销售出去。商务的这块,还要一个过程,不但需要研发的过程,更主要的需要商场相信你,对于企业来讲,他先做测试,买你一大批灯,看一两年,效果好,就全面推广。

13. 那让商用客户相信我们,难道比政府相信我们更困难吗?

答:不是,政府并不在乎电费多少钱,商场很在意电费多少钱,原因主要是在这里。最终的趋势还是得以市场为主,政府这个不是市场,这个就是政府为了一个好的题材,为了有一个好的形象,同时国家又在对减排、低碳有很高的要求。

14. 我猜想这不是公司这么多年来所擅长的一个客户对象,因为以往都是对外,既然如此,不知道你对未来开拓商业用户和家用用户市场有没有信心? 就是摆脱政府,不依赖政府。

答:你说政府关系,不可能跟所有的政府有关系,也不可能到所有的城市去投资,这块只是暂时的。最终是商务,然后千家万户都需要这种东西,那里的市场是庞大的。尽管竞争比较激烈,但是,蛋糕总是要有人来分。就是,既要跟政府搞好关系,又不能把关系搞得太近,要找一个合适的度。

15. 我到公司来调研的时候啊,发现有点混乱,像您说的,并没有特别明显的某个时期以某个文化为主,不太符合他的理论,是比较交叉的,您说他层级型做得怎么样?

答:有一段时间做得不错,有个阶段,就是从 2000 年以后,总部这块,人力资源部是我在管,我这个人就比较受传统思想影响,我就比较讲规矩,就比较不靠人治,而靠法治。用公司内部的法来完成有关的管理。但是,我们的老板就靠人治,这也可以理解。在这段时间,因为以前的个人的业绩不错,老板对我比较信任,就是在推动这件事上,力度比较大,实行得开。那一阶段,包括人力资源、行政总管那几大块上,应该是在层级上在管。我觉得应该是从团队型走过来了,因为团队型往往在创始阶段,比较小的时候容易形成的,当企业规模很大的时候,个人魅力辐射的面是很少,这个时候,就要靠团队型。可能在小范围内,还是倡导大家团结协作,很好的氛围的情况下工作。实际就是,我觉得就应该是,真正大规模的企业还是要讲究控制,讲究这个稳定,这跟企业的大小有关系。在从市场型文化,我觉得有点像结合式的,总是不是很明显。从 LED 这个角度来讲,现在又应该是向市场,2003 年的时候,2004 年我们就开始推行这项发展,但没有推行下去,是个比较棘手的问题,往往是把双刃剑,做得好,就好;做得不好,伤人。而老板单纯是因为市场的关系,做得好,就给我钱;做得不好,就罚我。在衡量怎么下一个好的结论,尤其在中国的企业,我还看不到这种能够公正地认识自己的潜质。

16. 那目前的话,你觉得我们是以哪一种文化为主呢?

答:现在来讲,还是应该以层级型,因为过去的混乱局面,还是要在这个地方把基础打好,打好基础,下一步想做绩效。人力资源部的绩效考核方案上,我现在也在迟疑到底要怎么做,是不是要强大我们企业,比较赞同层级型。

17. 刚才有个受访者,说现在觉得绩效考核做得不好,尤其是比较靠下的一些级别,具体的、一些对每个人的考核没有确定、成熟的指标,他说好像高层管理者对这一方面也没有下决心,没有花资金来推动这个事,你决心要做的话,您可能会去聘请一些咨询公司啊,给你梳理、设立一些指标等,您怎么看?

答:我们实际也以这种方式做过,以前也请过顾问,做过这些东西,最终来说效果也不是很明显。我把他叫做还是归于中国的文化,老子讲:知人者智,自知者明。很多人都把精力放在知人上,怎么知人呢,就是,方方面面吧,升迁也好或者竞争也好。但是在自知上,往往都是……

18. 那您觉得,现在如果是以层级型为主的,那么在未来十年内,我们公司应该往哪个方向发展呢?它应该是以哪一种,哪两种文化为主?

答:那么分为几大块,从市场、研发的角度讲,还是要以活力型为主。我一直主张对研发人、对市场,不要有太多的清规戒律;但是从管理角度上来讲,尤其是中高层上,还是要主张发展团队型,才能消除那些原本不好的因素。比如咱俩关系好了,咱俩干事,你多拿点,我少拿点,大体差不多,也就不计较,就算计较,也程度不会那么深。但是,大众来讲,对公司大部分的人来讲,还是要以层级型为主,严格执行。我一直跟我的下属和周围的人讲,我说你当领导,要区分时间、地点、场合,不管是批评人、表达人,你都要把他区分开,中国人讲究当面教子背地教妻。同时在对待人的情况下,既要讲情感,也要讲理性。对个人讲情感,对群体,要用法,你不这样的话,就乱了。假如说,就咱俩,哥们儿姐们儿都好办。但是,一般在团队中,关系再好,你也不能对他特殊,你可以心里面的特殊,但你不能公开做出来,否则就会有成见。

19. 法治是很重要的,那作为一个整体来讲,将来公司应该是以哪一种或哪两种文化为主?

答:还是应该在层级型为基础,在不同的范围内,可以适当地强调些灵活性,强调一些团队精神。如果说分比例来,51%以上是要层级,至少短期内就是这样。

20. 因为现在 LED 的发展呢,难道你不希望将来是以活力型为主的吗?

答:是啊,LED 的发展,这个研发、销售,主要是以活力型为主,不要对他约束太严。一定要把他区分开,我觉得应该是,相对于结构什么的,层级型战略,比重比较大,团队和活力占相当一部分。我们期望,在不远的将来,我们能往市场型发展。

21. 我这个研究想找一个切入点,就是政商关系对于企业文化这个切入点,因为我感觉到官商勾结这个问题啊,是中国目前社会一个最大的毒瘤。政府的触角无孔不入,尤其占领了所有的高利润的行业,一个民营企业如果想要发展壮大的话,必须去跟政府搞这个关系,这对民营企业的影响往往是消极的。如果你跟政府搞好了关系,你有了市场,你可能无心再去抓管理,提高质量了。还有一种企业就是,他做得再好,可能跟政府拉不上这种关系,或他不愿意去搞这种关系,就再努力他也做不大。然后有一种企业比较独特的就是主要的客户不是以政府为主的,而他真的成功了,这种企业还很少见,他能够做大,您怎么看?

答:这样很简单,主要是说国外的客户,就是品牌商,品牌商要买你的东西,给你支持。你给他带来经济的收入、财政的增长。另一个就是老百姓来决定来评判这个产品。政府他在这方面有个清晰的认识,他愿意给你出补贴。LED的投资中,补贴占大部分。那么你说单纯从外国品牌商这个角度来讲,就是既要有人介绍,同时你得会做事。但一开始,不用过多的做这种东西,也没有这样的人才。但是当企业做大了之后,不想搞政府的关系那不可能,政府现在要拉动经济,哪个企业大了,他要拉你,拉你,你得跟他配合。而作为企业来讲,最主要的是销售,那么,政府支持你或不支持你,就对你有影响,那并不是好事。

22. 公司跟我采访的另一个企业有共同之处,就是说你们都可以不靠政府而得到发展;不同之处,在于那是一个高科技企业,他将来始终主张以团队型和活力型为主,他认为层级型和市场型适合西方,条条框框的这些东西不适合中国,生产的规模并不大,主要以研发为主的400人的企业。

答:所以他就可以不用这个层级型,就像微软,他们是每个人都有办公室,自己搞研发,他那个就是典型的活力型。而我们这个企业,我们这个是层级型最厉害的,当你生产规模很大的时候,不这样就不可能做到很稳定。

23. 要这么看来的话,公司应该比较符合一般企业发展的路径,因为西方企业差不多就是这个样子,没有什么太多的差异。

答:有一定规模的制造企业都这样。但肯定也要活力型,任何一个企业,都会有或多或少、或大或小的团队型的成果,因为毕竟是一些人在掌控。

24. 跟西方相比,我们的层级型也不如他们的那样严密、严谨啊。我们可能比较偏重于像上面这一块,比较以人为本一些,您同意吗?

答:至少应该这么说,以人为本,看哪块,可能层级比较高的,管工人和工程师,不是一个管法,管工人是连骂带踹的,管工程师就得尊重他,和他商量。管理是不同的,所以,任何一个企业也不可能,每个阶段会有目前的侧重,但是不可能是一种单独的模式。……我这个硕士论文也是,06 年,新总裁过来把我们这些老员工踢走,2007 年年中离开的。我正好是在这半年的时间,正好就那段时间,就半年的时间写论文,2008 年年初毕业,正好就写论文,天天写,也很累。

25. 他把您踢走了,后来您居然还愿意回来?

答:他那个人,老板,是我同学,大学同学。对,说白了在这个企业就是感情。我刚才说到企业毕竟从小到大,我刚来的时候,这个企业一两百人,一点点地做起来,到 2006 年我就做了十年是吧。老板是我们大学同个年级不同专业的,他是学船舶设计我是学船舶。他是实干,他离不开工作,前面刚创业的时候,我们一块出去跑市场,他整天满脑子就是"产品"啊、"客户"啊……没完没了。

附录 6-2　D 公司实地调研观察笔记

1. D 公司占地面积巨大,大部分建筑为厂房和员工宿舍。靠近公司正门处有一座四层办公楼,楼内集中了公司总部各管理部门。高层管理者的办公室都在四楼,总裁办公室在四楼尽头处。依行政级别不同,办公室大小也有所差别。例如,总裁顾问(相当于副总级别)的办公室面积约为部门总监的两倍以上。办公楼内走廊光线较暗,偶尔可瞥见一些办公人员在室内闲坐,状态比较懒散。

2. 作者在 D 公司的全部访谈都在联系人(总裁办主任)的办公室进行。虽然作者已提前向联系人提交了访谈计划,但联系人并未提前安排受访者名单和访谈时间表,而是在每个访谈结束后临时打电话给相关人员,要求其立即来办公室。受访者均在缺乏准备的情况下,放下手头工作前来接受访谈。

3. 在访谈中,作者向每位受访者索要了电子邮箱,请他们在访谈结束后填答电子版问卷并发回作者邮箱,但联系人建议作者应要求受访者在访谈现场填答纸版问卷,否则在访谈结束后很难再收到问卷。作者为了方便数据录入统计,仍坚持在访谈结束后以电子版形式发放问卷。结果回收十分困难。在经过近一个月的多次催问之后,八份问卷最终只回收了六份。

附录 6-3　D 公司员工结构数据

截至 2011 年一季度末、2010 年年末、2009 年年末和 2008 年年末,D 公司(含控股子公司)员工人数分别为 13,862 人、11,976 人、

8,746人和12,040人。近三年公司员工结构情况如下：

1. 专业构成

专业类别	2011年一季度末	2010年年末	2009年年末	2008年年末
生产人员	11,144	10,133	7,742	10,200
销售人员	345	291	136	300
技术人员	577	561	337	550
财务人员	152	140	124	130
管理人员	693	651	242	660
其他人员	226	200	165	200
合计	13,137	11,976	8746	12,040

2. 学历构成

学历	2011年一季度末	2010年年末	2009年年末	2008年年末
研究生及以上	40	36	30	40
本科	1,055	686	819	1,025
大专	1,205	2,160	524	1,050
大专以下	10,837	9,094	7,373	9,925
合计	13,137	11,976	8,746	12,040

3. 年龄构成

年龄	2011年一季度末	2010年年末	2009年年末	2008年年末
30岁以下	7,923	6,852	5,993	7,506
30—39岁	4,324	4,203	2,024	3,677
40—49岁	809	841	680	755

附录 7

企业规模划分标准[①]

部分非工企业大中小型划分补充标准(草案)

行业名称	指标名称	计算单位	大型	中型	小型
农林牧渔企业	从业人员数	人	3,000 及以上	500-3,000 以下	500 以下
	销售额	万元	15,000 及以上	1,000-15,000 以下	1,000 以下
仓储企业	从业人员数	人	500 及以上	100-500 以下	100 以下
	销售额	万元	15,000 及以上	1,000-15,000 以下	1,000 以下
房地产企业	从业人员数	人	200 及以上	100-200 以下	100 以下
	销售额	万元	15,000 及以上	1,000-15,000 以下	1,000 以下
金融企业	从业人员数	人	500 及以上	100-500 以下	100 以下
	净资产总额	万元	50,000 及以上	5,000-50,000 以下	5,000 以下
地质勘查和水利环境管理企业	从业人员数	人	2,000 及以上	600-2,000 以下	600 以下
	资产总额	万元	20,000 及以上	2,000-20,000 以下	2,000 以下
文体、娱乐企业	从业人员数	人	600 及以上	200-600 以下	200 以下
	销售额	万元	15,000 及以上	3,000-15,000 以下	3,000 以下
信息传输企业	从业人员数	人	400 及以上	100-400 以下	100 以下
	销售额	万元	30,000 及以上	3,000-30,000 以下	3,000 以下

---

① 资料来源:国资委统计评价局 2003 年 11 月 11 日发布:《国务院国有资产监督管理委员会办公厅关于在财务统计工作中执行新的企业规模划分标准的通知》,http://www.sasac.gov.cn/n1180/n1566/n258203/n258329/1979655.html。

续表

行业名称	指标名称	计算单位	大型	中型	小型
计算机服务及软件企业	从业人员数 销售额	人 万元	300 及以上 30,000 及以上	100-300 以下 3,000-30,000 以下	100 以下 3,000 以下
租赁企业	从业人员数 销售额	人 万元	300 及以上 15,000 及以上	100-300 以下 1,000-15,000 以下	100 以下 1,000 以下
商务及科技服务企业	从业人员数 销售额	人 万元	400 及以上 15,000 及以上	100-400 以下 1,000-15,000 以下	100 以下 1,000 以下
居民服务企业	从业人员数 销售额	人 万元	800 及以上 15,000 及以上	200-800 以下 1,000-15,000 以下	200 以下 1,000 以下
其他企业	从业人员数 销售额	人 万元	500 及以上 15,000 及以上	100-500 以下 1,000-15,000 以下	100 以下 1,000 以下

说明：

1. 销售额按相关行业的"产品销售收入"、"商品销售收入"、"主营业务收入"、"营业收入"、"经营收入"、"工程结算收入"等科目发生额计算。

2. 其他企业是指在《统计上大中小型企业划分办法（暂行）》（国统字[2003]17号）和本表中未列示的行业企业，具体包括：从事卫生、社会保障和社会福利业，公共管理和社会组织等行业的企业。

3. 大型和中型企业须同时满足所列各项条件的下限指标，否则下划一档。

致　　谢

　　本书是在我的博士论文基础上修改而成。授业恩师吴能全教授,学术追求始终如一,那就是:经邦治国。他密切关注中国社会发展道路,关心人民大众的福祉尤其是底层农民的利益,期望通过改革建立一个公平的社会制度,首先是给予广大民众以平等的机会和公平的收入。在这不变的学术追求下,吴老师具有知识分子的开放头脑,乐于接受新思想,不断学习、日新月异。吴老师特别重视中国情境研究,同时关注历史与国际视野,常常强调要"在这火热的生活中"寻找研究问题,研究问题要"又痛又痒"、切中时弊。在吴老师的热情鼓励下,我确定了论文的选题;在他的不断鞭策下,我的研究逐渐深入;终于在反复的思考与探索中,形成了这篇文章。"文章千古事,得失寸心知。"拙文若有所得,首先要感谢吴老师的殷殷教诲。

　　在中山大学攻读博士期间,还受教于多位令人尊敬的老师。他们实际上与吴老师一道,集体对30岁时的我进行了思想启蒙。中山大学地处改革开放前沿,集天时地利,汇聚了一批真正的学者。我因此对这个时代的这所大学心怀感激与敬意。其中特别需要感谢的是:社会学系的丘海雄教授,他的实证研究方法课,理论与实践兼具,案例信手拈来,是我迄今所见最生动精彩的课程。岭南学院的储小平教授,他有关华人企业成长与管理模式的讲座,让我初次接触台湾学人的相关研究,颇多受益。2006年,澳大利亚访问学者黄学礼博士为管理学院博士生上了一个月的研究方法课,他给学生们提供了有关研究方法的国际学术名著,其中有关案例研究方法的书籍成为本书研究方法的主要依据。他热情亲切、诲人不倦，甚至在逛书店时自费购买了 SPSS 教程赠送于我。他在耐心听取了我最初不成熟的研究构想之后，推荐我阅读 Ralston 等人 2006 年发表于 Strategic Management Journal 的有关中国组织文化变革研究的论文，该文最终成为我博士论文研究的发端和理论基础之一。此外，在聆听往届博士论文答辩会时，林丹明教授、罗必良教授、王珺教授、丘海雄教授、黄静波教授的批评也让我受益良多。

在吴老师的引导下，吴门同窗，十年如一日，每月一次的学术研讨会坚持不辍，甘苦与共。研讨会的内容或为了解管理实践报告，或为聆听博士论文研究。讨论涉及管理学、经济学、社会学、政治经济学乃至哲学与宗教；每次聚会必高谈阔论，甚至争吵不休，亦乐在其中。犹记寒风凛冽中的露天午餐，为研究者的心态应为"愤怒"还是"平和"而争论一个中午，不亦乐乎……这种纯粹理论探讨的氛围不知此生何处能再。我亲历其中，受益无穷。特别需要感谢的同窗是：黄河博士，她有关民营企业组织文化形成机制的博士论文报告，让我初窥一个完整而严谨的案例研究，为我的博士论文研究提供了规范性的框架。曾楚宏博士，他良好的理论素养和优秀的学术评判力让同窗深受陶冶。张威博士，拥有大历史的视野、冷静透彻的观察力，高度的理论抽象能力，和令人服膺的文笔与雄辩。他的博士论文大作开启了吴门治学新时代。在与张威博士的交流探讨中，我灵光一闪，找到了自己在案例研究中百思不得其解的问题答案，最终成为我博士论文的核心命题。

以极为有限的社会资本，在中国情境下寻找愿意接受案例研究的民营企业，殊为不易。衷心感谢接受我调研的案例企业以及所有受访者。感谢受访者在百忙之中抽出时间，与我坦诚交流，为本研究提供了宝贵数据。由于作者对受访企业和受访者承诺数据匿名,在此不再一一致谢。特别感谢帮助我联系案例企业的北京师范大学珠海分校信息技术学院李成老师和同门师兄陈东锋博士。

我所任教的北京师范大学珠海分校国际商学部,众位领导和同事在工作和生活上为我完成博士学业提供了重要的支持和帮助。其中特别需要感谢的是:厉以平部长,厚德君子,儒雅学者,对我的研究给予充分肯定,并且积极为我的研究成果提供展示的舞台。边晓鸿副部长,对我的工作与生活长期给予理解与支持,视我如同子女。部长助理蓝裕平教授,为我报考博士提供了热情帮助和鼓励。教务办公室的周逦英主任和游太春老师,金融系的甘星老师,工商管理系的张金韬老师,为我在工作上提供了最大可能的关照和支持,让我得以有充分的时间完成博士论文研究。

本书最终能够付梓,还有赖于商务印书馆诸位编辑老师的大力支持和辛苦工作,特别是黄一方女士和刘涛女士为此付出了无数心血,在此谨致深深谢意。

我的先生熊辉是我物质上和精神上的双重支柱。没有他的支持,我不会开始自己的读博生涯;没有他的理解,我也无法坚持到最后。我的公婆以近古稀之年不辞辛苦地承担了全部家务,特别是帮助抚养我的儿子从出生直至三岁。我的表哥和表嫂多年来悉心侍奉我残废的老母亲;俗语道"久病床前无孝子",然而表哥表嫂远胜孝子,让我既惭愧又感激无尽。最后,感谢我的孩子熊予睿,你的笑容是我最大的安慰。

于 天 远

二〇一二年七月于珠海

作者撰写本书期间的学术成果

一、发表论文

1. 于天远,吴能全.《组织文化的定义和研究方法综述》,《经济管理》,2009(4):178—182.

2. Yu, Tianyuan & Wu, Nengquan. "A Review of Theories on Transnational Transfer of HR Practice within Multinationals." *International Journal of Business and Management*, 2009(5):121—127.

3. Yu, Tianyuan & Wu, Nengquan. "A Review of Study on the Competing Values Framework." *International Journal of Business and Management*, 2009(7):37—42.

4. 于天远,吴能全.《跨国公司人力资源政策与实践的转移理论述评》,《北京师范大学学报(社会科学版)》(2009年增刊):99—104.

5. 于天远,吴能全.《竞争性价值观框架研究综述》,魏信主编,《岭南论坛2009:北京师范大学珠海分校学术文库》,北京:北京师范大学出版社.2010:330—341.

6. Yu, Tianyuan & Wu, Nengquan. "Bureaucratic Hierarchy vs. Feudal Hierarchy: A Study on the Organizational Culture of China's SOEs." *International Journal of Business and Management*, 2011(2):139—146.

7. 于天远,吴能全.《组织文化变革路径与政商关系》,《管理世界》,2012(8):129—146.

二、主持项目

《珠三角民营企业组织文化变革研究》,2008年度北京师范大学珠海分校青年项目,项目编号 Q07006,于天远担任项目主持人,项目经费 0.6 万元,已结项。

三、获奖论文

于天远,吴能全.《民营高科技企业组织文化变革:一个多案例研究》,荣获由中国人民大学商学院和《管理世界》杂志社联合主办的"中国企业管理案例与理论构建研究论坛(2011)"暨"第五届中国人民大学管理论坛"最佳论文奖。